幕末を旅する村人

浜浅葉日記による

辻井善彌 著

丸善プラネット

幕末を旅する村人
―浜浅葉日記による―

目 次

第一章　幕末に生きたある村人の半生の旅

一　はじめに

幕末の旅を表題とする本著であるにもかかわらず、その冒頭の章に、ある村人（浅葉仁三郎）という個人のライフストーリーを取り上げたのには次のような理由からである。

その第一の理由は、本著は幕末という時代に半生を過ごし、その日々を記録した相模国三浦郡大田和《おおたわ》村の一村民であった浅葉仁三郎の日記を基本資料とするからである。

仁三郎の日記は『浜浅葉日記』と称して、現在では幕末の貴重な農民日記として知られるようになっている。それはこの日記が古文書研究家であった故鈴木亀二氏によって翻刻《ほんこく》され、六集の『浜浅葉日記』が横須賀市立図書館より刊行されたからである。それらの日記については、すでに前著でのべたので、ここでは省略したい。

さて、第二の理由は、仁三郎の半生（ライフストーリー）から幕末という時代のイメージをいくらかでも得ることができるのではと考えたからである。もっとも本著の眼目も、幕末の旅という観点から、幕末という時代はどんな時代であったかということを問いかけることにある。

なお、仁三郎の略年譜にみる如く彼の七十五年の激動の世の人生で、その日々を記録したのは幕末の約二十五年間であった。したがって、日記をよりどころに彼の人生行路を辿るとすれば、おのずと限られ、彼の少年時代や晩年の時代には疎くならざるを得ない。それゆえに、本章の標題も

「半生の旅」とした。

ところで、「人生行路」ともいうように、人生は旅のようなものであるとされる。人の一生と旅とは共通するところがあることは理解できるが、それは特に近代以前の旅に労苦がともなった時代に適合するのではなかろうか。旅行業者がセットするような現代のパック旅行にはあてはまらない。人生でも旅でも苦があるだけに楽もある。また、さまざまな人との出会いがある。自由な一人旅などでは分れ道や、迷い道に立たされるものである。どちらの道へ行くかで、その後の旅は大きく違ったものになる。人生行路にあっても分れ道がある。いかにも、人生は旅である。

そんなこともあって、浅葉仁三郎の半生を幕末に生きた旅人となぞらえ、その人生や人物像について、直接には旅とは関係ないが、冒頭にその概略をのべることとする。

とはいうものの、日記のみを資料として、仁三郎の正確度の高い半生の歴史を語ることは至難なことであると自覚している。

思うに、もし仁三郎が生前に自身の日記を資料に自分史を執筆したならば、信憑性の高いものになることは間違いない。

それに対し、ここに呈示する仁三郎の半生記は、日記を拠とするものの、仁三郎からすれば第三者の、しかも幕末に生きた経験のない者が想像たくましくして書くもので、当事者からすれば、甚だ迷惑至極なことであるかも知れない。だが、そのめざす所は、仁三郎の半生記から、幕末という時代をリアルに認識したいということにあるので、あの世の仁三郎にはご容赦いただきたいと願う

表１－１　仁三郎の略年譜

年号	年齢	仁三郎の年譜	主な出来事
文化13	1	大田和村の名主、浅葉太一、やよの二男として出生、幼名富蔵	イギリス船浦賀に来航（文化14）
天保５	19	日記を書きはじめる（５月で中断）	全国的に凶作飢饉（天保の飢饉）
天保11	25	小田和の浜に分家、仁三郎と改名	
天保15	29	堀内村の小峰家の娘（兄嫁の妹）と結婚。土蔵の普請始める	
弘化２	30	浦賀へ異国船見に行く、妻ちせ病気、箱根へ湯治	アメリカ捕鯨船浦賀入港
弘化４	32	本家の金治郎（兄の長男）手習に来る。祖父（11代目）85歳で死去	長坂村で塩場騒動（弘化３）
嘉永３	35	本家の持船嘉永丸就航	江戸大火
嘉永５	37	父の代わりに千駄崎の台場へ行く。念仏行者願海より数珠頂く	外国船伊豆沖に出没
嘉永６	38	父と兄は役所へ動員、本家の留守をあずかる。黒船を見に行く	ペリー（黒船）浦賀沖へ来航
嘉永７	39	浦賀へ黒船を見に行く。兄仁十郎の家督相続、父和田の原で落馬	黒船の再来
安政２	40	父船にて湯河原へ湯治。父大病で死去	安政の江戸大地震
安政３	41	欠落人が身辺に多くなる。大風雨被害大、九兵衛一件が深刻化	
安政４	42	兄の長男（嘉十郎に改名）。名主代勤が認められる	
安政５	43	嘉十郎結婚。名主に見聞役がつく。御忌を始める	安政の大獄始まる
安政６	44	兄と開港したばかりの横浜から江戸へ行く	
万延元	45	嘉十郎の妻うた死去	桜田門の変。和宮降嫁
文久２	47	はしか、コロリ（コレラ）の流行で村内混乱	生麦事件
文久３	48	熱海の湯を船で運び自宅で湯治。嘉十郎再婚	イギリス船接近で江戸、浦賀緊張
文久４（元治元）	49	九兵衛一件で兄（名主）江戸藩邸に越訴	蛤御門の変
元治２（慶応元）	50	兄は名主休役となる（佐島村の名主が兼帯）。越訴で村政混乱	幕府長州再征を発令
慶応２	51	助七一件が深刻化、村内混雑。持病（疝気）で体調くずす	江戸、大阪で打ちこわし起こる
慶応３	52	前年より稲作中断。助七派の嫌がらせ事件頻発。盗賊におそわれる	強盗が横行
慶応４（明治元）	53	祐天上人筆の名号書を購入、押込強盗の噂しきり	ええじゃないか大流行。王政復古　天皇東京へ移る
明治２	54	（日記なし）兄（十四代仁右衛門）死去（60歳）。仁三郎本家兄の二男保蔵を養子にもらう（保蔵32歳）	版籍奉還
明治３	55	日記の執筆は仁三郎から保蔵へ	
明治５	56	夫婦で信州善光寺参り（約２ヶ月間）	品川、横浜間鉄道開通
明治６	57	保蔵林村の名主清左衛門の娘と結婚	地租改正
明治22			大日本帝国憲法発布。第１回総選挙
明治25	76	仁三郎死去（温良院恭誉倹譲義道居士）	
明治36		妻ちせ死去（貞鏡院円誉智月清海大姉）	

のみである。したがって、執筆にあたっては、絶えず「どんな時代であったか」を問いかけながら筆をすすめたいと思う。

二　仁三郎の修学と人格形成

生い立ち

仁三郎は文化十三年（一八一六）、相模国三浦郡大田和村の名主であった浅葉太一、やよの二男として出生した。

仁三郎が誕生した時代、幕府は異国船に対する防衛のため、浦賀や走水、城《じょう》ヶ島《がしま》などは砲台を築き、海防体制を強化していた。一方、この時代は江戸の化政文化が花開き、その文化が急速に地方へと浸透しつつあった。文化九年（一八一二）には浦賀の加藤山寿《さんじゅ》が『三浦古尋録《こじんろく》』を著し、文化十四年（一八一七）にはイギリス船が浦賀に来航した。

仁三郎が生まれた浅葉家のある大田和村は三浦半島西岸に位置する戸数一〇〇軒（内寺五ヶ寺）

ほどの比較的に小さな村であった。この村は南北にのびる細長い村域をもち、海に接する南部を「小田和の里」といい、山側の北部を「谷戸の里」、「上の里」などと呼び、その中間の里を「中の里」という。浅葉家本家はこの中の里にあり、日記では「本家の里」といっている。

仁三郎が生まれた浅葉家の屋敷地跡は現在の横須賀市太田和四丁目にある。そこは三浦一族の大多和三郎の城郭跡と伝えられるヤジロー山という小さな丘と低地をはさんだ地である。小高い屋敷地跡には現在民家が三、四軒あるが、その他は篠竹が密生する藪となっている。

地元に伝わる話によると、「テドリ（手取）」といわれる小高いこの屋敷地から見通せる田畑のほとんどは浅葉家の所有地で

図１-１　大田和城跡

あったという。この地には豪農を思わせる浅葉家の屋敷や蔵などがひときわ存在感をみせていたのであろう。残念ながら、現在ではその面影を残すものは、浅葉家の墓地と「手取稲荷」と称される稲荷様の祠と、藪の中に残る古井戸のみとなっている。仁三郎の産湯はこの井戸の水を用いたものであったのだろうか。

ところで、浅葉家の出自については古いことは不明であるが、同家に伝わる「先祖代々之控」をもとに、この日記の翻刻者である鈴木亀二は、日記の解説のなかで次のようにのべている。

浅葉家は初代から九代まで、その当主は「仁左衛門」を名のり、十代目からは「仁右衛門」となり、以後これが通り名となっていた。そして、十代目の仁右衛門の弟は近くの芝下に分家し仁左衛門を名のり、日記には「芝下」の屋号でよく登場してくる。

この十代目仁右衛門は堀内《ほりうち》村（現在の葉山町堀内）の浜方である三ケ浦《さんがうら》の小峰《こみね》家（四代目長右衛門）の娘を妻に迎え一男一女があった。以後浅葉家は小峰家との縁が続き、仁三郎も兄も小峰家より妻を迎えていた。また、十代目仁右衛門の長男は出家したため、小峰家より養子孫市を迎えた。これが十一代目の仁右衛門である。

十一代目はその養父の二女をめとり一男一女を得た。その長女いよは八幡《やはた》村（現在の横須賀市久《く》里浜《りはま》）の浅葉家へ嫁いでいた。仁三郎は、修学時代にこの叔母の家に寄宿したことがあったと推測している。そして長男太市が十二代目仁右衛門を襲名した。この十二代目の二男が日記の執筆者である仁三郎である。

なお、仁三郎が浅葉家に生まれた時、同家には祖父の十一代目仁右衛門弥市、兄の仁十郎（十三代目仁右衛門）がいた。その後弟となる三男幸三郎が生まれた。

寺子屋時代

現代では読み書きができることは半ば当然のことで、識字のもつ意義に思いをめぐらすことさえないのが実状といえる。

江戸時代のわが国の識字力は寺子屋教育の成果によって、世界に誇る冠たるものであったとの説もあるが、果して実際はどうだったのであろうか。正確なことはわからないのが現実のようである。それは、江戸時代の読み書き能力を識字力として検定するに耐えうるデーターが存在しないからであるとされる。

地方の農民の識字力についても公文書への署名などから、識字率は五〇パーセントぐらいではなかったかとの説もあるようだが、幕末の寺子屋の普及状況からすると、もう少し識字率は高かったようにも思われる。もっとも、識字力も名前が書ける程度から、日記や公文書を書くことができるレベルと、農民の識字力の差は大きいものがあったことが考えられる。

江戸時代の三浦半島の村々でも寺子屋や私塾が充実していたことは、寺子屋の門弟たちが師匠を偲んで恩に報いるために建立した「筆子塚」が各地に残ることからも明らかである。三浦半島の西岸、横須賀市秋谷《あきや》の子安《こやす》の里の小さな寺で筆子塚に出合ったことがあった。戸数わずか二〇軒ほどの小さな山里にも寺子屋があったことを思うと、幕末は三浦半島でもすでに乱塾時代であったことをうかがわせる。

仁三郎の村であった戸数一〇〇軒ほどの大田和村の満宗寺《まんそうじ》には師匠が当寺の僧侶の筆子塚があり、また本住寺には同じく師匠が当寺の僧侶の筆子寺がある。仁三郎も幼少のころ、どちらかの寺子屋へ通ったに違いない。

日記を書き残した仁三郎は、恐らく村内ではトップクラスの識字力を身につけた教養ある農民の一人であったと思われる。そう思ったのには二つの裏付がある。一つ目は彼の最初の日記と思われる天保五年（一八三四）の日記のなかで、仏教経典や漢詩文を読破している事実がある。二つ目は、彼が二十八歳の折に、長坂村の名主の依頼により、公文書となる帰村願書の下書の作成をした事実である。これらの行為を成し得た高い水準の読み書きの能力は、地元の寺子屋の教育だけで修得したものとは考えられない。

仁三郎は地元の寺子屋で、読み書きの基本を修めたのち、さらに一段高い教養を身につけるため別の私塾に身を寄せたことは間違いない。その唯一の証《あかし》といえよう、天保五年の仁三郎十九歳の日記に「浦賀の腸谷堂《ちょうこくどう》へ年始に参る、新家林蔵つれ参り門人になる」との一行がその記録である。仁三郎は正月に自身が入門していた私塾の腸谷堂へ年始傍々、後輩を入門させるべく連れて行ったのであろう。

ところで、仁三郎の寺子屋、私塾の時代を知る記録資料は前記の日記文のほか皆無といってもよい。ただ仁三郎自身に直接かかわることではないが、日記には寺子屋に関する記事は希少だが若干ある。

嘉永五年（一八五二）二月八日の日記に、「おまさ満宗寺へ手ならゐに入門、赤飯一めしつぎ持、まさ同道にて寺へ行」とある。

また、安政五年（一八五八）八月二十三日の日記に、「早朝におまき鎌倉の英勝寺《えいしょうじ》へ手習に上り候よしにて、嘉十郎、姉、先生同道にて船にて御出被成候、出金二朱と半紙十状おまさに餞別」とある。

日記でいう「おまき（おまさ）」は仁三郎の兄の二女で、弘化三年（一八四六）四月生まれの姪であった。仁三郎は兄に頼まれ、七歳となった姪の満宗寺の寺子屋への入門の付き添いをしたのであった。入門には赤飯入りの飯つぎ（行器《ほかい》）を持参していること、入門の年齢が七歳（満で六歳）であったことがわかる。そして、それから六年後、十三歳となったおまさはおまきと改名し、今度は鎌倉の英勝寺へ手習いに入門した。

鎌倉扇ヶ谷の東光山英勝寺（浄土宗）は「水戸様御殿」とも別称された有名な尼寺である。この寺と浅葉家とは若干の関係があった。その一つは浅葉家の最も近い縁戚である堀内村三ヶ浦の小峯からは水戸一橋家の奥勤めの女性が出ていた。実は仁三郎の妻であるちせも一橋家の御守殿に女中奉公をしたことがあった。このような縁からか、浅葉家、浜浅葉家は英勝寺の祠堂金《しどうきん》に出資するという金銭での関係をもっていたのが二つ目のかかわりであった。
なお、おまき（おまさ）の英勝寺への入門に際し、仁三郎は金二朱の餞別を出していることから、おまき（おまさ）は実家を出て寺に住み込んだか、あるいは縁戚の三ヶ浦の母の実家に寄宿したものと推察できる。

以上の仁三郎の実家である浅葉家のおまき（おまさ）の教育事情からみて、名主の家柄であった浅葉家の子弟の教育は五歳から七歳のころになると地元の寺子屋に入れ、十二、三歳になると今度は村から離れた地の私塾に親元を離れて寄宿させて入門させるのが通例となっていたのではなかろうか。

とりわけ、わざわざ修学に寄宿させることは、「可愛い子には旅をさすべし」との考えからであろう。他人の飯を食うことによって、親の有難味、他人の情けを知り、協調性や忍耐力を身につけさせることができるからである。

『江戸の教育力』（高橋敏著、ちくま新書）によると、幕末のころ信州の上田、小諸辺では、子どもの自主性を促すため、わが子を他家へ預け、他家の子をわが家に預かる、取替え子の風習があったという。浅葉家も同様の主旨からある時期に子弟を他人の家に寄宿させたに違いない。

浦賀の私塾へ

仁三郎は浦賀の腸谷堂という私塾に入門したことは間違いないものと思われる。この腸谷堂は東浦賀の八雲《やぐも》神社で開かれていた塾らしいが、師匠の名や門弟の人数など詳しいことは不明である。当時の東浦賀には、文化期に東叶神社には龍峰師匠のもとに東西の浦賀の子弟らが学んだ塾があったことがわかっている。また、東浦賀の法憧寺には儒学者の清水雅之氏（明治二年没）が私塾を開いていたこともわかっている。腸谷堂はこれら塾の系統に属する私塾であったのだろうか。

ともあれ、仁三郎が腸谷堂の門人であったとすると、大田和村の自宅から通うことは不可能で、どこかへ寄宿したことは間違いない。その寄宿先は明確ではないが、仁三郎の叔母いよ（十一代目仁右衛門の長女）の嫁ぎ先であった八幡村の浅葉家であったと推察する。その根拠は、十九歳の仁三郎が八幡の叔母の病気を心配し、わざわざ城ヶ島の漢方医へ薬種をたずねに行った事実を天保五年（一八三四）の日記にみたからである。

西浦賀に隣接する八幡村からは徒歩で東浦賀の私塾に通うことは可能である。『久里浜村村誌』によると幕末のころ、八幡村の浅葉家は紺屋を営んでいたようだ。慶応元年生まれの浅葉彦太郎の代になると、現在の京急久里浜駅前仲通りを夫婦橋《めおとばし》側へ三〇メートル行った所で染物業と久里浜村三等郵便局を兼業していた。

仁三郎は八幡村の浅葉家で紺屋の家業を手伝いながら、夫婦橋を渡り、久比里《くびり》坂を通って西浦賀へ出、渡し船で湊を渡り東浦賀の腸谷堂へ通ったのであろう。

実は、仁三郎が紺屋を営む叔母の家に寄宿していたとすると、思い当たることがある。それは分家後の仁三郎は林村《はやしむら》の紺屋八郎左衛門と懇意であったことである。資金を融通したり、時には経営に立ち入ることもあった。それは仁三郎は紺屋の家業を寄宿中に手伝い、その業態を熟知していたからだと勘繰っている。

勘繰りついでに、もう一つ勝手なる推察を披瀝しておこう。それは仁三郎の弟である幸三郎にかかわることである。八幡村の叔母の家にはのちに幸三郎が養子に入る。しかし、理由はわからないが、幸三郎は養家を出てしまうことになる。これは全くの勘繰りであるが、八幡の叔母は本当は仁三郎を養子に迎えるつもりではなかったか。それが叶わず、幸三郎を迎えたので、養子入りした幸三郎と叔母の間にはぎくしゃくするものがあったとも考えられる。

それはともあれ、仁三郎は地元の寺子屋と浦賀の私塾での修学によって、名主の家柄の子弟としての教育環境のなかで、一般の農民よりも一段と高い教養を身につけたものと思われる。

江戸時代は文書主義ともいってよい社会であったとされる。幕藩体制下の支配は、御家流《おいえりゅう》と呼ばれる書体で統一された文書を用いておこなわれた。幕府や藩のお触れは申すに及ばず、農民や町人から出す届書、願書などの公文書はすべて御家流で書かれていた。年貢の取立ては厳密な計算に基づき村当てに割付状が出され、その領収書ともいえる皆済目録《かいさいもくろく》が村から発行された。これらの公文書は村役人が扱ったり、作成した。もし、村役人が読み、書き、算用ができないとすると、騙されてもわからず、村民は大きな損失を蒙ることになる。村役人となるには読み、書き、算用ができることが必須であった。

仁三郎は名主を直接に継ぐ立場になかったが、家督を継いだ長兄に何かあった場合は名主役を継がねばならぬ二男でもあった。仁三郎にはその自覚があったに違いない。

十九歳の春の自覚

仁三郎にとって、十九歳（満十八歳）となった春は、彼の人生の旅のなかで、分れ道にさしかかった時点ではなかっただろうか。そう思ったのは、この春から、仁三郎は日記の執筆をスタートさせたからである。そして、この年の前年に仁三郎は前髪落《まえがみおと》しともいわれた元服式（成人式）を迎えたと推察するからである。

江戸時代の成人式（成年式）は現在とは違って、その年齢や作法は地方によってさまざまであったといわれる。しかし、一般的には村の年齢集団であった若者組に入会する際におこなわれた加入式が、一人前の青年に達したという元服式を兼ねていたともされる。その年齢は数えの十三〜十八歳ぐらいまでの間で、地方によって差違があったようだ。

一方、若者組の加入とは別に、改まって元服祝いを挙げる風習を持続する地方もあったようだ。男子が成年に際して立てる仮親を元服親といい、地方によって前髪親やふんどし親とか称したようだ。前髪親とは成人のしるしに、それまではやしていた前髪を仮親がそり落し月代《さかやき》を立てたからであった。江戸時代には一般的に男子は十九歳（満十八歳）になると、前髪を落し、前額《ぜんがく》から頭の中央にかけて半月形に剃った月代にして、成人になったしるしとした。

残念ながら、仁三郎の前髪落しの記録はない。しかし、彼の日記には幼少時から何かと世話をしてきた兄の長男金治郎（嘉十郎）の前髪落しの記事があった。嘉永三年十一月十五日の日記に、「本家よりおちせ帰り、親父本家へ御出、又々留主居に御出泊、手前、おちせとも泊り、金治郎祝ひにつきて三ヶ浦より姉様、おうた、おたひ参り、村中三人本家にて酒出し、それより赤飯出、金治郎前髪落」とある。

この日、本家で仁三郎の兄の長男金治郎のささやかな前髪落しの祝いがおこなわれたのであろう。この日仁三郎は父と入れ替わって本家に宿泊しているので、恐らく金治郎の仮親となって金治郎の前髪をそり落したのであろう。

毎年十一月十五日は浜浅葉家でも餅つきをし、農事を休み、お宮参りをする霜月の祭日でもあったことが日記でもわかる。七五三の祝いなどもこの日におこなったので、前髪落しも霜月の十五日におこなわれたのであろう。

以上の日記にみる仁三郎の甥《おい》の前髪落しの事例から、浅葉家では男子が満十六、十七歳（数えで十七、十八歳）になると前髪落しをして、ささやかな祝いをする習慣があったことがわかる。天保五年（一八三四）以前にその年齢に達した仁三郎も前髪落しの洗礼を受けたに違いない。

ともあれ、天保五年を迎え、仁三郎はその期に自己自身の置かれている状況をつぶさに直視し、将来を考えたに違いない。その自覚の具現化した一つが、日記の執筆という行動だったのではなかろうか。

富裕農家で、父が村の名主を務める浅葉家の二男であった仁三郎は経済的には恵まれた環境化にあったといえるが、二男坊ゆえに将来には一抹の不透明さや不安を抱えていたと推察する。長子相続の慣行が健在であった時代には、二男である仁三郎は近い将来に分家をするか、また養子に行くか、生家に居据わって長男に従って暮らすかを選択することを余儀なくされていた。

仁三郎は十九歳の春にその行く末の決断をしたとは考えられないが、いつかはその日がやってくるとの認識をもっていたことは間違いない。その日のために、日々自己の足元を知ることが肝要との思いから日記の筆を走らせることを思い立ったのではなかろうか。

図1-2　前髪落しの前（左）と後の髪型（復元）

表1-2　天保5年（1834）浅葉富蔵（仁三郎）19歳の日鑑の日記文

日／月	一月の記事	二月の記事
一日	御宮へ参り、それより書初鶴寿亀齢	論語拝読
二日	をき野長坂の年始に参り	三崎城ヶ島加藤氏へ八幡おば病気につき薬種たづねに行、あり
三日	三戸進藤氏へ年始に参り	阿弥陀経点読、論語終る、詩経拝読
四日	内にてあそぶ	流明号書
五日	初て孝経を読む、内にてやすむ	流明号書、八幡へ行、泊り
六日	遊	八幡より池上妙蔵寺様へ行、八幡に帰り帰宅
七日	長井原田氏、はやし喜兵衛へ年始に参る	流明号書、四ツ時江戸大火
八日	浦賀の陽谷堂へ年始に参る新家林蔵つれ参り門人になる。一朱年玉	流明号書、七ツ時より八幡へ行
九日	五日より唐詩選、五言律、排律、七言律〆中一巻拝読いたす	彼岸の入
十日	唐詩選、五七言絶句拝読	八幡より帰宅
十一日	詩経読始る、紅梅二本つぐ	阿弥陀経点読、をけの子わり、所々そうじ
十二日	詩経拝読、昼より土崩れし	阿弥陀経点読、彼岸中日、麦作きりに行、土蔵のうらへ檜木さす、庭に三本さす
十三日	詩経上拝読終る、昼より夏菊手入れ、同下拝読終る、阿弥陀経点読	流明号千枚になる、社日なり風雨大あらし、詩経拝読終る、草紙一〇状はじめる
十四日	阿弥陀経点読、さし物いたす	流明号書、柿の根ほりに行、同つぐ
十五日	御宮へ行、七ツ時八幡おばの病気に付急ぎ八幡へ行、それより夜中帰宅す	ねはんなり、無量寺より山口新善光寺へ行、帰り無量寺による
十六日	阿弥陀経点読	流明号書、小せき山そだまるき
十七日	夜明方に八幡へ行、それより昼に帰る	流明号書
十八日	小学巻上読はじめる	流明号書、屋敷畑麦作きり
十九日	早朝より金沢へ行、泰蓮寺様よりよこすかへ行、帰宅	流明号書、小田和畑麦作きり
二十日	阿弥陀経点読、内にていろいろ忙しき事あり	阿弥陀経点読、小せき山薪まるき
二十一日	流明号書、小学上拝読終る、論語拝読はじめる	流明号書
二十二日	流明号書、須軽谷より上宮田御寺へ年始、墓参り、だいだい拾、二ツに割、上の山まきおく	阿弥陀経点読、中尾山松柴おろし
二十三日	流明号書	流明号書須軽谷へ人頼に行
二十四日	流明号書、八幡へ行、それより帰る	流明号、花だんこしらえ霧島さつき貰う
二十五日	流明号書、くず掘に行	流明号、世田新田こしらえ
二十六日	流明号書、少々かげん悪しく候	流明号、昼より須軽谷へ行
二十七日	流明号書、病気	流明号、新菊花だんこしらえ
二十八日	流明号書、少々病気	流明号、お宮へ参る
二十九日	流明号書、少々病気	流明号、山方御本役御昼食になる
三十日		流明号、小せき山薪まるき

日記の筆下《ふでおろし》

仁三郎が十九歳（満十八歳）となった天保五年（一八三四）の新春から書き始めた日記は、天候の記録もなく、日付とメモ書きのような簡素なもので、しかも、三月中旬以降となると、日付だけの日が多くなり、やがて五月二十三日以降は白紙となる中途半端なものであった。

日記を書いた経験のある者なら、一度や二度の挫折を思い出すことであろう。日々の記録作業を習慣化させるのは容易なことではない。仁三郎も例外ではなかったようだ。

天保五年の日記は仁三郎の筆下のものといってもよいだろうが、その一字一句には若き仁三郎の思いが宿っていると考え、一月、二月の日記文を掲載しておこう。

まず、一月の日記からは、新年を迎えた仁三郎の張り詰めた気概が感じられる。それは大人の仲間入りをするという自覚から生まれたものだったのだろうか。それとも、年始に訪れた浦賀の腸谷堂という私塾での教育効果からなのだろうか。ともあれ、仁三郎は正月一日には書初めをし、五日からは孝経《こうきょう》や唐詩選《とうしせん》などの読み初めをおこなっている。

そこで、もう一度、仁三郎の寺子屋、私塾時代に立ち戻ってみたい。仁三郎は八幡村の叔母の家に寄宿し、浦賀の腸谷堂の門人として修養をつんだことはほぼ間違いない。ただ、何歳の折の入門であったかは不明である。

『江戸の教育力』によると、村々の寺子屋へは七歳から十二歳ぐらいまでの子らが入門するのが一般的であったとある。とすると、仁三郎が地元の寺子屋から、さらに修学をめざして浦賀の腸谷堂へ入門したのは十三、十四歳のころで、十八歳までであったのではなかろうか。

そう推察したのは、十九歳の春の日記に私塾で学習したと思われる儒学書や漢詩の拝読を正月早々におこなっていたことによる。

その拝読は孝経からであった。孝経とは孔子がその門弟曽参《そうしん》に孝道をのべたものを、曽参の門人がそれを記録した一巻とされる。『儒教とは何か』（加地伸行著、中公新書）によると、孝経の内容は孝についてのべたものであるが、その孝は祖先を祭祀し、親を愛し、子孫を産むという三者を合わせて孝とするだけでなく、それに新しい考えをつけ加えることで出来上がったものが孝経であるとする。

また、仁三郎は唐詩選の拝読もおこなった。唐詩選とは唐代の詩人一二七人の詩選集で、五言古詩、七言古詩、五言排律、七言律、五言絶句などを収録したものである。日本には江戸初期に渡来し、漢詩の入門書とされた文学書であった。

そして仁三郎は「小学上」や「論語」も拝読した。小学は朱子学の創始者朱子が門人劉子澄にまとめさせた初学者向けの教育書で、江戸時代の寺子屋師匠にとって身近な指針の書であった。

この小学は寺子屋師匠のバックボーンになっていたという。それは小学では身のまわりの清掃・人との対応、立振舞いを通して、親を愛し年長者を敬い、師を尊び、友人に親しむ道を子どもに教えたからであった。

さらに、論語は寺子屋師匠の聖書といってもよく、やがて論語に象徴される儒教道徳は江戸庶民社会へ浸透していった。つまり、親が子を説教するのに、論語の文言を必要とするような時代になっていったのである。

その論語のなかに、「余力学文《よりょくがくもん》」の四文字に集約される教訓がある。恐らく仁三郎もこの段は幾度か素読したものと推察する。参考までに次にそれを示しておこう。

子曰《しいわく》、弟子、入りては則ち孝、出でては則ち弟。謹んで信。汎《ひろ》く衆を愛して仁《じん》に親《ちかづ》く、行ないて余力有れば、則ち以って文を学べ

仁三郎は右の文の後段の暇のある時は書をも読み習うべしとの教えを守り、正月早々から儒学書や漢詩の拝読をおこなったのではあるまいか。

日記にみる論語の心

論語に象徴される儒学は村々の寺子屋や町の私塾の師匠たちの精神的バックボーンとなっていたともいわれる。それを私塾で修学した仁三郎は少なからず儒学の思想に影響を受けていたと考えられる。

天保五年（一八三四）の日記に記録される正月の読み初めもその一つであった。しかし、その後の日記を欠くため、漢書などの拝読は持続されていたかどうか不明である。

また、私塾で教え込まれたと思われる論語の一節「若者よ父母のいる奥の間では孝行、兄弟たちのいる表の間ではなかよかれ、万事に気をつけて、嘘をつくな、人びととひろく交際しながら、人格者に親しめ、このような実践をして余裕があれば本を読め」との教えは仁三郎の心にはっきりと投影され、その残影はいつまでも消えなかったのだろうか。そんな思いから、仁三郎の慶応四年（一八六八）までの日記を再読してみた。

そこで、気づいたことや思ったことをのべておこう。

まず、余裕があれば本を読めとの教えである余力学文にかかわると思われる仁三郎の行動を日記からみてみよう。その前に、当時（幕末）の書籍の出版事情や読書環境のおおよそについて知っておかねばならない。

江戸時代後期、江戸では教育力が備わってきたこともあって、出版、読書ブームがみられたという。黄表紙《きびょうし》、洒落本《しゃれぼん》、絵双紙《えぞうし》などの大衆読物から料理本、俳書、儒学書などの多種にわたる木版本が刊行された。そして江戸では貸本屋が繁昌したという。

しかし、地方にあっては江戸とは状況は違った。村は貸本屋や書店もなく、書籍を手に入れるのは容易なことではなかった。

天保五年（一八三四）の日記によると、若き仁三郎は三戸村（三浦市初声）の進藤氏より本を借りたことがあった。四月二十三日の日記に「三戸進藤氏へ見舞に行、制度通拝借いたす」とある。三戸の進藤氏とはどのような人物であるかは不明であるが、書籍を所蔵する村の知識人であったのであろうか。なお、三戸の進藤氏はその後の日記にも出てくる人物である。

また、嘉永四年（一八五一）、仁三郎が三十六歳の時であった。村の谷戸に庵を結んでいた念仏行者願海《がんかい》和尚より、仁三郎は漢詩の謄録九巻と和詩謄録七巻を借用したことが日記にある。これらの漢詩集や和詩集は「謄録《とうろく》」とあることから、願海が原本を書き写したものであった。恐らく、仁三郎もこの写本をさらに書き写したものと思われる。なお願海は仁三郎に少なからず影響を及ぼした人物と推察するので、その人

図1-3　江戸の貸本屋と手本売り（復元）

物像については別項で詳しくのべたい。

ともかく、現在のように書店や図書館が備わっている時代と違って、地方にあっては書籍を手にする手軽な方法は、本を所蔵する人から借りて読んだり、写し書きすることだった。といっても地方にあっては書籍を所蔵する人は限られていた。

本題から逸《そ》れるが、もう二十年前にもなろうか、横須賀市で市内の文化財総合調査を実施したことがあった。そのなかの典籍調査の報告書から江戸期の国書（日本で著述された書物）や漢籍（漢文で書かれた中国の書物）、仏典（仏教に関する書物）などの典籍の所蔵先は主として寺院、村の役人を勤めた村の富裕農家などに限られていたことがわかる。なかでも寺子屋となった寺院などに典籍は所蔵されていた。例えば横須賀市吉倉の浄栄寺《じょうえいじ》（浄土真宗）では江戸期、明治期の典籍が約六〇〇点も所蔵され、その種類も仏典、漢学や漢詩、歴史、文学、薬学、和算、辞書などに及び、この寺は当時の図書館の役割をしていたのではと思わせるものであった。

その蔵書のなかに「経典餘師《けいてんよし》」（嘉永三年）があるので、浄栄寺では寺子屋がいとなまれていたことは間違いない。「経典餘師」は著者渓百年《たにひゃくねん》が誰もが聖人の書を読めるようにと、ひらがなを振って読みやすくして出版した漢籍のシリーズ本で、寺子屋の師匠の必携の書であった。

仁三郎は書籍を借用して筆写するばかりでなく購入したこともあった。嘉永三年（一八五〇）十一月十一日の日記に、「江戸より嘉永丸帰り、舟頭参り、文七に頼候五経到来」とある。当時浅葉家本家は嘉永丸という荷船をもっていた。その船頭が江戸通いの帰りに、江戸の文七に依頼しておいた五経の漢書を持参したのであった。文七とは江戸の千沢先生の門人とされる谷文七で嘉永三年の正月ころより本家に居候していた者で、時折仁三郎家も訪れていた。なお、五経とは聖人の述作として尊重する五部の経書である易経、詩経、書経、春秋《しゅんじゅう》、礼記の儒書をいった。仁三郎がこの五経を江戸から取り寄せたのは三十五歳の折であった。

恐らく、自ら写し書きした写本を含めて、仁三郎はいくらかの典籍を所蔵していたものと思われる。その蔵書の内容を知りたいところだがそれは叶わない。因《ちなみ》に典籍所蔵調査の報告書によると、長井村浜名主を務めた鈴木家には一三二点の典籍が所蔵されていた。もっとも、鈴木家の当主は江戸の芭蕉門の師匠について俳諧を学んだ俳人であった。一方、岡名主であった沼田家にも二八点の蔵書があり、「論語正文」、「四書五経」、「論語集注」、「大学章句」、「四書集注」、「庭訓往来《ていきんおうらい》」などの儒学関係の書物が認められた。

また、村役人層以外の上層農民の家でも、「論語集注」、「庭訓往来」、「孟子集注」などの書物を所持していたケースがうかがわれる。幕末の村々にあっても、「論語」は一部の農民の常識となっていたことも考えられる。

ところで、仁三郎の慶応四年（一八五二）の日記によると、毘沙門村の清右衛門より「鎮台日誌《ちんだいにっし》」、「条約十一国記」などを取り寄せて読んでいたことがわかる。五十二歳となった仁三郎の「余力学文」の指針は新しい世へと向けられていた。

仁三郎の仏教性と願海行者《がんかいぎょうじゃ》

仁三郎の人生の旅のなかで出会った人々は数知れず、そのなかには仁三郎の人格形成に少なからず影響を与えた人びともいたと思われる。仁三郎が敬愛した父もその一人であったに違いない。また、「人格者には親しめ」との論語のなかの教えもあってか、仁三郎は積極的に有識者に近づこうとしていたことが、日記からもうかがえる。例えば、天保五年（一八三四）の日記で、若き仁三郎が薬種を訪ねるため、わざわざ城ヶ島の漢方医加藤氏を訪れたことなどはその類例ともいえよう。

ところで、天保五年の仁三郎の十九歳の春の日記で、阿弥陀経の点読や流明号書《ながしみょうごうがき》を仁三郎はおこなっていたことを知る。阿弥陀経は浄土宗の三部教の一つとされ、その内容は釈迦が祇園精舎《ぎおんしょうじゃ》にあって舎利弗《しゃりほつ》らの弟子のために説いたものを説法の形で極楽の壮厳さを説いたものである。この阿弥陀経はお経のなかでは短い経文であるとされるが、仁三郎はこのお経を点読したのである。

なお、流明号書とは正しくは名号《みょうごう》のことで、南無阿弥陀仏の六字名号を数多く書き溜め、それを川や海に流す信仰習俗があり、そのための六字名号書であったと思われる。仁三郎は南無阿弥陀仏と唱えながら、一心不乱に筆をはしらせたのだろうか。

仁三郎の家は浄土宗の関東本山である鎌倉光明寺《こうみょうじ》の末寺である武村の東漸寺《とうぜんじ》の檀徒であった。だからといって、浅葉家では阿弥陀経を読経したり、名号書をすることが当然であったとは考えにくい。若き仁三郎は人並以上に仏教を意識していたことは間違いないと思われる。その信仰心はどのようなことから仁三郎の心に芽生えていったのであろうか。

これについて、日記を通読したなかから、一つの仮説を提示したい。その仮説とは仁三郎は実家の近くに庵を結び修行生活をしていた念仏行者の願海の感化を受けたのではとの妄説である。

願海は尾張出身の僧であったが、文化十三年（一八一六）のころ寺を出て行脚《あんぎゃ》の途次に大田和村を訪れ、文政六年（一八二三）のころ、村の扇子山《せんすやま》に庵を得て信仰生活をいとなんだようだ。武山不動の滝で水行《みずぎょう》を続けたり、日常に木食《もくじき》の行を精修し、時には遊行をしたりして念仏を勧めたと伝えられる。

図１－４　願海上人像（復元）

願海が仁三郎の家に近い扇子山の庵に落ちついたのは仁三郎が八歳の折であった。残念ながら少年時代の仁三郎が願海と接触した事実があった確証はないが、村人に崇敬される願海の存在は幼いながら十分認識していたに違いない。

ところで、仁三郎の日記に願海の名が最初に登場するのは天保十五年（一八四四）、仁三郎が二十九歳の折の日記である。一月三日の日記に、「本家里より扇子山、日影廻り、本家に帰り」とあることから、本家のある里へ年始におもむき扇子山に庵を結ぶ願海にも新年の礼を致したことがわかる。また、弘化五年（一八四八）七月十五日の日記には一森（茶）一袋となす、かぼちゃをもって扇子山に盆句（盆礼）に参った記事があるので、仁三郎は分家した当初から願海と交際があったことがわかる。恐らく、分家して家を構える以前から仁三郎と願海とは懇意の関係にあったのではあるまいか。

仁三郎と願海との交際は正月と盆の儀礼だけでなく、仁三郎が扇子山の庵でおこなわれた大念仏会に参加したり、願海が「おとき〈斎〉」に浜浅葉を訪れるのは度々であった。その折に願海をもてなす食事は揚げ物（精進揚げ）とそばと決まっていた。飯が出ないのは願海は木食をもっぱらにしていたからなのだろう。

そんな交流のなかで、嘉永五年（一八五二）十月二日の日記に、「早朝に扇子山へ桃の木植に行、それより本家へ廻り帰り、数珠《じゅず》一連扇子山にて頂戴」との記事は、二人の関係が緊密であったことを示すものである。現在でもこの大数珠は代々仁三郎の子孫に受け継がれ、大切に保存されている。また、仁三郎は漢詩などの謄本を願海より借用して写本したり、願海の遺品として「南紀往生伝三巻」などを受けたことが日記に記録されている。

願海は安政五年（一八五八）十月二十七日に病死した。その時仁三郎は知らせを受けると即刻願海のもとへ駆け付けたことが日記に書き留められている。

　以上の日記からみた仁三郎と願海上人との関係から、仁三郎は若年のころより願海の影響を受けていたことは十分に考えられる。仁三郎の十九歳の春の阿弥陀経の点読や名号書はその顕著といってよいのであろうか。

　もっとも、現在と違って江戸時代の仏教のあり方は少々異なった。キリスト教は禁止され、仏教は国民化された時代であった。つまり、寺請制度によって、すべての家々は地域の寺の檀家になることが義務づけられた。そんなこともあってか、寺と檀信徒の結びつきは強かった。端的にいえば、江戸時代の人びとは祖先供養を重んじ、現代人より仏教を意識し、

表1－3　仁三郎の仏教にかかわる日記文

天保5	正月に阿弥陀経の点読、流名号書、2月15日の涅槃会に無量寺と新善光寺へ
弘化4	おせち長坂の薬師へ参る
弘化5	扇子山（願海）の大念仏に行
嘉永3	神奈川総泉寺、金治郎同道で流名号に参り、同道にて天馬舟にのり行、夕方帰り地蔵様へ二千枚流し
嘉永5	願海上人より珠数一連を頂戴
	谷文七、江戸へ帰るにつき、神奈川総泉寺へ名号代1分とどけ
	10/24 金治郎同道にて地蔵流しに行、名号5700枚
安政2	2/15 念仏講に入る、小田原の義翁行者より鉦一ツ到来
安政5	1/25 法然像の開眼供養、御忌の開始
	4/19 三浦観音札所参り
	5/17 青山善光寺の巡行開帳
	10/　願海上人死去、葬式
文久3	6/25 定善院（父）の忌日に法要
	12/1～12/3 三日間の東漸寺の受戒会
文久4	大般若二十巻の施主に、施主料三朱
元治2	藤沢上人（遊行寺）より頂戴物、名号
慶応2	徳本の掛物二帳、武の寺へ貸す　大般若本家より20巻借り
	3/30 鎌倉より石仏の観音像参り、三浦観音札所参り、受戒会
慶応3	おしま受戒、寺へ畳14枚奉納（為得法院）
	清雲寺へ大般若の転読をたのむ、転読料3朱
慶応4	鎌倉八幡宮放生会（3両）
明治5	2～5月 仁三郎夫妻らの善光寺参り
明治6	善光寺式阿弥陀如来の石碑建立

自ら魂の世話を仏教に素直にゆだねていたように思われる。

仁三郎が四十五歳となった安政五年に願海はこの世を去った。その年から、仁三郎は浄土宗の開祖である小さな法然《ほうねん》像を自宅に安置し、「御忌《ぎょき》」と呼ばれる法然の忌日法要をおこない、以後この法要は浜浅葉家の年中行事に加えられた。

そして、明治五年（一八七二）、五十七歳となった仁三郎は妻をともない、約二ヶ月間の善光寺参りに行った。仁三郎は伊勢参りに行った形跡はないので、生涯の大旅行には妻を連れての信州の善光寺参りと早くから計画していたのではなかろうか。この善光寺参りは仁三郎の仏教信心のこの世の集大成といってもよいのであろう。その証に、仁三郎は善光寺参りを記念して、明治六年（一八七三）に善光寺の阿弥陀三尊像を浮彫した立派な石碑を墓地に建立した。今でも浅葉家一族の墓地のなかで、このどっしりした碑は一際その存在感を示している。

園芸ブームの世で

仁三郎の十九歳の折の日記は簡素で断片的なものであるが、それだけに、きれぎれの記録はおろそかにできない。一つ一つの記録を繋ぐと一つの貴重な情報となる。仁三郎の趣味についての情報もその実例である。

若き仁三郎は花壇や花台をこしらえたり、紅梅や檜のさし木をしたり、菊の栽培もしていたことがわかる。極めつきは江戸から鉢植の松を取り寄せていたことである。ひと口にいえば仁三郎は今風にいえば園芸オタクであった。

もっとも、江戸時代後期には江戸は園芸ブームで、朝顔市や盆栽市が賑い、市中には植木売り、つつじ売り、花売りなどの行商が行きかっていたという。これらの状況から、幕末には江戸の園芸ブームが江戸近郊の三浦半島の片隅の村々にも及んでいたと理解してよいのであろうか。つまり、仁三郎の園芸趣味はその風潮のなかの一端とみてよいのだろうか。または、仁三郎の美的感覚の資質がもたらすものであったのだろうか。

園芸とひと口にいっても、娯楽的な趣味園芸と営利的な生産園芸があり、また果樹園芸、野菜園芸、花卉園芸の分野がある。いずれにしても園芸は植物を栽培することから農業の一分野といってもよいのであろう。そんなこともあってか、農民仁三郎の園芸趣味は芍薬《しゃくやく》の栽培へと展開していったようだ。日記にも「芍薬畑」とか「芍

表1-4　日記にみる仁三郎の園芸

年　代	事　　　　項
天保5年	1/11 紅梅つぎ、1/13 檜さし木
	2/24 花だんこしらえ、霧島さつき貰う、新菊花だんこしらえ
	3/5 花台こしらえ、3/9 菊植替、3/28 江戸にて鉢植松二本求む
	4/10 白つつじ植
嘉永6年	1/28 梅、桃のつぎ木
安政2年	5/12 松雲斉本家にて挿花、5/17 満宗寺より千日草、川骨到来
	7/3 松雲斉へ砂鉢たのむ
安政3年	2/1 松雲斉、一雲斉、高雲斉の三人泊り、花挿、葉らんに椿見事にでき
	2/4 満宗寺、林清助花見にくる、2/5 松雲斉、林清助の花の会へ行
安政5年	3/8 菊植替、かきつばた植替
文久2年	10/10 芍薬の植替
文久3年	2/21 菊畑こしらえ植替
慶応2年	2/27 芍薬、寺や浦賀へもたせ、長井の僧花見に参り
	5/20 菊、千日草、色々植替
慶応4年	10/28 本家より芍薬の植貰ひに参り、手作の芍薬もたせ

薬畑こしらえ」、「芍薬植替」、「芍薬畑作切り」、「花畑草取り」などの記事があり、芍薬の栽培は庭先の花壇に栽培する程度のものでなかったことがうかがえる。花の季節になると、花を知人に贈ったり、芍薬畑に花見にくるように知人を招待したりしている。また、薬種となる芍薬の根を貰いにくる人もいた。

芍薬は古い時代に中国から渡来した草花で、漢名を音読みしてシャクヤクというが、その名の通りの薬草で、根は漢方で鎮痛剤とされる。漢方薬の知識もある仁三郎は、花を愛でるだけでなく、薬種となることを熟知していて芍薬を栽培する畑を設けたに違いない。仁三郎の芍薬の畑作は趣味と実益を兼ねていた。

ところで、仁三郎の園芸趣味は、中年

図1-5　江戸の梅の盆栽売り（江戸生活図鑑より）

（四十歳のころ）になると生花《いけばな》へと進展したようだ。日記に最初に生花にかかわる記事をみるのは安政二年（一八五五）四月二十日で、この日、東海道筋の梅沢より花挿の先生が参り、本家へ宿泊した。実はこの生花の師匠の招聘は浅葉家本家に出入りしていた小田原の木食行者義翁の仲介があったようだ。この日義翁行者の伝言によって、梅沢からの駕籠代金二朱と二〇〇文が支出された。

東海道筋の梅沢は現在の神奈川県足柄上郡二宮町山西あたり、当時は平塚宿と小田原の間《ま》の宿で、「梅沢の立場」と呼ばれ、旅人が小休する茶屋が軒を連ねるところであった。この梅沢から駕籠代まで支払って生花の師匠を招くことができるのは浅葉家本家ならではであった。

そして翌安政三年（一八五六）二月朔日には梅沢の松雲斎師匠のほか三人の生花の師匠が参り、本家で花の会が催され、葉蘭と椿の花をあしらった見事な生花が床の間に据えられたようだ。この花見に、親せき知人や満宗寺《まんそうじ》の住職などが訪れたようだ。

申すまでもなく、花卉栽培の趣味と違って、生花を本格的に嗜むには、道具をととのえ、師匠についてその手法を学ばねばならない。幕末の一般農民からすれば一段とハードルの高い趣味で、経済的、時間的に余裕のある者だけが着手できる趣味であったと考えられる。そんなこともあってか、安政三年以降の日記に生花にかかわる記事は見当たらない。生花は仁三郎にとって一時的な嗜みだったのだろうか。

三　分家の草創と役目

父の遠謀と仁三郎の分家

仁三郎は天保十一年（一八四〇）、二十五歳で小田和《こたわ》の里に分家した。二男であった仁三郎は他家へ養子として出る道もあったことは申すまでもない。それはすでに別項で一つの憶測としてのべたが、素直で利発な仁三郎を叔母の嫁ぎ先であった八幡村の浅葉家が養子に迎えようとしたことであった。

恐らく、父仁右衛門は仁三郎には直接相談せず、きっぱりと養子の件は拒否したものと思われる。その代りに三男幸三郎の養子入りを認めたに違いない。

これも憶測で恐縮だが、父仁右衛門が仁三郎を養子に出さず、分家させようとしたのには二つの意図があったと考えられる。一つ目は、浅葉家本家を補佐するために、仁三郎を村内に分家させることである。十三代目の仁右衛門の名を継ぐことになる長男の仁十郎は病弱であったようだ。

二つ目は浅葉家の浜方への進出の拠点を得るために、わざわざ小田和の浜に近い地に仁三郎を分家させたのではという憶測である。その分家の地は現在では横須賀市御幸浜《みゆきがはま》の自衛隊の駐屯地内で、昭和十四年（一九三九）に軍用地となる以前には十数戸の浜浅葉家を含む家々が点在していた。

この小田和の浜は松並木の美しい遠浅の浜辺で、しばしば大正天皇も行幸されたことから、このあたりの現在の住居表示は横須賀市御幸浜という。この浜には大田和村を縦断する小田和川が流れ込み、その川口付近は浜方稼をする農家の船だまりともなっていた。なお、仁三郎はこの浜に分家したので浜浅葉家と通称された。

さて、浅葉家の浜方への進出計画の具体化の一つは斉田《さいた》ヶ浜（長坂村）での塩田事業であった。斉田ヶ浜は小田和の浜とを分ける二ツ山の出崎より西側の遠浅の浜であった。なお、仁三郎の浜浅葉家はこの二ツ山の脇にあった。

弘化三年（一八四六）、仁三郎三十一歳の折、いよいよ入浜式の塩田工事が着手されたが、長坂村の農民が強く反抗したため、工事は中断され、この事業は実現しなかった。なお、その経過の詳細は拙著『三浦半島の生活史』を参照されたい。

具体化のその二は、海運業への着手であった。浅葉家は嘉永年間のころ、荷船（嘉永丸）を仕立て、船頭や船手を雇い海上運送を始めた。

三方を海に囲まれた三浦半島は江戸時代にあっては海上交通は想像以上に重要視されていた。とりわけ、大量に物資を移動させる物流にあっては海上輸送は効率的であった。分家の浜浅葉家は海へ開く交通路への一族の玄関口の役目をも背負っていたのではなかろうか。

ところで、仁三郎の分家は恵まれたものであった。分与された土地は水田二町一畝十歩、畑一町八反三畝二歩、屋敷一畝五歩、山三ヶ所であった。江戸時代では一般に田畑合わせて約五反をもっていれば十分に生活が可能であったとされる。それからすれば仁三郎の土地所有は如何に恵まれたものであったかがわかる。分家浜浅葉家は当初より村の数少ない富農の一軒としてスタートした。

結婚と土蔵の普請

仁三郎は分家してから四年後の天保十五年（一八四四）に結婚をした。その間は下男、下女の三人で暮らし、湯殿《ゆどの》の造作や土手を築いたり屋敷の整備をしたようだ。

そして、新婦ちせ（のちにしまと改名）を迎えた。ちせは堀内村（現在の葉山町堀内）の小峰家の娘で、兄嫁ますの妹でもあった。実は仁三郎の母やよも小峰家六代目仁兵衛の娘で父の十二代目仁右衛門に嫁いでいる。驚くなかれ、小峰家との縁組の伝統は十代目仁右衛門にまで遡るもので、十代目の仁右衛門は妻を小峰家（四代目長右衛門）から迎えている。そして、十代目仁右衛門の長男は出家したため、十一代目仁右衛門は小峰家（五代目）の三男弥市を養子に迎えていた。つまり、仁三郎の祖父は小峰家の者であった。

このような伝統から、仁三郎には小峰家の血統が引き継がれ、ちせとの結婚により、その血統がさらに濃厚になるはずであったが、残念ながら仁三郎とちせの間には子どもが授からなかった。

なお、堀内村の小峰家については、詳しいことはわからないが、村の浜方となる三ケ浦《さんがうら》の地生《じお》いの家で、ちせは一橋家に奥奉公を勤めていたことなどからすると、それなりの家格を有した家ではなかったかと思う。現在では小峰家の子孫は断絶している。

ところで、仁三郎は結婚後早々に土蔵の普請に着手した。分家してから四年後であった。

蔵は富の象徴であるともいわれた時代もあった。また、庶民が蔵を建てたいと願うなら、農業だけに従事していたのでは実現はおぼつかない時代でもあったとされるが、仁三郎が蔵を建てた幕末はどうだったのであろうか。

江戸時代の農家の土蔵所有状況はある研究（宮川満著『太閤検地論、第三部』）によると、ある村の例で二間×二間から、三間×九間という規模の土蔵が四五軒の農家

図1-6　土蔵

のうち一〇軒はあったという。土蔵は四分の一の農家しかもっていなかったことになるが、恐らく江戸時代後期になるにつれ、土蔵持農家は増えていったものと思われる。

ともあれ、土蔵をもつことは農業の規模や財力を反映するものであったことは否定できないであろう。仁三郎にしても、恵まれた財産分与があったからこそ、分家して早々に土蔵の普請に着手することができたことは間違いない。

そして、土蔵は富農の体裁をつくるだけのために設けようとしたものではなく、小作米などを収納し保存する必要上から設置されたものであろう。仁三郎は分与された水田や畑はすべて自作したのではなく、その多くは小作農に貸していた。その小作米は年間三〇～五〇俵ぐらいとみる。

もっとも、土蔵は防火や防湿の機能を備えたものにしても江戸市中の商人の蔵のように四面を漆《しっ》喰《くい》で塗った立派なものではなかったようだ。

日記には普請はじめから落成までの約半年間の経過が断片的に記録されている。それから判断すると、屋根は瓦葺、もちろん土壁仕立てのもので、全面を漆喰で塗り上げたものではなかったようだ。いわば、茅葺き屋根の農家にマッチした蔵だったと思われる。

それでも新婚ほやほやの仁三郎とちせは完成した土蔵を見上げ、新家を構えたことを実感したに違いない。だが、このころより、新妻ちせの体調はすぐれなかった。

甥の教育係

半年間に及んだ土蔵の普請、本家兄の四男延治郎の死、また、仁三郎の母の病死、本家の祖父（十一代目仁右衛門）の死去と身内の不幸が続いたことも身にこたえたのか、新妻のちせは病気勝となり、医者にかかったり湯治に箱根へ行ったりしたが、病状は良くならず、安政二年には約四ヶ月間三ヶ浦の実家（小峰家）へ里帰りして療養したこともあった。このように、ちせは病弱であったからか、子どもには恵まれなかった。

一方、ちせの姉が嫁いだ仁三郎の兄の方は子沢山で子どもは六人（男四、女二）であったが、二人が夭折した。仁三郎は自分の子ではないが兄の子どもを何かと可愛がった。例えば、三月九日の里神である姥神《うばがみ》明神様の祭礼の日には兄の子らに一〇〇文の小遣いを与えていた。また、兄の二女のまさの寺子屋への入門には仁三郎が付き添ったりもしている。

とりわけ、長男の金治郎（後に嘉十郎、十四代目仁右衛門）は我が子のようにして仁三郎は面倒をみたようだ。

弘化四年（一八四七）一月十三日の日記に、「金治郎手習始に参り」とあることから、十二歳となった金治郎の習字の師匠をつとめていたことがわかる。また、その年の一月二十六日の日記には「金治郎同道にて、船にて大山様へ出立、長谷三橋《はせみつはし》へ泊り、親父留主居に御出下され候」とある。

恐らく少年金治郎にとっては、初めての大山詣でであったであろう。仁三郎と金治郎の二人は船で三ヶ浦の小峰家まで送ってもらい、鎌倉の長谷の三橋宿へ一泊し、四ツ谷（藤沢）から田村の渡しを経て大山の宿坊で二泊目の宿をとり、二拍三日の寒中の大山詣でをおこなった。夏季の大山詣でと違って、冬の参詣は寒さに耐えなければならず、山中の道は雪で危険もあったと想像される。

このような寒中の大山詣では少年金治郎のための「可愛い子には旅をさせよ」との体験教育であったようにも思われる。なお、この大山詣でては仁三郎の父が新家（仁三郎家）の留守居役をしていた。この寒中の大山詣での仕掛人は仁三郎ではなく、その父であったかも知れない。

また、この年の七月二十九日の日記に、「昼より金治郎同道にて大津花火見に行、夜に帰り」とあり、仁三郎は大津村（現在の横須賀市大津）でおこなわれた花火を見に金治郎を連れ出していた。江戸時代の花火というと、江戸の両国川開きの期間中の花火が有名である。もっとも、江戸時代にあっても、スポンサーさえいれば地方でも夏の花火がおこなわれたようだ。大津の花火は恐らく浦賀の商人らがスポンサーとなった花火の打ち上げだったと思われる。現在と違って、当時の花火は淡いオレンジ一色のものであったとされるが、少年金治郎にとっては初めてみる花火であったのだろう。

なお、金治郎の花火見物は日帰りの小さな旅で、帰路は暗い夜道の旅であった。もちろん徒歩で、提灯の灯火がたよりの道行であったに違いない。この花火見物は金治郎にとっては、夜間の小さな旅の初体験であったかも知れない。

以上のような仁三郎と金治郎との接触から、仁三郎は金治郎の教育係を務めていたようにも思われる。それは仁三郎には子どもがなく、子ども好きであったからだけではなく、ある意図があったからだと考える。

金治郎は近い将来に十四代目の仁右衛門となり大田和村の名主を継承することがほぼ確実視される人物であった。それに相応《ふさわ》しい人に成長するようにと願ったのは仁三郎だけではあるまい。とりわけ十二代目仁右衛門（仁三郎の父親）は長男の仁十郎（十三代目仁右衛門）が病弱であったことからも、孫の金治郎に期待をもっていたに違いない。

またまた、憶測の上に憶測を重ねる悪い癖が出てしまうが、仁三郎が甥の金治郎の家庭教師になることをすすめたのは仁三郎の父にほかならなかったのではあるまいか。

そう考えると、仁三郎を分家させた父の戦略がうっすらとみえてくる。端的にいえば、将来、金治郎が名主の地位についた暁には仁三郎をその黒衣《くろこ》の参謀とすべく父は思慮していたのではなかろうか。仁三郎を金治郎の教育係にしたのはその端緒であったかも知れない。

それはともかくとして、金治郎が満十五歳（数えの十六歳）の嘉永三年（一八五〇）十一月十五日の前髪落しの祝いでは、仁三郎は仮親（後見人）になったと思われる。

名主役の見習

仁三郎の父は村の名主役を務めていた。そのためか日記には村政にかかわる記事が散見できる。これらの記録から、兄と仁三郎は村役人ではないが、父を補佐するため否応《いやおう》なく村の公務にかかわらざるを得なかったことがわかる。

嘉永四年（一八五一）三月の彦根藩主井伊掃部頭《いいかもんのかみ》の巡見も仁三郎が公務にかかわった機会の一つであった。領主や藩の役人が領内を巡見する折には村役人は案内や接待に多忙をきわめた。ましてや殿様の巡見となるとその人数は上下九〇〇人にも及び、本陣や下宿、休息所、人足の手配など村役人は天手古舞《てんてこまい》であったようだ。仁三郎も自宅が休息所の一つとなったことから幕を張ったり、殿様に献上する献立物の鯛や小魚の準備をまかされ大忙しであったようだ。

藩主（殿様）の巡見は滅多にないことであったが、藩の地方《じかた》役所（陣屋）の役人や奉行所の役人の巡見は度々であった。浜浅葉家はこれらの巡見の際、往還に近く寄りやすい場所に位置したからか、小休の場所ともなったようだ。仁三郎はこのような機会を通じて名

図１‐７　巡見の案内（江戸生活図鑑より）

主の二男として藩の地方役人らのある種の信任を得ていったと思われる。

そんなこともあってか、名主である父の代理として千駄崎《せんだがさき》の御台場に出向いたこともあった。嘉永五年（一八五二）の九月四日の日記に、「親父代りとして千駄崎御台場行、尤《もっとも》浦賀御奉行様昼より御見分に御出、大筒打ためし、それより仕舞、元締衆上宮田へ送り、夜に入郷宿へ行、会所にて人足貰ひ、夜中頃に帰り」とある。

ペリー来航を前にして、外圧は風雲急を告げ、その緊迫感は村役人層に達していたように思われる。村役人の代理として台場に赴いた仁三郎も十二分に外圧の緊迫感を受けたに違いない。そして翌嘉永六年（一八五三）二月、浜浅葉家へ浦賀の鎌倉屋より米百俵が船積で届いた。仁三郎は人足を出し、この米を仁三郎の物置へ運び入れた。この米は、異国船が来航した折の非常米であった。

そして、嘉永六年六月三日に黒船の来航を迎えた。この事態で名主である父とその補佐の兄は上宮田の陣屋詰めとなり、仁三郎はその留守を預かることとなった。また、他の村役人も陣屋へ派遣されたので、仁三郎は村からの人足出しや非常用米や薪の陣屋への積送りなどの差配もおこない、否応なく村政にかかわった。

仁三郎は身分上は村役人ではなく、また、長男の兄と違って父の名主職を継ぐ立場にはなかった。それにもかかわらず、時には名主見習の兄と同じような公務にかかわったのは、仁三郎からすれば、父や兄を助けるためであったのであろう。それは父の望むことでもあったに違いない。

兄の家督相続と父の死

嘉永七年（一八五四）は仁三郎にとって、訪れようとする一つの転機の前兆がみられる一年であったといえよう。正月早々に黒船の再来があり、仁三郎も上宮田陣屋や久里浜へ出向くことが度々であった。

家庭にあっては、妻ちせの体調がよろしくなく、長井村の医者（中原永斉）の見舞（往診）を度々受け、年の暮には二両二分の薬礼を払うほどであった。当時の医療費は薬代（二〇貼で一〇〇文）と見舞礼（一度で二〇〇文）であった。

そして十一月四日には震源域が駿河湾内と推定されるM（マグニチュード）八・四のメガトン級の地震がおこった。この地震で東海道筋では大きな被害を受けたが、幸い三浦半島での被害は小さく多少の津波が来た程度であった。日記によると小田和湾の海水が引き長井まで陸続きになり、後に波が寄り大橋は流され、小田和の一部の水田は波が入ったという。この地震は現在いろいろ取沙汰されている東海地震の一つであった。

この地震さわぎがおさまったころの十一月十七日の日記に「親父昼前より御出、三ヶ浦母同道にて本家へ行、尤兄家督披露馳走に成」とあり、この日、兄の家督相続の披露の宴が本家であった。

家督相続とは一般的に旧民法で、戸主の身分に付随するすべての権利・義務を相続することをいう。旧民法は江戸時代の家族制度を土台にしたものとされ、江戸時代には戸長の身分は家長といい、その権利は家督ともいう家族を統率する権限で、その内容としては、家名をたもつこと、祖先を祀ること、家産を受けつぐことであった。そして、その家督の相続は長子相続といって一般的に長男が相続した。

家督相続は当主（家長）が死亡した時点で長男に自動的に相続させることもあったが、当主が生存中に自由意思によって相続させる場合もあった。これを隠居《いんきょ》制度といった。現在ではそのような制度はない。

仁三郎の父が家督権を放棄してそれを仁十郎に相続させて隠居した時は六十五歳で、仁三郎は四十四歳であった。父の隠居の時期については異論はあろうが、やや遅いものではなかったか。仁三郎は五十四歳で隠居している。

それは、父の場合には隠居と同時に名主職も仁十郎に世襲させることになる事情と関係があったことが隠居の時期を遅くさせたのではあるまいか。父の跡目となる仁十郎は病弱だったようだ。

仁三郎の日記からみても、父の名主役の務めは晩年になるほど多くなった。藩や幕府の役人の海防の巡見、度重なる異国船の来航、そして二度の黒船の来航と、役所や陣屋への出勤も頻繁となり、父の老化をはやめたのではなかろうか。といって、病弱な長男に跡目を譲るには不安がある。父のこの時期の隠居の決意はぎりぎりのところであったに違いない。

そう思ったのは家督相続の披露の宴がおこなわれた日の午前中に、父が仁三郎を訪ねていたことによる。父が仁三郎に何を話したかは日記にはないが、恐らく、跡目を継ぐ兄についての心配と、十三代目仁右衛門となる兄への助力を仁三郎に再度要請したのではなかろうか。

仁十郎に家督を譲って一ヶ月後の十二月十六日のことであった。この日、浜浅葉家では早朝からすす払いがおこなわれていた。そこへ本家の金治郎が来て、父が三崎の役所出勤の途次、和田の原で落馬して負傷したということが告げられた。この事故は老体にはこたえたのであろう、以後父の体調はよろしくなかったようだ。

事故から四ヶ月後の安政二年(一八五五)四月、父は湯河原へ湯治に行った。持船の順吉丸に蒲団や食糧などを積込んでの湯治行であった。この折、仁三郎は玉子三〇個と水飴を贈って父を見送った。湯治は約一ヶ月におよんだが、その間仁三郎は飛脚にたのんで、父の好物の菓子や素麺、こがし

図1-8　父(十二代仁右衛門)の肖像(復元)

などを手紙を添えて送った。

湯治から帰っても父の具合はあまりよくなかったようだ。父は仁三郎に入湯の土産として手拭一反、箸箱一つを手渡した六日後の六月二十五日息を引きとった。

浅葉家十二代目仁右衛門の死去は浅葉家一統としても、また、仁三郎の半生からしても一つの転機になったと考える。その具体的なことは次節にのべることとする。

四　父亡き後の不安定時代

本・分家の強い紐帯

さて、ここで父の生存中の本家と分家（仁三郎）の立場はどうだったのかを振り返っておこう。一口にいえば、その関係は緊密で分家は従属的なものであったといえる。

例えば、仁三郎は正月の贈答では本家と妻の実家である三ヶ浦の小峰家だけに鏡餅を贈るのがきまりであった。とりわけ本家への鏡餅は「大そなえ」と日記にあり、大きい鏡餅であった。数多い親類のなかでも、本家と姻戚を重要視し、なかでも本家を最重要視していたことがわかる。

　また、相互の交換を前提とする当時の贈答にあって、小峰家からは鏡餅の贈答はあったが本家からは仁三郎への鏡餅の贈答はなく、一方的なものであった。この事実は、本家と分家は同格ではなく、分家は社会的に従属的な立場にあったことを示すことであった。なお正月だけではなく、盆やその他の年中行事の度に餅や赤飯などが本・分家の間で交換がおこなわれた。

　年中行事にあたっては、一月十四、十五日のお日待には本家が十五日におこない、分家では十五日に一日ずらしておこない、相互に替り合って参加した。年の瀬のすす払いや餅つきも同様に替り合ってなされ、もちろん本家が先行した。

　農事にあっても本・分家間の相互扶助がみられた。田植、綿の種まきなど互いに手伝いあっておこなわれた。また、農事に限らず、持船を用いた江戸への薪の出荷なども本・分家の共同でおこなわれた。

　もっとも、本・分家の結びつきが強固であったのは、分家創出の当初より約束されていたことでもあった。とりわけ、分家の位置は沿岸に近く、江戸時代の主要道（脇往還）に近いことから、分家は浅葉本家の玄関口の役割を担わされていた。そんなことから、奉行や公役衆などが村を通行する際には、分家は休息所となることも多く、仁三郎は名主の父と共に役人たちの案内や出迎えの雑事にあたらざるを得なかったと思われる。つまり、名主役にあっても浅葉本家と分家は一体となって、その任にあたっていたといっても過言ではあるまい。

その浅葉本家の大黒柱であった父がこの世を去った。その死は浅葉一統にとって、また分家である仁三郎にとって大きな影響を与えたことは想像に難《かた》くない。そして、本・分家の強い結びつきは変質していったのであろうか。そんな課題を頭の隅におきながら、父なき後の仁三郎の日記を読みすすめていきたい。

分家での父の供養

安政二年（一八五五）六月二十五日にこの世を去った父は法名を「定善院融誉宗円満空居士」といった。その定善院融誉様の一周忌の法要は安政三年（一八五六）六月二十四日に本家でおこなわれた。この日仁三郎は申すまでもなく、分家の下男・下女、妻のちせも本家へ手伝いに出向き、盛大な法事がおこなわれたようだ。この夜、仁三郎は本家に宿泊した。

六月二十五日の日記に、「早朝に本家より一寸帰り、又々本家へ行、尤、昨夜本家にて夜中一人にて御念仏いたし候」とある。

仁三郎は夜の本家の仏壇を前に一人座して念仏を唱えたようだが、何を祈念し、また何を思ったのであろうか。その胸中を如実に知ることはできないが、父のいない一年は仁三郎に父の存在が大きかったことを再認識させたことは間違いないと思われる。そして、父と行動を共にした日々、父の折々の言葉を想起して父を懐かしんだものと察する。

ところで、仁三郎は父の一周忌と同じく、三周忌の法要は本家に出向いておこなったが、以後、父の祥月命日の日に独自に自宅で法要をおこなうようになった。

安政五年（一八五八）六月二十五日の日記には早朝に餅つきをして丸餅や餡餅をつくり供え物とし、武村の東漸寺の和尚が来て回向したこと、回向膳《えこうぜん》の献立や餡餅は近所の子どもらにふるまったことなどが記録されている。

そして、さらに注目しておくべきことは、安政五年より、父の祥月命日の法事とは別にもう一つの法事を施行するようになったことである。それは毎年一月二十五日にいとなむ「御忌《ぎょき》」と呼ぶ法事であった。

実は御忌をおこなうため、仁三郎は鎌倉の仏師である後藤左官に依頼し浄土宗の祖師円光大師（法然）像を作成した。現在でも、座高二〇センチほどのこの法然像は浜浅葉家の仏壇に祀られている。日記にはこの像は「定善院様菩提の為」に造立したとあることから、亡き父の成仏を祈念して法然像を安置したことは間違いない。

浄土宗を開いた法然の命日は一月二十五日で、その年忌法要を御忌といった。仁三郎はこの法事を自宅で毎年おこなうようにしたのであった。奇《く》しくも、父の命日の日と法然の命日は月は違うが日付は二十五日で共通した。浜浅葉家の御忌は法然の教えや遺徳を讃仰《さんごう》すると同時に、父（定善院）の成仏祈願と恩徳を偲ぶものであったに違いない。

このように安政五年（一八五八）以降、仁三郎が一月二十五日と六月二十五日に自宅で法事を施行するに至った事実から、どのような仁三郎の心柄《こころがら》がみえるのであろうか。仁三郎の亡き父を慕う心は申すまでもないが、もう一つ窺うことのできるものは、一家の主人（家長）としての仁三郎の自覚ではなかっただろうか。

もちろん、仁三郎は分家した時から一家族の主人であったが、父の生存中は父の指示を仰ぐことも多く、家督権が公認されている一家の長である認識は十分でなかったことが考えられる。

そう憶測したのは、家督権には先祖を祀る権利があるが、父の死によって、分家の仁三郎はその権利を施行することができるようになったからである。つまり、安政五年より、浜浅葉家の年中行事となった二つの法事の施行は、浜浅葉家の独立性が高まったそのあらわれとみたのである。

仁三郎の日記を通読すると、父の死後以降の日記の記述内容はそれ以前に比較するとやや充実していったように感じられる。それは浜浅葉の分家としての家格や経済が高まりつつあったことを示すものなのであろうか。

ところで、このような推移のなかで、分家仁三郎の本家離れが徐々に進行していったのであろうか。その結論は、浅葉家本・分家の墓地が共同であることが如実に示してくれる。

降りかかる疑惑

名主であった仁三郎の父がこの世を去ると、それを待っていたかのように、浅葉家にとって容易ならぬ事件がふりかかってきた。それは名主の役義上の非法にかかわることであった。具体的には、名主の年貢勘定のことや、年貢金納にかかわること、それに加えて小作年貢の非道などと年貢の不祥にかかわる疑義《ぎぎ》であった。

江戸時代では、行政単位であった村を単位に年貢を賦課し徴収する村請制であった。年貢割付状が名主方へ令達されると、名主を中心として村役人が村内の農民に所有している田畑の生産高（持高）に応じて割り当てる。農民は割り当てられた年貢を名主の庭先まで運んで納入する。名主は村内より集めた年貢を代官へ納入し、その領収証にあたる年貢皆済状を受取る。このような仕組のなかで、名主が中心となって村役人が取り仕切った年貢徴集についてのクレームが藩役所への訴状として告げられたことは間違いないと思われるが、誰が、どのようにして告訴したのか詳しいことは日記からはわからない。

藩役所は訴えを受けて、その事実調査を名主の役義をよくわきまえている近隣の名主である芦名村、佐島村、長坂村の三名主に命じたようだ。その接衝には名主であった兄は除外され、長男の嘉十郎が代行したが、若輩のため実際には仁三郎が矢面に立ったのが実状であったことが、日記からもうかがえる。

幸いなことに、この一件の疑念は晴れ、村中一統より詫状連印をとり、関係者立会の上本家の庭で、一件の関係文書を焼き捨て手打となった。目出度し、目出度しとしたいところだが、どうもこの一件以後、浅葉家には世間の冷たい風が当たるようになり、仁三郎も直接ではないがこの風を否応なく受けることになったようだ。

この一件後、大田和村の名主の行政権に対し、「見聞役」として佐島村の名主らがつき、介入監理がなされるようになったのも、その現象の一つであった。そんなストレスもあってか、名主の兄は体調をくずし勝であった。また、病身の理由で、二十二歳の長男の嘉十郎は名主の父の代行を認められた。

余談となるが、歴史学者磯田道史氏は『無私の日本人』のなかで、江戸時代の名主（庄屋）は日本の宝物であったという。江戸時代、日本中には村が五万ほどあって、名主は家族を含めて五〇万人ぐらいいて、村人たちのめんどうをみていたという。名主は百姓たちにとっては行政官であり、教師であり、文化人であり、世間の情報をもたらす報道機関であったとする。その意味で名主たちは日本の国を下支えしていたというのである。

そして、その名主らは土地土地をよくわきまえた人びとであった。もしこの人びとのわきまえがなかったら、日本は悲惨なことになっていたに違いないと指摘している。

たしかに、幕府や藩の役人と違って、名主たちは村人たちの立場を理解し、農民たちの理屈に耳を傾けて、物事を判断することができたであろう。しかし、一方を立てれば、一方が立たず、その判断に苦悩する雑事も多かったものと想像する。

多忙な名主の任務のなかで、最も重要なものは村民から年貢を取り立て、幕府や藩に納入することであった。その納入方法はすでに示したように村単位でおこなわれた。この村請制では個々の農民が諸々の理由で納入不能になった場合、その世帯の納入分は村全体の責任となった。そのためその処理ではさまざまな問題が派生し、名主は苦労することとなった。

また、課税の仕方は現在の累進課税と違って、上層農民も零細農民も同じ割合で持高に応じて賦課された。そのため農民の間にも貧富の差が生じ、幕末になると益々その差が大きくなっていくと同時に、下層、零細農民の不平や不満が増大していった。

こんな貧富の格差が拡大しつつある社会が不安定となるのは今も昔もかわることはなかった。幕末の大田和村も、年貢不祥事件を曲角《まがりかど》に平穏さを徐々に失っていったようだ。

本・分家の苦境

分家とはいえ、浜浅葉家は村内の富農層に属し、農産物は年貢に納める分や自家消費を差し引いても余剰があり、それを売って金銭を得ていた。その余剰金の一部は資金を必要とする人びとに融通されていた。つまり、浜浅葉家は金貸しもやっていた。

一方、年貢や小作年貢が納入できずに困窮する農民も数多く存在した。浜浅葉家はこれらの農民に田畑や山を担保に貸したり、債務者の娘や息子を質奉公人として預ることで金を貸したりした。経済的格差が顕著となった幕末の村社会では債務や借金がありふれていたようだ。日記に貸金やその返済などにかかわる記事が多いのはその証であろう。

ところで、安政四年（一八五七）ごろより元治年間までの日記には、時折「九兵衛一件」についての記事がみられる。実は、この一件は村を揺るがすような事件となり、働き盛りの仁三郎も余計なところにエネルギーを消費することを余儀なくされた。しかも、その一件の当事者は仁三郎と縁つづきの者であった。

九兵衛は仁三郎の父（十二代目仁右衛門）より四代前の浅葉家（九代目仁左衛門）の時代に分家したその四代目となる者で親戚仲間であった。仁三郎からすれば、この一件は「身内（親類）から出たさび」と称してよいものであった。

九兵衛家は先代までは人並以上の田畑を所有する村の上層農家であったが、九兵衛は若いころより身持が悪く、勝負事を好み、品行のよくない小百姓たちを集めては酒盛りをするなどの浪費を重ねて金銭を遣い捨て、借財も増加し一家は傾きつつあった。

仁三郎は浅葉一族の厄介者の九兵衛を見捨てることはできなかったのであろう。嘉永四年（一八五二）のころから五両、一〇両と九兵衛に金を貸し、その返済は滞り、その額は一〇五両（証文五通）となっていた。当人は申すまでもなく、約定書に加判した親類や組合の者に返済の話をもっていっても取り成しができず、仁三郎は最後の手段で藩の地方御役所へ訴える始末であった。そのお裁きの結果、利分の一部を割愛して、借金を九兵衛が二回に分割して返済することで示談は成立した。十二年間の利子分は元金一〇五両に対し、一四〇両にもなっていた。

実はこのような金銭トラブルに連結し、九兵衛一件には村を混乱させるに至る厄介なもめごとがあった。それは年貢の不納であった。

年貢の不納は借金と違って村全体に迷惑をかけるものであった。名主を務める本家は九兵衛がこともあろうに分家であることから厳しく対処したに違いないが、それだけに九兵衛の浅葉本家に対する反抗、反発は強かったものと思われる。そんなことからか、九兵衛は年貢の滞納分を村を通して納めず、預り藩の三浦郡中取締役の名主永嶋段右衛へ納めてしまう始末であった。

体面を汚された名主は地元の地方役所を越して、江戸の藩邸へ直訴するという非合法の行動に出た。恐らく名主側の訴えの内容は九兵衛の年貢は特別に藩の権限で別個に取り立ててもらうことを願ったのではなかろうか。その訴状は文筆のたつ仁三郎が書いたのかもしれない。

その訴状は藩の地方役所へ提出されたが、受取を拒否されたため、わざわざ村役人が江戸へ行き直接藩邸に提出されたのであろう。このような直訴は越訴《おっそ》といい厳しく禁止されていた行為であった。

前代未聞のこの江戸越訴で村内は大きく揺れたことは申すまでもない。名主は責任をとらされ休役となり、以後見聞役であった佐島の名主が兼帯名主となり、他の年寄、百姓代の村役人も休役願を出す破目に陥らされた。

名主の休役処分は村にとっても、浅葉家にとっても不名誉なことであったことは申すまでもない。そして村には梅雨時のような暗雲が立ちこめた。

そう思ったのは、日記からみる元治二年（一八六四）の正月の様子が少々おかしい。この年に限って門松は立てず、本家や宮参り、寺参りの年始はあるものの、村人同士の年始参りはなく、一月二十日のえびす講もない。大田和村に限っては、この年の正月は賑にぎしくおこなうという空気ではなく、行事の一部を自粛したのであった。

江戸時代にはよくあったことのようで、これを「取り越し正月」といった。つまり、村や家で何か悪い出来事があると、正月をもう一度やり直した。事実、大田和村ではこの年の三月十五日から三日間正月の休日とし、門松を立て、餅をついて村人同士の年始参りがおこなわれた。

村内の事情をわきまえたリーダーを欠く村にあって、村の政治がうまく行くわけがない。名主休役となった浅葉家本家や分家にはよろしくない風評が立ち、村のもめごとは徐々に深まっていった。

暗黒の境遇に耐えて

時代は少々先へ進むが、明治時代の大田和村に藤兵衛《とうべえ》という農民がいた。この人物は通称「あかっ風呂敷」と呼ばれていた。なぜかというと、百姓仕事の合間に赤い風呂敷に現金をまるめもち、金貸しもやっていたからであった。この世間師の藤兵衛はメモ書きのような手記を残した。そのなかに次のような、はやり唄の文句があったことが知られている。

　畑にこうぶし　田にひるも
三浦に仁右衛門　なけりゃよい

こうぶしとは長い根茎を地中にのばして畑にも繁殖する雑草で、この除去には根茎の先端の塊茎をも根絶しなければならないので、農民が毛嫌いするものであった。人の皮膚に吸着して血を吸う蛭《ひる》もいなければいい環形動物であった。つまり、この唄は名主を嘲弄する戯唄《ざれうた》であった。

実は、この唄の文句は名主の名前を入れ替えて、三浦市の金田地区の民俗調査でも聞き書きしたことがあった。恐らく幕末には大なり小なり三浦半島の村々ではもめごとを抱え、その矢面《やおもて》に名主たちが立たされていたのではなかろうか。事実、長井村では穀屋仲間と営業権をめぐって富裕層と小前層が対立し村内が混乱していた。

また、幕末の最終期の慶応年間になると、集団暴動である打こわしやええじゃないかと呼ばれた大衆乱舞や裸参りが顕著となった。

打こわしは三浦半島の村々ではおこらなかったようだが、打こわしの噂を耳にした仁三郎は日記に「恐しき事に候」と記している。実は、このころ、仁三郎はもしこのような集団暴動が村に伝播すれば、間違いなく自身が襲われる立場にあったことを自覚していたと思われる。

それは「助七一件」と日記にある陰湿な事件が直接に仁三郎にふりかかっていたからである。日記上では弱音をめったにみせない仁三郎であるが、慶応二年（一八六六）三月二十一日の日記には、「村方未だ混雑致し納り兼難渋致し居り候」とあり、仁三郎は心底から苦悩していたことがわかる。

その証拠に、慶応二年の正月の様子がおかしい。例年ならば仁三郎は三ヶ日の早朝にお宮参りをするが、この年に限り三日間とも使用人の源蔵に代参させていた。また、元日には本家へ年始に訪れるのが通例だがこれも出かけていない。

そして、三月二日の日記には、「当年は種まきなし、少しも手作不致候」とある。農民である仁三郎が稲作を放棄したのはよくよくのことであろう。それは助七一件から派生したいやがらせの出来事が仁三郎にふりかかっていたからであった。

この一件の張本人である助七は秋谷村に生まれ、若くして生家を出て親類を頼り大田和村に来た者で、仁三郎は何かと世話をした人物である。

にもかかわらず、助七の恩を仇で返すような行動に、仁三郎は飼犬に手を噛まれる心地を味わったに違いない。

そもそもの発端は仁三郎が田畑を担保に助七へ金を貸したことにあった。江戸時代は土地の売買は禁止されたが、土地を質入れして金を借りることは認められ、その契約にかかわる幕府の法規もあったが、地方の古例やしきたりもあり、曖昧な取りきめが多かった。

なかでも、借金を返済すれば、質に入れた土地を返すという質地受戻しでは、その時期や条件をめぐって争論となることが多々あった。助七一件もその例であった。

助七は無年季的質地受戻し慣行を主張して質地の返還を仁三郎に請求し、これに対し、仁三郎は年季が過ぎてすでに流地になっていることを主張し、双方の言い分は噛み合わず大いにもめた。この対立では助七は村の潜在する不満分子や浅葉本家に対して批判的な人びとを取り込み、嫌がらせの行動に出た。

夜なかに仁三郎の屋敷内に石が投げ込まれたり、仁三郎所有の水田沿いに植えられていた風除の松が切り倒されたり、祭礼の掃除といって、姥神社に隣接する仁三郎の屋敷内の檜が勝手に伐採されたり、これらはすべて助七派の仕業であった。

五十路に入った仁三郎はこれらの仕打に耐えるほかなかったようだ。恐らく彼の半生のなかで、この時期は最も心を痛め世間が暗闇にみえた折ではあるまいか。

兄の死と分家の跡目迎え

仁三郎の日記は明治二年（一八六九）が欠落する。この日記の翻刻や日記集の編集にたずさわった鈴木亀二氏は、その解説のなかで、明治二年分の欠落は兄の死や兄の二男保蔵を養子に迎えたことに関係があるような気がするとのべている。

ところで、慶応四年（一八六八）は九月七日でおわり、改元により九月八日から十二月二十九日までが明治元年（一八六八）となった。この改元の年の日記には改元についての記録はなく、社会変革にかかわる記事もみられない。明治元年に三浦半島の村々は神奈川県の所轄となり、仁三郎も見物に訪れた横須賀の製鉄所は新政府に公収された。

一方、明治二年（一八六九）に死去する仁三郎の兄（十三代目仁右衛門）の行動については若干の記事があり、船で三ヶ浦へ出向いたり、鎌倉へ行ったりしているので元気であったことがわかる。

その本家の兄が明治二年十月十二日に病死した。兄は盛名を馳せた十二代目仁右衛門の跡を継ぎ、本家浅葉家の家督と名主を世襲したが、名主在任中はさまざまな問題が降り懸り、苦労の連続であったと思われる。そのためか病弱であった兄は体調もすぐれず、村政は疎かとなり、それを補助したのが仁三郎であった。

役職をもたない仁三郎であったが、そんなことから、否応なく村政に参画せざるを得なくなり、持前の能力を発揮できたのがこの時期であったと思われる。だが、彼の性格からして決して表面に出ることはなく、兄の黒衣の立場を忘れることはなかったに違いない。そして兄と共に不本意極まる立場に耐え忍んだ。

悲運の兄の病死に接し、仁三郎はどのような感慨を抱いたのか、明治二年の日記が欠けるため、その糸口さえつかめない。

ところで、明治二年の日記がないのはなにゆえなのだろうか。もともと日記がなかったのか、それとも日記は存在したが、なにかの理由で残らなかったのであろうか。その前年の日記(明治元年)を読んでみて推測すると、その答は前者であったような気がする。

前年の日記によると、仁三郎は持病の疝気《せんき》からか体調がすぐれず、二月には床に伏すこともあった。また、盛夏の六月には十日間ほど寝たり起きたりのこともあった。

恐らく、助七一件のいやがらせに仁三郎の身も心も憔悴《しょうすい》していたに違いない。日記によると、この年も田植や稲刈りの記事は皆無で、前年に引き続き仁三郎は稲作をも放棄していた。そして、十二月二十九日の日記に、「手前、おしま早朝より両人にておかざり致し候」とあり、夫婦二人で正月飾りをしたことで日記はおわっている。

多分、この年の日記が永年仁三郎が書き続けてきた最後のものになったと推測する。つまり、明治二年の日記は最初からなかったと考える。このころの仁三郎の精神状態からすれば、世の中はブラックに見え、日記を執筆する意欲も失せたのではなかろうか。

そんな折の兄の死であった。しあわせにもすでに兄は当年三十三歳となる長男嘉十郎に家督を譲り隠居の立場にあった。しかも十四代目仁右衛門となった嘉十郎は幼少のころから仁三郎が手塩にかけて教育した者で、仁三郎に近い性格の利発な青年であったと思われる。兄の死去によって本家浅葉家が傾く心配はない。それよりも、仁三郎は兄の死に接し、自家のゆくさきを熟慮することを余儀なくされたのではなかろうか。

「人生五十年」といわれた時代、仁三郎はすでに五十歳台で、隠居してもおかしくない年代となっていた。持病もあり健康であったわけでもない。跡目を誰に継がせるか決断する時がきたことを仁三郎は自覚したと推測する。

兄の死から二ヶ月後の明治二年十二月八日、兄の二男保蔵を養子に迎えることを仁三郎は決断した。これは日記にはなく「先祖代々之控」という浅葉家の古記録が示すもので、保蔵は兄の嘉十郎と二歳違いであった。

保蔵は兄の嘉十郎ほどではないが、仁三郎が幼少期から接してきた甥であった。仁三郎がこの保蔵を跡目にと考えるようになったのは兄の死がその契機となったのではなかろうか。仁三郎は父なき本家における保蔵の立場を十二分に理解することができたに違いない。彼自身が二男坊であったからである。当時の二男坊はその地位は不安定であった。独身の保蔵はすでに三十二歳であった。このままでは保蔵の不遇は目に見えている。それを回避させるには、保蔵を養子に迎えるほかないと仁三郎は決意したのだと思う。仁三郎はそういう人だった。

計らずも、家族が一人増えたことによって、仁三郎の暗い心に一抹の明るさがさし込んだのではなかろうか。

起死回生の善光寺参り

養子を迎えた仁三郎は、その保蔵に明治三年（一八七〇）の正月二日より日記の執筆を引き継がせ再開させた。正月の日記だけは仁三郎が書き、そこには保蔵と共に本家へ年始に行ったことが記されている。仁三郎の日記執筆は事実上ここでおわる。

浜浅葉日記の翻刻者である鈴木亀二氏は、保蔵の日記は仁三郎の日記と比較すると、社会的記事が稀薄であること、誤字、あて字が多いこと、登場人物での「殿」付けが極端に少ないことなどの率直な指摘が解説のなかでのべられている。ともあれ、日記の執筆を引き継がせた仁三郎は名目上は家督も保蔵に譲ったのであろう。

ところで、仁三郎はようやく気力を回復したのか明治五年（一八七二）には善光寺参りに、明治六年の閏六月にはしばらく中断していた大山詣でに出かけた。その大山詣でも以前とは様変りしていた。仁三郎は駕籠にかわって人力車を用いていた。世は文明開化の時代となっていた。

保蔵の日記にも、東京の土産に靴を買ってきたとか、石炭の油（石油）をともすランプや「懐中付木」と呼ばれたマッチが登場するようになる。日記の日付は改暦以後も旧暦に準じたが、新暦の日付も附記されるようになった。浜辺に寄せる波のように、つぎつぎと波及する明治の変革の波に仁三郎は洗われてどのような行動を示したのか知りたいところだが、日記や記録がなく詳細はわからない。ただ、明治五年二月より二ヶ月あまりの信州善光寺参りに仁三郎夫妻が出かけたことは保蔵の日記からわかる。

この善光寺参りは仁三郎夫妻にとっては、結婚以来二十八年、初めての大旅行であった。日記からみる限り、仁三郎は伊勢参りに出かけた形跡はない。恐らく、仁三郎は妻を残して長期間の長旅をするのを躊躇したのではなかろうか。跡目も迎え、夫婦づれでの善光寺参りは、五十七歳となった仁三郎が熟慮断行した時宜を得た、しかも妻思いの旅行であったと思われる。

実は、この旅行には本家の兄の未亡人ます（五十九歳）、その子息猪太郎（二十五歳）、三ヶ浦の義母、坂の下の義母も加わり、男二、女四の同行六人で、女性が勝つ一行であった。もっとも善光寺は古来より女性に開放されていた霊場として知られていた。

残念ながら、この善光寺参りの旅日記や記録は皆無で、わずかに保蔵の日記から、出発には赤飯が炊かれて立祝いがおこなわれたこと、旅行中に留守見舞がなされたこと、土産には手巾や櫛《くし》、風呂敷、猪口《ちょこ》、女煙草入れ、針さし、針などが十数名の者に贈られたことがわかるのみである。

旅行期間は二月二十八日より五月三日までの二ヶ月余であることから、信州善光寺へのみの旅であったとは考えられない。そこで、勝手ながらおおよその旅程を次の如く考慮してみた。

まず一行は江戸へ赴き二、三日江戸見物をしたのではなかろうか。とりわけ、仁三郎の妻は江戸奉公をしたことがある想い出の地であった。

江戸見物をすませた一行は五街道の一つで東海道に次ぐ幹線道路であった中山道へ日本橋から入り、板橋宿、浦和宿、大宮宿、熊谷宿、本庄宿、高崎宿を経て妙義山を眺めつつ昼なお暗い碓氷峠を越えると信濃路に入った。軽井沢宿を経て追分から善光寺街道とも呼ばれた北国街道に入り善光寺に達した。

念願の善光寺参りをおえた一行は、西国から善光寺へ通じる善光寺西街道（北国脇往還）を通り、中山道の洗馬宿へ出、木曽十一宿（木曽路）を経て美濃国へ入り、近江へ出て草津宿で東海道に合流、大津宿を経て京都へ至った。そして、京都、大阪を見て帰路は東海道に沿った旅であったと推測する。

つまり、一行の旅は道筋でいえば中山道と東海道という、日本を代表する街道を利用した旅であったといえよう。したがって、善光寺参りの旅といっても、木曽路の春をめでたり、京都や大阪の見物を楽しんだり、帰路では名古屋城を見上げたことであろう。

念願の善光寺参りを成就した仁三郎は、本家の屋敷に近い墓地の奥まった所に、重量感のある石碑を明治六年の十月に建立したことが保蔵の日記でわかる。碑の表面には一光三尊の善光寺式阿弥陀如来像が線刻されている。一光三尊とは一つの光背の前に三尊が揃って立つもので、善光寺独特の形式とされる。実は、現在でも浜浅葉家にはこの阿弥陀三尊像の木版刷りの一紙の阿弥陀三尊像が保存されている。恐らく仁三郎が善光寺参りの際、持ち帰ったもので、それを手本に石工に線刻させたのであろう。なお、石碑には建立年月日や建立者については印刻されていない。そこが仁三郎らしい。

なお、仁三郎家（分家）の墓地は本家と共同で、本家の屋敷地内にある。いわゆる屋敷墓である。

さて、仁三郎の一生にあって、夫婦での善光寺参りはどのような意味があったのだろうか。「牛に引かれて善光寺参り」といわれるが、仁三郎は女房や女衆にひかれての善光寺参りであったとはいえまい。それよりも仁三郎の仏教への信仰の帰結が善光寺参りであったというべきであろうか。

そうとしても、この期の善光寺参りは仁三郎にとってもう一つの意味があったように思えてならない。それは仁三郎にとって、善光寺参りの大旅行は、「起死回生」といっては大袈裟になるが、自身の気力回復の機会になったと推察するがどうだろうか。

本・分家の墓地が共同であることが象徴しているように、分家である仁三郎は終始本家とは一体であった。それだけに村のもめ事ではその矢面に立たせられ、批判もされ、稲作を放棄するに至るような嫌がらせに仁三郎の心は荒んだ。仁三郎の善光寺参りはそのショックから脱出する潮どきと重なったと考える。

ともあれ、仁三郎はこの期に気力を持ち直し、妻と共に平穏に、新しい時代の風を肌に感じながら生き永らえていくことを自身に誓ったのではなかろうか。明治時代の初期には三浦半島の旧名主層や富農のなかには株に投資して失敗したり、新事業に手を出して財産をへらす者も多かった。仁三郎はそんな風潮に惑わされることなく、隠居の身ではあったが最後まで、自身は分家を草創した者であり、あくまで農民であるという自覚は捨てなかったのではあるまいか。

仁三郎は大日本帝国憲法も制定され、衆議院総選挙も実施され、名実共に日本が近代国家の様相をみせてきた明治二十五年（一八九二）に七十六歳をもって没した。法名は温良院恭誉倹譲義道居士といった。その法名のなかに、「温良」、「倹（謙）譲」とあることからも仁三郎の温良で、自己主張ばかりをしない謙虚な人柄が偲ばれる。

五　おわりに

仁三郎の半生といっても、実質的には四分の一ぐらいの人生の旅を追ってきたが、もし仁三郎が自分史を書き残していたならどのような内容のことがらを取り上げていただろうかとふと思った。

恐らく仁三郎の日記と違ってその私記では心に思ったことや、感動したことが率直に書かれていたのではなかろうか。その内容ではまず父にまつわる思い出や父の教えなどがあったと推察する。名主を務めていた父は、ことのほか仁三郎に期待をもっていたと思われる。それゆえに、二男の仁三郎を養子に出すことなく、父は村の浜方へ分家させた。それだけに、仁三郎の父への思いは強かったに違いない。

また、地元の寺子屋で読み書きを習得した仁三郎は、さらに浦賀の私塾に入門して教養を高めることができた。これはひとえに父親の御蔭と仁三郎は思慮していたに違いない。

世間並以上の教育環境に恵まれた仁三郎は村の数少ない知識人の一人に成長した。例えば漢方薬についても人並以上の知見をもっていたことが日記からも実証できる。

実は仁三郎は漢方薬の種類をどの程度認知していたか日記上で調べてみた。すると、約六〇種の漢方薬を熟知していたとみられた。そして、これらの薬を調合して方薬をつくることもあった。恐らく仁三郎自身にも持病があったので、日常備え置く漢方薬もあったのであろう。伝染病などが流行すると、仁三郎に薬を貰いにくる村人もあり、仁三郎は村の薬籠（薬箱）の役目を果していたようだ。

しかし、自身が村の有識者として村内では一目置かれる存在であったことなどを私記に書き残す仁三郎ではなかったに違いない。恐らく、日常にあっても、自身の博識などを他人にひけらかす人ではなかった。

利発者であった仁三郎は、戒名のなかの「温良院」が示す如く、温和で、他人の情けを知る誠実な人柄であったと推察する。仁三郎は常時四人の奉公人を使役していた。これらの奉公人の多くは質奉公人であった。そのためか出奔する者もあった。仁三郎はそんな折でも奉公人の境遇を理解し、根気よく指導しながら働かせた。また、仁三郎は金融もおこなったが、決して血も涙もない高利貸しではなかったことが日記でもうかがえた。

ともあれ、仁三郎の人格形成は、お上が庶民の教育に介入しない、学校のなかった時代のなかで、家庭や寺子屋や私塾などの民間人が担う教育機関によってなされたことは間違いない。そして、その教育力のバックボーンとなったのは儒学思想とその思想を吸収した人びとであったのではなかろうか。

「論語読みの論語知らず」という俚諺《りげん》がある。この意味するものは、書物の上のことを理解するばかりで、これを実行し得ない者のことをいう。なかには論語は素読はするも意味を理解できない者もあり、論語知らずの者は幕末の社会では結構いたのであろう。だが仁三郎は論語知らずの仲間に入る者ではなかったに違いない。

さて、本筋に戻ろう。仁三郎が晩年に自分史を執筆したと仮定すると、仁三郎の苦境時代ともいえる父が死去した後の数年間にわたる間の九兵衛一件や助七一件の経緯については書き残すことはなかったと推察する。そう思ったのは、もしこれらの一件の詳細にふれれば他人を傷つけ、自身の怨ばかりをのべることになると仁三郎は考えたと思うからである。仁三郎は日記や私記を利用して私怨を晴らすような人ではなかった。

一方、積極的に私記の話題として取り上げた内容は多忙な父や兄を助けて、村政にかかわった時代の回顧が多くなったのではあるまいか。ペリー一行が浦賀沖に現われた嘉永六年（一八五三）の折には、仁三郎は浦賀に出向した父や兄に替って公務をこなし、また、父との連絡もあって、ペリーが久里浜へ上陸した時には久里浜へ行き、上陸の様子を実見したこともあった。

黒船来航を前後する約十年間は、仁三郎の人生にとって最も充実した時期ではなかったかと思われる。仁三郎は村役人ではなかったが、父を助けて名主の二男として一目置かれる存在で自身の能力を発揮できたのがこのころと思うからである。

このペリー来航から、わずか十五年で幕府は瓦解し、ご一新となり明治の近代が始まった。この時代に余生をくらした仁三郎は衝撃的な時代の転換に遭遇していたと思われるが、残念ながらこの時期の自身の日記はなく、その感慨などは知る術もない。幕末の政治上のニュースなどを日記に認めていた仁三郎の政治的関心は決して低いものではなかったようだが、政変に自ら加わるという意識はなかったようだ。明治の代となっても、仁三郎は自由民権運動などの地方の政治活動に参加することはなかったと思われる。また、幕末に蓄積した財産をもとに新事業に加わったり、事業をおこしたりすることもなく、一人の農民として、横須賀まで鉄道が開通したその三年後に生涯をとじた。幕末を生きた証となる日記を世に残して。

なお、最後に弁解になってしまうが、日記だけから仁三郎氏の半生のライフヒストリーを綴ることは至難なことで限界があることを思い知らされた。したがって、本稿は正確には日記にみる仁三郎の半生のストーリーであるというべきであろう。

第二章　幕末の街道・往来・潮路

一　はじめに

民俗学者の柳田國男は著作のなかで、タビ（旅）という日本語はタマワル（賜わる）が語源で、他人のいただき（給与）をあてにして歩く、いわゆる物貰いの一つであったのではないかという。英語のジャーニーは「その日暮らし」ということであり、トラベルは「労苦」という言葉と同一で、本来、旅は苦しくつらいものであったとする。

日本の近代以前の旅も現在と比較すれば非常に辛苦の多いものであったことは申すまでもない。その第一は道路が悪く、乗物もほとんどなく、旅宿の設備も乏しくて、野宿を覚悟しなければならなかったからである。

また、歴史学者の阿部謹也は著書のなかで、「ひとつの社会における人間と人間の関係のあり方に関心を抱いたときには、その社会における道のあり方を観察することからはじめるとよい。道は人と人、人と物を結びつける絆である。だからひとつの時代における人と人の関係のあり方は道のあり方に表現されている」とのべている。

以上の指摘を受けて、江戸時代の旅のあり方もまさに当時の道の社会的なあり方に対応したものであったわけで、まず江戸時代の道のあり方から観察したいと考える。

そこで、まず道路の歴史をふりかえってみよう。図２‐１は五万分の一の地形図から、私が住む横須賀市西地区の道路網をあらわしたものである。粘菌が胞子を増殖させて変形体を形成していくように道路が不定形な模様を描いている。

これらの道路網のなかには縄文や弥生時代の踏みつけ道から発展した道、家と家を結ぶために開けた道、里と里を連絡する道、村々を結ぶ道、馬車や自動車が走り出してから設けられた新道などがあり、それぞれの時代にその役割を果してきたのであろう。

近代以前の道は現在でも旧道として残っているものもある。これらの道は曲りくねって坂が多く、でこぼこ道が多い。それに対し、近代以降の道は曲折は少なく直線的であることが道路網図からうかがえる。もちろん、この道路網のなかには路傍に石仏などがたたずむ江戸時代の道路も含まれて

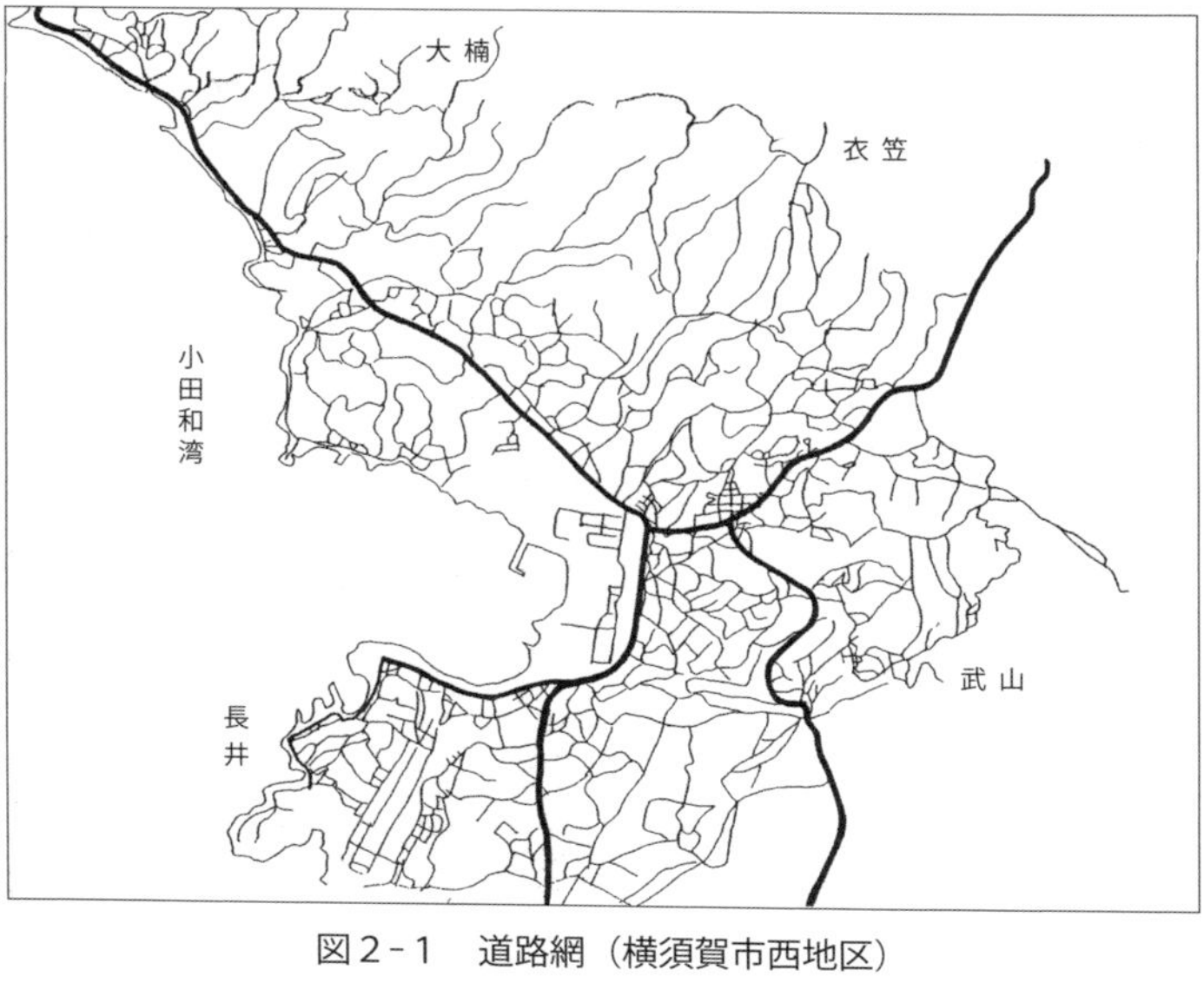

図２－１　道路網（横須賀市西地区）

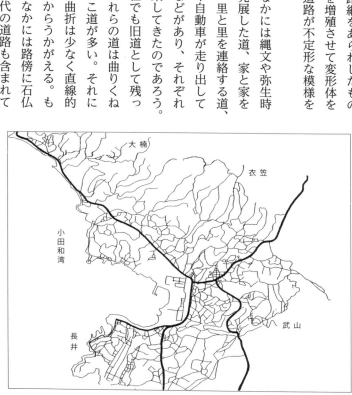

いる。

ところで、道路には地域を網の目のように連絡し、人びとの日常生活と密着する道と、できるだけ里や村との接触をさけて、ひたすら遠くをめざす道があった。江戸時代にあってはそれはいわゆる街道である。江戸時代には庶民からすれば前者は「村の道」といってよく、後者は「非日常の道」といってもよいのかも知れない。村の道も街道も道路であることには違いないが、街道は村の道とは別世界にあり、異なった原理のもとにあった道であった。

そこで、街道と村の道に分けて、江戸時代の道を観察することとする。さらに、もう一つの重要な道である海の道についてもふり返ってみよう。

二　五街道と旅の広まり

街道とはひと口でいえば公用の主要道路のことをいう。したがって、街道の歴史は古代の宿駅制までさかのぼることができ、その時代の政治と深く結びつくものであった。

例えば鎌倉が政治の中心地となった時代には京都の朝廷との関係で東海道が最も重要視され、幕府は相模川に架橋するなど整備につとめた。頼朝は相模川橋の修復の落成式に臨み、その帰路に落馬してほどなく薨去したことはよく知られることである。鎌倉時代の東海道の道筋は江戸時代とそう変化はないが、宿駅は京都・鎌倉間に六十三次あり、道のりは一二〇余里であったとされる。

かくして、街道はその時代の為政者によって次第に整備されていったが、徳川家康が天下を取ると一段と街道はととのったとされる。家康は城下に日本橋をかけ、幕府の所在地であった江戸を起点とする五街道を設け、宿駅を整備し、一里塚を築き街路を改修した。もちろんこれらの街道は参勤交代に使われるなど、幕府の利便を主な目的として拓かれたものであった。

江戸時代にあっても、江戸と京都間の道は最も重視された。そのため、この間には東海道と中山道の二条の街道が整備された。この両道は東海道を表通りとすれば中山道は裏通りであった。

ついで日光には幕府の信仰上重要視された東照宮が鎮座し、日光奉行も置かれたので、日光街道が拓かれた。さらに蝦夷地（北海道）には箱館奉行（松前奉行）が設けられたので奥州街道が拓かれた。また、甲府には甲府勤番が置かれ、下諏訪で中山道に連繋する必要もあってか、甲州街道が開設された。以上を五街道といい、江戸時代の主要陸上交通路であった。

幕府が保護した五街道には一里塚が築かれ、また松や杉の並木が植えられていた。「昼なお暗き杉の並木、羊腸の小径は苔滑らか」と鉄道唱歌に歌われるように、東海道の小田原より箱根を越して三島に至る八里の間には、かつては老杉が繁茂していた。現在でも日光街道の日光から今市に入る間などには杉並木がみられる。

そして、街道には宿駅（宿場）が置かれていた。その数は東海道は品川から大津までの五十三次、中山道は板橋から守山までの六十七次で草津、大津を加えると六十九次となった。日光街道は千住から宇都宮までの十七次、奥州街道は日光街道と重なるので、白沢から白川までの一〇宿で、また、日本橋から青森までの六十九次という説もあるようだ。

街道の宿場は宿次《しゅくつぎ》ともいわれるように、二つの機能をもっていた。一つは旅人を宿泊させることであり、もう一つは人馬を継ぎかえて宿場から宿場へと人や荷物などを送ることであった。いわゆる駅伝である。

特権階級である幕府の役人や大名などの宿泊には本陣や脇本陣と呼ばれる大旅館が用意されていて、参勤交代の折などに用いられた。本陣には表門の近くに番所が設けられ、敷台（駕籠をのせる台）のある玄関を入ると大広間があり、上段間を備えた豪邸であった。

一方、一般人の旅人宿は大きくは木賃《きちん》宿と旅籠《はたご》とに分けられた。木賃宿は木賃（薪代金）と宿泊料を払い、宿に用意された米を買って自炊するものであった。旅籠は入浴や夜具、食事を提供する宿で宿泊料も木賃宿より高かった。宿場には旅籠の方が多く、宿場と宿場の中間となる間《ま》の宿には木賃宿もあった。旅籠が多くなると飯盛《めしも》り女を抱えて客を呼び入れる宿も出てきた。

また、宿場には問屋場が置かれていた。ここは宿次の公用書状の逓送《ていそう》(継飛脚《つぎひきゃく》)、輸送人馬の配置、助郷《すけごう》人夫の賃金の会計などの事務をおこなう所であった。そして問屋場近くには人馬が常備されていた。人足や馬が不足する場合は近隣の村々から応援の人馬を出した。これを助郷といった。もちろん、これらの人馬を利用することができるのは特権階級の者だけであった。

ともあれ、宿泊施設も整備され、安全性や利便性が他の道より高い街道は庶民の旅にとってても有難みがあったに違いない。しかし、街道には関所と河川という庶民にとっては二つのわずらわしい所が控えていた。

江戸時代の関所は幕府や諸藩が治安維持のために街道の要所などに設置したもので、幕府直轄の関所は東海道の箱根、中山道の碓氷《うすい》や福島をはじめ全国五〇余ヶ所に及んだ。特に「入鉄砲出女」といい、武器の持込と江戸住まいの大名家族の脱出監視が重視された。

なお、一般人は関所を通過する時に、名主が発行した往来手形を提示することが義務づけられていた。

関所と共に河川も旅人にとってはわずらわしいものであった。街道にかかる河川には橋がかかる所もあったが、橋がない所もあった。

図２-２　舟渡し（馬入川）（復元）

東海道の馬入川(相模川)、酒匂川、興津川、安部川、大井川、中山道の碓氷川、奥州街道の鬼怒川、甲州街道の多摩川には橋がないので、その渡渉には難儀を極めた。

川を渡るのには舟渡しのほか四つの方法があった。目こぼし渡し、手曳渡し、肩車渡し、輦台《れんだい》渡しであった。目こぼし渡しとは案内もなく自ら川を渡ることをいい危険がともなった。その他は川渡人夫が案内するもので、その人足賃である川渡し賃がかかった。川渡し賃は個々の川によって違い、また、川の水量の増減によっても違い一定ではなかった。なかでも大井川の渡し賃は高かった。このように川を渡るには費用がかかり、さらに川留ともなれば経費が増加した。川留とは増水のため川渡しを禁止することをいった。

以上のように、街道には旅の支障となるようなこともあったが、江戸時代の旅は五街道の整備によって、一段と旅が容易となり、旅が広まったことは間違いない。

三　三浦往還《おうかん》の風景

三浦往還とは

　五街道以外の主要な交通路は脇往還とも呼ばれた。そして、三浦半島に通ずる脇往還を三浦往還といった。しかし三浦往還とはいっても、実際には浦賀道とか三崎道、鎌倉道などと、その場所や方向によって違った呼び方をするのが一般的であった。

　五街道には宿場が置かれ、宿場ごとに人足や馬を交代し

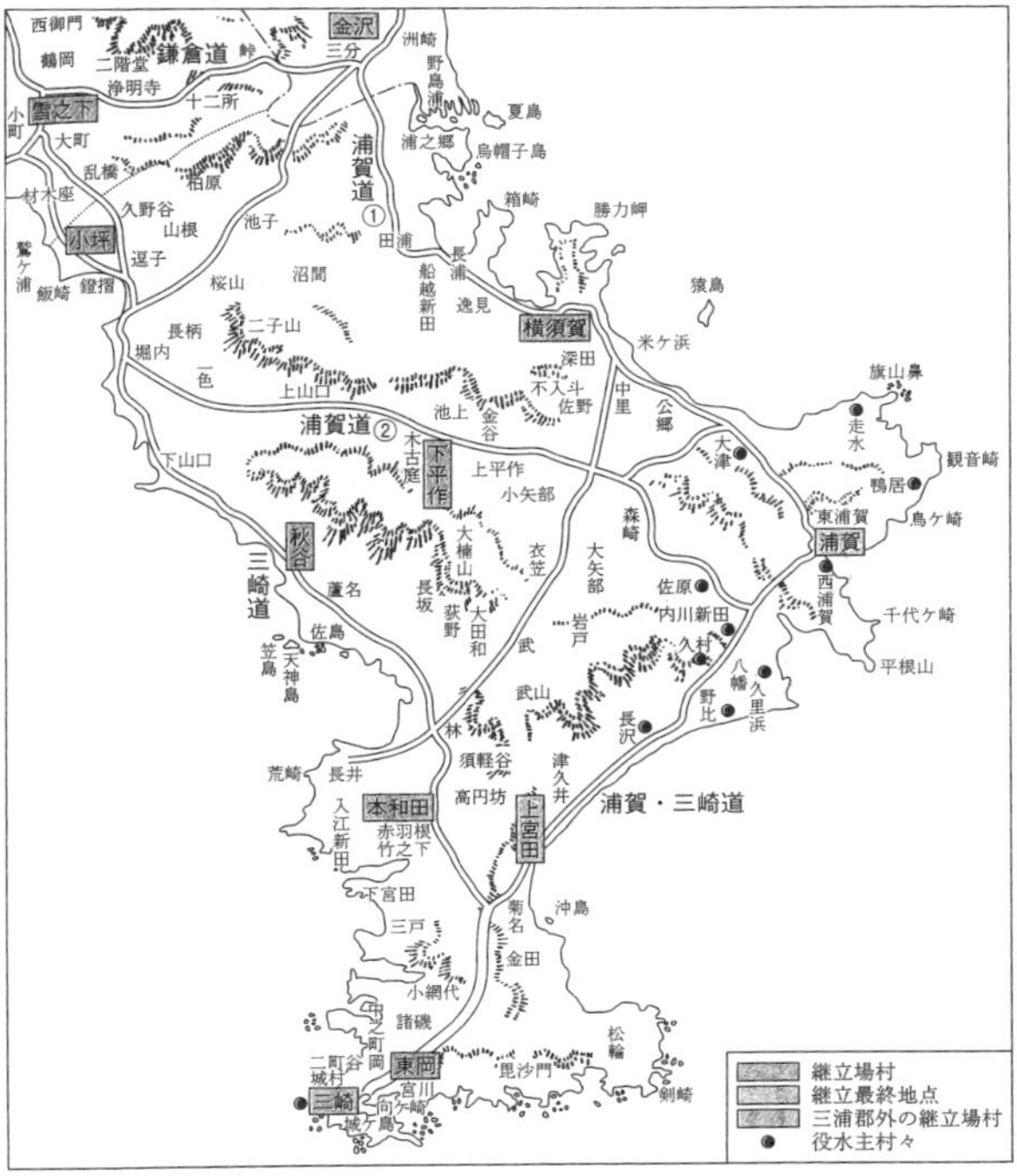

図2-3　地図　三浦往還と継立場村（「新横須賀市史」より）

て運送する継立《つぎたて》がおこなわれたが、三浦往還でもこの宿場に準じるような継立をする村が指定され、継立場が七ヶ所に設けられていた。

七ヶ所の継立場が設けられた村とは、小坪村、横須賀村、下平作村、秋谷村、本和田《ほんわだ》村、東岡村、上宮田村であった。継立場間の距離は、東海道などの街道と同じく約二里（約八キロメートル）を基準としていた。馬が水も飲まずに歩き続ける距離が二里ぐらいであったのであろう。

図２－４　継立場で乗人を待つ馬士（復元）

この継立業務の主なものは浦賀奉行や藩の地方役所の役人が浦賀や三崎に行き来する運送用の人足と馬を提供するものであったが、幕末になると海防に関する巡見や、横須賀製鉄所の建設の影響で、役人の往来が多くなった。

公的な継立であっても、人馬の賃銭は定められていた。例えば秋谷村より本和田村までは道のりは二里であったが、人足一人の賃銭は五六文、本馬一疋は一一六文、軽尻は八四文であった。本馬とはおおよそ荷物四〇貫目（約一五〇キロ）を、軽尻は本馬の半分の荷物か人を乗せる場合（五貫目の荷物を載せることは許された）であった。これらの業務には継立場のある村や助郷の村の農民があたったので、農民にとっては駄賃稼ぎともなった。

また、一般人が人馬を使う場合は継立場で駄賃稼ぎの者と交渉して個別に人馬を雇うことができた。この場合はおおよそお定めの賃銭の二倍程度であったといわれている。

三浦往還の継立でも街道と同様に継立村の周辺村々に人馬を補充させるために、助郷や加助郷《かすけごう》と呼ばれる人馬動員の夫役を課していた。

浜浅葉日記の嘉永三年（一八五〇）六月二日の日記に、「夕方に虎吉役に出、尤《もっとも》明早朝に鎌倉雪之下村内にて人足八〇人に馬二匹」とあり、翌三日の日記には「八ツ時（午後二時）に虎吉鎌倉迄役にて行、帰り」とある。

日記でいう「役」とは継立場であった鎌倉の雪の下の加助郷役のことであった。雪の下村は通常の公用人馬の継立のほかに、勅使などとして江戸の帰路に景勝地であった金沢、鎌倉、江の島方面に立ち寄ったりした公家《くげ》なども多かったので、その継立があり往来の多い継立場であった。そのため、定助郷《じょうすけごう》村二七ヶ村のほかに、これを補助するため加助郷村があり、仁三郎の村である大田和村を含め、三浦半島の一九ヶ村が加助郷村となっていた。

嘉永三年六月の雪の下の加助郷役では大田和村へは人足八〇人、馬二匹の割り当てがあった。大田和村の当時の戸数はおよそ一〇〇戸であったので、約八割の家々から働き手が動員されたことになる。

浜浅葉家では下男の虎吉を派遣した。早朝の勤役であったようだが、雪の下まで時間がかかる。前日の夕方に村を出発したようだ。翌日の早朝に勤めを果して虎吉は午後に帰宅した。

恐らく現場で人足として歩く距離は二里ぐらいであったのだろうが、雪の下までの往復の道のりの方が長かった。継立人足の賃銭は貰えたが、往復の手当はなかった。

幕末になると三浦半島の村々は加助郷の負担の軽減を幕府に訴えたが、その実情がよくわかる。加助郷の課役が度々であったなら、農事にも支障を生じたことは明らかである。

なお、三浦往還と東海道の宿場とのつながりは、保土ヶ谷宿、戸塚宿、藤沢宿の三宿であった。保土ヶ谷宿は金沢町屋の継立場を経て横須賀へ、戸塚宿、藤沢宿は鎌倉の雪の下の継立場を経て小坪村へと連絡した。三浦半島の村々は交通量の多い金沢町屋と雪の下の両継立場の加助郷役のどちらかを負担していた。

疲れ道、こんな坂

幕末の三浦往還の風景はどのようなものであったのか、明治十五年（一八八二）、旧日本陸軍が測量調査して作成した地形図である「迅速図《じんそくず》」を頼りにせめてその虚像を素書することによって、実像に近づけるよう試みてみよう。

三浦半島は三方を海に囲まれ、丘陵が多く海岸線は複雑な地形をみせている。当然のことながら、通ずる主要往還はその地形の影響を諸に受けてその景観をみせていたと想像する。その特色あるものの一つは、山越や尾根筋を通る往還の様相である。

その典型が金沢町屋を経て横須賀村から浦賀に通ずる浦賀往還にあった。その道筋を迅速図に沿って歩いてみよう。金沢町屋より金沢湾の西岸沿いに南進し、天神山の坂を越え浦郷村へ出る。浦郷の集落を左手にみながら谷地の水田中を谷奥まで進み、六部ヶ入坂のある浦郷の丘陵を越し船越新田に至る。坂の名からすると、この山中で旅の六十六部の遊行僧でも入滅したことがあったのであろうか。

船越新田の集落を左にみている間もなく青木坂にさしかかる。だらだら坂のこの坂は何

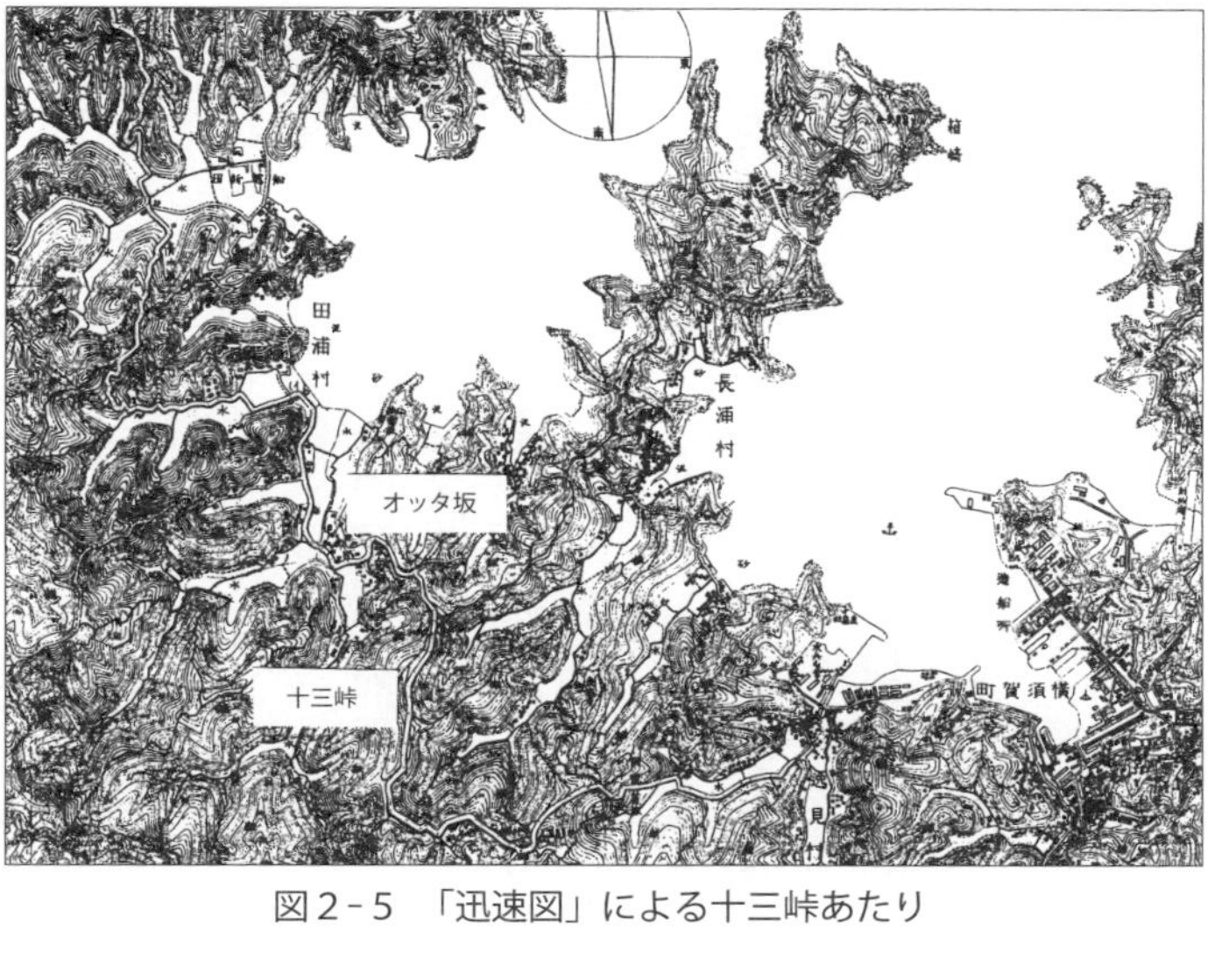

図２－５　「迅速図」による十三峠あたり

故に青木坂といったのであろうか。青木坂のある丘陵は迅速図の土地利用によると「雑」とあり、松、くぬ木、たぶの木、しいの木などの照葉樹の雑木でおおわれていたことがわかる。とすると、これらの雑木の下には常緑低木である青木が多く繁っていたに違いない。この青木は枝も青いことからこの名があるようだ。やがて坂はローム層が露出していたのか赤坂という急な下り坂となり、そこを下ると田浦の谷戸であった。この谷戸には盛福寺《じょうふくじ》があった。

田浦の谷戸は海にその谷口を接している。水田を右手にみながら歩を進めると海が間近にみえくる。静円寺《じょうえんじ》前の通りには現在でも馬頭観音塔が祀られているが、恐らく当時からのものであろう。坂の多いこのあたりは重い荷を背にした牛馬にとっても骨の折れる所であったに違いない。牛馬の苦労をやわらげ、安全を願ってこれらの塔は造立されたのであろう。

往還は谷戸の奥へ通じ長善寺前を通り大田坂《おったざか》にさしかかる。大田坂はこのあたりの坂でも人や牛馬が最も苦労した坂ではなかったか。一挙に丘陵上へ登ろうとするこのあたりは当然ながら道は急勾配となる。それをやわらげるため、坂道は折れ曲った道となっている。

この坂を大田坂とするが、地元の古老などは「オッタ坂」という。これが本来の呼び名で、木や竹を折ったように屈曲した坂道であることから名づけられたものに違いない。「オッタ」を漢字で表記するに際「大田」と当てられてしまったのではなかろうか。漢字で地名を地図上に表示するようになると、地名の混乱が生まれた。

オッタ坂の難所を登り切ると尾根道となる。

三浦半島の北部は丘陵が連なる地形から現在でもトンネルの多い地域として知られているが、トンネルなどがない時代には山越えの坂道が多い所で、そのため渡船が用意されていた。

幕末の旅人の障害となった坂道は北部以外にもあった。

浦賀と三崎を結ぶ三崎道、八幡久里浜と野比村の間の「尻摺坂《しっこすり》」もその一つであった。『三浦古尋録』には「尻こすり坂、わずかの間なれども難所なり」とある。その名もこの坂が険しいことから名づけられたと伝えられる。天保年間のころ、八幡久里浜村らの名主らがこの坂の開削を計画したこともあったようだ。その計画は明治になってようやく実現した。それを記念した石碑が今でも坂の途中に残されている。

図2-6　尻こすり坂下の茶屋（臼井勇氏の絵）

偵察録でもこの坂は軍事上重要地点になりうることから、その状況を次のように精査している。

「尻摺坂という、東坂(久里浜側)傾斜最級にして百分三十に至る。長距離四百米突、西坂(野比側)百分廿二、長百三十米突、道幅二米突、地質岩石及び粘土、構造粗悪、人馬皆な通行に苦しむ」

右の記録のなかで、道幅が二メートルほどで土質は粘土であることに留意したい。恐らく道幅は坂の頂上部では切通しとなって、もっと狭くなっていたと思われる。とするならば、通行する牛馬の尻が切通しの崖に摺り当たることがあったのではなかろうか。ゆえに尻摺坂といったのであろう。また、粘土質の路は雨が降るとぬかるみ、人馬の通行には最悪となったことが想像される。

この坂道の改修は明治十八年におこなわれた。改修後、この坂道には乗合馬車も通るようになり、坂下には茶屋(まんじゅう屋)があって、荷馬車などはここで一休みしたものだという。

十三峠《じゅうさんとうげ》とは

田浦村からオッタ坂を登り切ると、撓《たわ》んだ峠道は丘陵の屋根伝いに上り下りして標高一三三メートルの按針塚《あんじんづか》山を通りやがて琵琶《びわ》坂を下り逸見へ通じる。

この峠道は十三峠と呼ばれている。実はこの十三峠は江戸時代の地誌である『三浦古尋録』や『新編相模国風土記稿』にはその名はない。ちなみに、『三浦古尋録』では「陵路ハ難所ニテ七里八坂ト云、是《これ》坂《はん》ヶ《が》拾《ひろ》通りと云」とあり、また、『新編相模国風土記稿』では「浦賀道の西南に係る、里《り》俗《ぞく》半ヶ広通りと云、半ヶ広は当初の小名なり、山径崎《き》嶇《く》にして最も難所なり」とある。どうも、この峠道あたりはハンガヒロ通りといったようだ。

　では、いつから、どのような事由から十三峠という呼び名が生まれたのであろうか。

　柳田國男は峠についての若干の考察を著書に残している。柳田は峠は「たわ」、「たを」の撓むという語と源を同じくしていることは明らかで、その「たわ」は山頂の線

図２-７　十三峠からの風景（復元）

が一所にたわんで低くなっていることをいうのか、または、山の裾が幾重もかさなって屈曲して入り込んでいるのをいうのか、いずれとも決しかねると指摘している。しかし、柳田は「とうげ」は「たわ越え」、「たを越え」が「とう越え」に転訛《てんか》してできた語であると主張している。

また、『峠と人生』(直良信夫著、NHKブックス)によると、峠という文字が文献に出てくるのは意外と新しく、日本の文献のなかでの初見は『和漢三才図絵』で、実際に文字となって現われたのは近世になってからだろうとのべている。なお、「峠」という漢字は中国にはなく、この字は和製の漢字だとされる。

そして峠の名について、峠名で多いのは、峠近くの村落名、山名、地名などをとったものだという。また「御坂峠《みさか》」、「船坂峠」、「籠坂峠」などと、「坂」の字のつくものは歴史的に古い峠道が多いという。

ところで、十三峠の名の由来については、保土ヶ谷宿より十三番目の峠であるからとか、十三塚と呼ばれる塚にまつわる説、十三仏の信仰にちなんだ説とか諸説があるようだが定説はない。

ともあれ、十三峠は三浦半島にあっては、最も距離の長い、しかも起伏のある峠道であることは間違いない。山越えの道には坂があり、峠もあるわけだが、峠道がだらだら続く所は十三峠の他にはない。

当時の旅人はオッタ坂の難所を越え、ほっとする間もなく、起伏のある長い峠道に苦労し、かなりの距離感をもってこの峠道を通過したのではなかろうか。つまり、十三とは里数で距離が長いことを意味したのではなかろうかと考えるがどうであろうか。

切通しの風景

山をぶち抜いて真直な道路を築いてしまう現代と違って、古道は地形を大きく変えることなく造成された。山にぶちあたればその裾を通って迂回し、それが不可能なら山越しの道を拓いた。それには、全く自然の地形にまかせたのではなく若干土地に手を加えることがあった。その一つが切通しであろう。山頂部や山裾を削った道である。

切通しのある坂というと名越《なごえ》がある。すでに鎌倉時代に通じていた現在国の史跡となっている所で、江戸時代にあっても通行がみられた古道中の古道である。

現在では宅地造成工事などによって消滅してしまった坂道も多いが一部の道筋や切通しとなる細い小径は残され、堅固な中世の防御施設にふさわしい通路であったことがわかる。また、道筋には江戸時代に建立された庚申塔がひっそりと立っていて、江戸時代の名残りをも示している。

鎌倉の雪之下村の加助郷役を勤めるため、三浦半島の西南部の村々の人馬は前触れがあるたびにこの名越の切通しを通ったことであろう。

『広重武相名所旅絵日記』は江戸時代の絵師安藤広重が天保十三年（一八四二）から嘉永六年（一八五三）までの十二年間のいずれかの年に武相地方の旅に出かけてスケッチした五十六景を納めた

ものである。この絵日記の中には、三浦半島の切通しが三ヶ所貴重な絵として記録されている。一つ目は「三浦の郷切通し野休の体」との添書があるものである。二つ目は「浦賀近辺山中の月」と添書がある矢の津《ヤンノツ》坂の絵である。三つ目は「西北を見る図」とあり、秋谷海岸の沖あたりから見た大崩《おおくずれ》（長者ヶ崎）の絵で、絵のなかで「切通」と説明書きのあるものである。

さて、「切通し野休の休」の切通しはどこの切通しをスケッチしたものか、その場所は明記されていない。この絵の解説者は長坂村を下りかけた海のみえる切通しではないかとしているが、長坂村にはそんな切通しは見当たらない。あれこれと、海が望める切通しをいくつかあたり、現在の横須賀市林五丁目の切通しと比定した。

この切通しのある道筋は申すまでもなく江戸時代の主要道であった三崎道であった。この往還は秋谷村の継立場から芦名村、長坂村、大田和村を経て海よりの長井村の中心部を通らず、台地上を通って本和田村の継立場へと続いた。現在でも台地上を走るこの道は健在で農道として利用されている。

つまり往還が台地上へ駆け登る傾斜面を開削してできたのが切通しのある坂である。この坂は距離は短いためか特別の名がないようだが、この坂の登り口を「黒石」といったことが『新編相模国風土記稿』にある。「黒石、此地に黒石と呼ぶ巨石あり、地上に出る所高二尺（約六〇センチ）、大きさ一間（約一・八メートル）程、又塔の石と呼ぶもあり、三崎道を隔て黒石と相対す、比辺三浦導寸北条氏綱と合戦の時、敵兵を支し所と云」とある。

　この岩石は健在で、あたりは村境に近い所であったからか、庚申塔、馬頭観音塔、念仏供養塔、弁天様などの石塔や石仏が路傍に散在して古道の面影を色濃くしていたが、数年前に縦断道路の工事のため雰囲気が一変してしまった。この地は戦国時代の古戦場との伝えがあるようだが、砦のある地点であったのかも知れない。

　この切通しの広重のスケッチをみると、広重らの一行であろうか縁台に腰をおろしひと休みしている。手前ではそれらの客に出す甘酒を温めている。実は浜浅葉日記に黒石の甘酒屋の名が出てくるが、この切通しに露店を出していたのであろう。切通しからは林村の松林がみえる。

　もう二十年も経つのか、大根の取入れをやっていたから冬であった。切通しを通って大根畑の広がるこの台地上の三崎道を歩いたことがあった。西方には白い富士が浮ぶ相模灘

図２-８　黒石の切通し（復元）

のであった。
をのぞみ、東に武山丘陵がせまる畑中の道からの風景は北風の冷たささえなければ誠に心地よいものであった。

さて、広重がスケッチしたもう一つの切通しの風景は「浦賀近辺山中の月」と題するものである。この場所は大津村から浦賀へと越す浦賀道の矢の津の坂道であることは間違いない。左手に山裾を削った山中の坂が描かれている。迅速図でこの坂を観察すると、道は浦賀に向かって左手の丘陵に沿って通じ、右手には細く棚田が入り込んでいた。とすると、この絵は大津村より浦賀へ向かう坂道の絵であろう。この絵から主要道であった浦賀道の状況がよくわかる。

さらに、この絵は「矢ノ津」という地名の由来をも暗示してくれているようでもある。『地名の語源』(角川小辞典)によると、「ヤ」は湿地のヤツ(谷)を意味し、「ツエ」は崩崖と同根で崩れやすい所を意味するとある。つまり、「ヤ」の「ツエ」が「ヤンノツ」に転訛したと考えてみたがどうだろうか。

地名の由来の多くは地形やその風土に根づくとされ、地名の漢字からではなく、言葉からその由来を解くのが原則とされる。表記の漢字より先に言葉があったからである。

潮騒の路

切通しは海岸沿いの三崎道にもあった。それは広重が描く「三浦の郷西北を見る図」のなかにあった。この図は秋谷の海上から長者ヶ崎一帯を眺めたスケッチである。泉鏡花が「薬研《やげん》をふせたような」と『草迷宮』のなかで表現した出崎と峰山の山容が描かれ、その裾に「切通」とある。絵にも書き添えられているように、山裾の出崎のあたりを大崩といった。

大崩の地名は『新編相模風土記稿』にも次のように記されている。「大崩、海岸にて古此地の山岳崩れて海に入れり、其山足を三崎道通ず、永正中三浦道寸北条早雲の為に住吉城を攻落され、新井城へ退去の時、此所にて敵兵を支へしと云ふ」

大崩の地名はこの地は度々地すべり性の山地大崩壊のあったことから生まれたことは間違いない。

今から約三百十年前の元禄十六年（一七〇三）の大地震で大崩あたりには山崩れがあったことは、宝暦六年（一七五六）の三浦郡秋谷村の差出帳に「当村之内大崩未地震山崩御普請、是ハ三崎往還道ニ而御座候、芦名村、佐島村、長坂村、林村、長井村、秋谷村、下山口村、八ヶ村高三千三百八拾石ニ而組合御普請仕候、松杭木三百廿五本目通り九尺より一尺迄、佐島村御林ニて被下置候、人足千三百七拾武人御扶持《ふじ》方米拾壱俵弐斗三升八合五勺被下置候」とあることから判明する。

「未地震」とは元禄十六年癸未の大地震である。この地層はマグニチュード七・九〜八・二、震度七の大地震で、津波も起こり三浦半島にも多大な被害をもたらした。

この大地震の山崩れによって公道である三崎往還は遮断された。その修復工事は御用普請となったと思われるが、直接の作業は八ヶ村、請け人足約一四〇〇人を費しておこなわれた。

このように地盤が弱い地であったからか、大崩を通る三崎道は海際まで山裾をのばす丘陵の中腹を通り、やがて道は海際まで下り岬を回ったことが迅速図でわかる。この下り坂に切通しがあったのであろう。

現在でもこの道筋の一部は里道として残っている。子産石のバス停近くから坂道を登り峰山の集落をかすめる里道がかつての三崎道である。

大崩あたりの道は難所の一つであったと思われる。岬の先端を迂回する海際の道は潮騒を間近に感じる所であったが、ひと度海が荒

図2－9　海上からみた大崩（復元）

れた時は危険な場所であったことは間違いない。このような折に備えて、岬の中腹あたりを迂回して岬を越す細い山道が通じていた。現在でもこの道の一部がその跡をとどめているが、岬の縁《へり》を通るこのバイパスも、一歩踏みはずせば命を落すことになる危険な道であったことを体感したことがあった。それはもう二十年前にもなろうか、地元の古老の案内でこの山道を探索した時であった。

偵察録では「大崩は歩兵の他行進すること能はず、山砲隊の如きは里道中大崩を除き他に困難無く……」とあり、大崩は軍事上にあっても銘肝すべき所としている。大崩は古戦場であったこともうなずける。

海岸に沿った往還には大崩のように、海が荒れると交通に支障が生じた所は他にもあった。大崩と同じ三崎道であった堀内村（現葉山町）の鐙摺《あぶずり》あたりの道もそうであった。鐙摺は『東鏡』には頼朝の寵姫《ちょうき》亀の前が鐙摺の大田和三郎義久の宅にかくまわれたことが出てくる、鎌倉時代にすでにあった地名である。海際まで丘陵が迫るこのあたりは、三浦半島を本貫地とした三浦一族が外敵の侵入をくいとめるべき要所の地としたことが考えられる。

鐙摺の地名の由来は、馬の鐙がすれるほどのせまい道という説がある。

ところで鐙摺には小港に臨んで標高二五メートルほどの小さな丘があり、これを軍見山とか旗立山ともいうので砦であったと思われる。安永二年（一七七三）の相州三浦郡堀之内村絵図（葉山家所有）によると、三崎道は軍見山をめぐって浜通りと岡道とに分れている。この地が三浦一族の鎖《さ》鑰《やく》であった時代には浜道だけであったに違いない。岡方の道は平和な時代となった江戸時代に切通した道と考えられる。なかでも波打際を通る浜道は波が立つ折は危険であったことは申すまでもない。

なお、この鐙摺に近い三ヶ浦に日記執筆者の仁三郎の妻の実家（小峰家）があった。

松の木のある風景

浦賀道が公郷《くごう》村から大津村にかけて通るあたりは砂浜沿いの道であった。このあたりは遠浅の砂浜海岸であったので、猿島を間近に眺め干潮時には細波《さざなみ》を耳許に潮の香を覚えながら足を運ぶことができた所であったに違いない。

広重の大津のスケッチは正にそんな場面であろう。その海辺の道の風景を引き立てたのは松などの木々であったことが、スケッチの絵のなかからでも実証できるのではあるまいか。

図２-10　猿島がみえる海道（復元）

なかでも、「白砂青松《はくしゃせいしょう》」という四文字熟語があるように、海辺の往還には松が似合った。とりわけ、猿島の松の緑は海面に映え、渚の白波を一層際《きわ》立たせていたのではあるまいか。また、大津浦へ入る手前には公郷村の鎮守である春日神社があり、境内に松樹があったようだ。このあたりは公郷村の山崎（現在の三春町一丁目）といい、浦賀道脇に一本松と呼ばれる大きな老松があり、その道の端のすぐ下は砂浜で、潮が満ちてくると、この松下へ五、六隻の漁船が引き揚げられていたという。地元ではここを一本松と呼んでいたという。以上の話は明治三十五年（一九〇二）生まれの石渡良太郎さんの話である（『古考が語るふるさとの歴史』）。

なおこの山崎の一本松あたりは冬期の北風が吹き寄せると波は浦賀道を越え通行不能となった。地元の人びとは「山崎の親知らず子知らず」といって、強い北風が吹くと岡側の細い道を通ったという。恐らく幕末の時代にあっても同様の状況であったと思われる。

海辺の往還の松の木をみる風景は『新編相模国風土記稿』のなかの「田越浜図」や「大崩の図（海浜眺望）」などにも求めることができる。また、すでに取り上げた「相州三浦秋屋の里」の絵や「三浦の郷切通し野休の体」の絵でも垣間みてきたところである。

なかでも切通しから林村の防風の松林が望め、幕末のころには小田和湾岸に松の木が植えられ、海辺のくらしをまもっていたことがわかる。これらの松は黒松であったと思われる。黒松は赤松より潮に強く、沿岸地でも成育したとされる。これらの黒松林は風や潮や砂から大田和や林村の集落や耕地をまもったのであった。なお、本和田村の海浜にも長さ三〇〇間（約一キロメートル）の松並木があったと風土記稿にある。

風除けばかりでなく松のあるくらしはまだ他にもあった。燃料としての松である。松は樹脂が多く火力があり、すべてが燃料となった。根、幹、松葉、松かさなど。これらについては浜浅葉日記にみるくらしのなかですでに実証してきた。

さらに、松は土木用材としても重要だったことは、元禄大地震の際の大崩の修復工事で松杭木三二五本を佐島村の御用林から調達したことでも明らかなことである。そのためか、幕府や藩は三浦半島の所領内に直営の松林をあちこちに設けていたようだ。もちろん、小田和湾岸の松や和田浜の防風林は御用林であった。

偵察録には森林について「殊に松林を多しとす、松は大抵二十~三十年以下のものにして老樹少し、樹間は楢《なら》、椚《くぬぎ》など雑木繁茂す」とある。三浦半島の丘陵には松が多く植えられていたことは江戸時代の古文書資料からも裏づけられる。元禄十二年（一六九九）の長柄村の山検地帳によると、萱《かや》山、松山、芝山、雑木山の順の分布面積で、植栽樹林では松が主であった。秋谷村にあっても、百姓持の山は松山が主役であったことが、貞享五年（一六八八）の「秋谷村郷山林散在山書上留帳」の記録資料で明確である。

以上の如く、松のあるくらしを想起すると白砂青松の風景は田園風景と共に日本人のくらしのあり方から創造されたものといってもよいのであろう。

また、松は日本人が好んだ樹木といってもよいのであろう。『新編相模国風土記稿』には七本もの当時の人びとに愛でられた古松が特記されている。そのなかでも、浦賀道沿いの塚上に枝を広げていた一色村の平松は最も知られた古松であったのだろう。風土記稿にはその絵まで描かれている。そして平松は周囲は二丈（約六メートル）、高さ三丈四尺（約一〇メートル）、枝葉は一一～一二間（約二〇メートル）にわたって延長し、その枝先は地上二尺（六〇センチ）まで垂れていたとある。

『三浦古尋録』を著した浦賀の加藤山寿は平松の生命力に感慨を強く覚えたのか、次のような七言絶句の詩を同書に残している。

一色孤松秀翠烟　枝々偃蓋蟠根連
三冬不改霜後節　膏脂丹成今古伝

浦賀道を歩いた者なら誰しもこの平松を仰ぎみ、何らかの思いを胸にしながら上山口村の小金坂（登り約四〇メートル）に向かったのであろう。

浦賀道の平松の他、三崎道が荻野村を通るあたりの路傍に周囲六尺（一・八メートル）の一本松と呼ばれる古松があり、風土記稿では「枝葉往還に盤桓《ばんかん》す」とあり、通行に邪魔になるほど枝を張っていたようだ。

なお、同村の正蓮寺の背後の丘上には周囲七・八尺（二メートル）の貝吹松と呼ばれる古松があり、これは和田の乱の折、陣貝を吹き鳴らした旧跡だといわれていた。

その他、往還沿いではないが、沼間村の神武寺の天狗腰掛松、堀内村の森戸明神社の千貫松、久野谷村の妙光寺の陀落松、大矢部村の三浦大介腹切松、久里浜村の住吉社の三浦大介旗掛松があった。

四ッ角、三ッ角の風景

江戸時代の三浦往還と交叉する辻や三叉路は現代に至るまでその面影を残しているものが何ヶ所かあるようだ。

その一つは小矢部村（現在の横須賀市衣笠栄町）の法塔十字路である。明治四十年（一九〇七）に新道ができてからはこの十字路は裏通りになってしまったが、旧道は残っていて法塔も現存する。法塔とは日蓮宗門関係の石塔をいうようで、ここには大

図2-11　法塔が立つ十字路（復元）

小の石塔が五基もあって、かつての辻の名残りをとどめている。

『迅速図』のスケッチにもみられる「髙祖大士行法霊地碑」の塔も現存する一基で、この塔の台座には「東　浦賀、南　三崎、西　鎌倉、北　横須賀」とあり、この塔は道標をかねたものであった。

この辻に日蓮宗門関係の石塔があるのは、この辻の西へ行く鎌倉道に沿う金谷村には大明寺《だいみょうじ》が、北方の深田村には龍本寺《りゅうほんじ》があったことに関係があろう。

大明寺は寺伝によると、日蓮が三浦郡に布教をのぞんでいた時、石渡左衛門なる者の請願により、深田村に草庵を建て、それを米ヶ浜道場（法華堂）と呼んだ。左衛門の子は出家し日静の弟子となり大明房日梁と号した。この時米ヶ浜道場を金谷村に移し、坊号によって大明寺とした。そして米ヶ浜道場の跡には龍本寺を起立して大明寺の奥院とした。

金谷村の大明寺と深田村の龍本寺は日蓮上人の草庵との由緒をもつ数少ない日蓮宗寺院であった。小矢部村の辻はこの二つの由緒ある寺院に通じる交叉点でもあった。日蓮宗では宗祖の忌日（十月十三日）にはお会式《えしき》という法会が営まれる。龍本寺のお会式は三浦郡中から法華衆が法華太鼓をたたきながら万燈《まんどう》をかざして集まったものだという（衣笠地区の古老の話）。恐らく、このお会式の日にはこの辻は賑わったに違いない。

また、鎌倉時代に思いを馳せると日蓮は房総より米ヶ浜に上陸し、この辻を通って鎌倉入りしたことも考えられる。この辻より西へ通じる鎌倉道が木古庭《きこば》村（現葉山町）を通るあたりには日蓮にゆかりがあると伝える高祖井戸《こうそいど》があり、近くには日蓮宗の本円寺がある。

ところで、日蓮宗にかかわる法塔が立つ明治初期の辻のスケッチによると、数軒の民家が辻沿いにあったことがわかる。店舗らしき家もあるので茶屋などがある立場《たてば》(駕籠や馬などの休息する所)であったと思われる。古老の話によると、大正のころまで、この辻には二軒の蹄鉄をつくる鉄《かな》ぐつ屋があったようだ。

また、スケッチによるとこの十字路には辻行灯《つじあんどん》が立っていたことがわかる。辻行灯とは江戸時代に江戸の辻番所に備わっていた灯籠形の行灯をいうが、これと類似する行灯だったのであろう。迅速図によると、法塔十字路に集中して数軒の家があったが、その周辺には民家は一軒もなく、この辻は水田に囲まれて立地していたことがわかる。この行灯は人通りもまばらな暗夜の辻を照らしていたに違いない。江戸時代の夜は月が照らねば闇であった。この行灯に癒された人もあったのであろう。

さて、最後にもう一つ迅速図にスケッチが残される菊名《きくな》村の三叉路を取り上げよう。この分れ道は北に浦賀道、西へ鎌倉道、南へ三崎道となる分岐点であった。つまり北方の上宮田村、西方の下宮田村、南の三崎町へ連絡する三叉路であった。

明治初期の様相を伝えるスケッチをみると石塔が一基と民家が一軒あるのがわかる。現在このあたりには三崎行バスの「半次店」というバス停があって、この石塔も店の脇に残されている。

この石塔には「錦嶌三太夫墓」とあり、碑文によると江戸相撲の錦島部屋の二代目三太夫の供養碑で、寛政五年（一七九三）に三浦郡の相撲門弟らによって建立されたことがわかる。その世話人は上宮田村の有志が中心となるものであった。なお、台座の正面には、北浦賀道、西鎌倉道、南三崎道と刻字されている。

浦賀道、三崎道、鎌倉道の接点となるこの三叉路にこの碑が建立されたのは、諸人の往来筋でより多くの人びとの目にふれるからであった。また、石碑の地代として二両が村に差出されていたことが、供養墓建立の願書（三留家文書）でわかる。さらに二代目錦島三太夫追善の相撲興行が享和元年（一八〇一）に下宮田村飯森《いいもり》で開催された。

江戸時代、三浦半島には「三浦相撲」と呼ばれた奉納相撲があった。素人相撲で、

図2-12　角店のある三叉路（菊名村）復元

村々の力自慢の若者が力士となるものであったが、この興業には江戸相撲の年寄であった錦島部屋が仕切りその配下にあったようだ。

この奉納相撲は下宮田の若宮神社の祭礼では毎年催され、その他大津村の諏訪神社の祭礼、長坂村の若宮社の祭礼、堀内村の森戸神社の祭礼でも開催することがあった。

浜浅葉日記をみると、浜浅葉家では八月十八日の下宮田の若宮社の祭礼には農事を半日で切上げ、奉公人らにも小遣を与えて行かせるのが年中行事の一つとなっていた。

以上、小矢部村の法塔の立つ辻、上平作村の三叉路、菊名村の供養塔のある三叉路の三つの交叉地点をみてきたが、そこにはいくつかの共通することがあった。その一つは石塔などが路傍にあることであった。なお、それらのなかには道標を兼ねるものもあった。

そして、石塔などの標示物があることによって、分れ道の歴史が細々と命脈を保っているように思われる。当然のことだがこれが二つ目の共通点である。

ともあれ、過ぎ去った長い時間のなかで、多くの人びとが出会ったり別れたりして行き交った空間が四ッ角や三ッ角であり、その角隅にそんなくらしの歴史の痕跡が残存しているのがこれらの交叉点であろう。

道しるべと石仏

江戸時代の三浦半島の村々には、さまざまな旅人が訪れた。渡り職人、行商人、六十六部や御師《おし》、行者などの信仰関係の人びと、神楽や獅子、万歳など、村に来た旅人については別項で取り上げたい。

これらの旅人が道に迷わないよう、往還の四ッ角や三ッ角には道標を兼ねた石塔が建立されていたことを知った。このような村人たちの心遣いは、当時の人びとは皆、旅は苦労なものであることを認識していたからこそと思われる。

道が悪く、乗物もほとんどなく、旅宿の設備も乏しい旅に、道に迷ったら野宿も強いられる時代であった。

ところで、江戸時代も中期以降となると、三浦半島にあっても庶民信仰が広まり、その所産である石仏と呼ばれる石造物が造立されるようになった。その石造物とは地蔵像や観音像のほか、庚申《こうしん》塔、馬頭観音塔などで、そのなかでも庚申塔や馬頭観音塔は寺院とは関係なく、人目に触れることの多い路傍や村境に露座で祀られた。

現在でも三浦半島にあって最も目立つのは庚申塔であることから、江戸時代後期ごろの三浦半島にあってもこの石仏があちこちに祀られていたに違いない。したがって、路傍に庚申塔を見かけるような小路は江戸時代からの路であったことがわかる。ところが、車社会となり、交通の邪魔となることから他所へ庚申塔を移動した所も多い。

これらの庚申塔のなかには道標を兼ねる塔もあった。その具体例を示しておこう。

葉山町堀内の海岸線のバス通りである県道二〇七号線は江戸時代の鎌倉、三崎道に当たるもので、清浄寺近くの道路脇の小さなお堂には一〇体の庚申塔が祀られている。そのなかに明治九年の銘がある庚申塔がある。この塔の脇には「左うらがみち」、「右みさきみち」とあり、浦賀道と三崎道の道標を兼ねたものであった。

とすると、この塔はもともと三崎道と浦賀道の分岐点に祀られていたことになる。その分岐点は現存地点ではなく、もっと海岸よりの地点であったという。

浜浅葉家の本家となる浅葉家の近くにも道標を加えた庚申塔が路傍にある。そこは荻野《おぎの》村と大田和村の境あたりを南北に走る里道と、東西に通じる交叉地点である。村境でもあったことからか、庚申塔が道路に沿って一〇基ほども並んで立っている。そのなかの一基の庚申塔に「右浦賀道、左鎌倉道」とある。

浅葉家本家はこの近い所にあり、仁三郎は度々本家を訪れていたが、その折にはこれらの庚申塔にも手向《たむけ》したと思われる。実は、仁三郎は日ごろから庚申信仰に厚く、六十日目ごとにめぐってくる庚申《かのえさる》の日には村内のあちこちに祀られる庚申塔めぐりをして手向することが多かったことが日記でわかる。

さて、もう一つ道標となる石塔をみておこう。実はこの道標は三浦三十三観音の巡礼道を訪ねていた折に出合ったもので、金沢町屋（横浜市）を経て保土ヶ谷宿へ通じる浦賀道の分岐点にあるものであった。榎戸のバス停近くの田村商店（たばこ店）の先を左に入り、だらだら坂を登る。この道が金沢町屋に至る浦賀道である。この道はやがて登りつめると丘陵上に通じる細い道（古道）と交差する。この辻に二基の道標が立つ。一つは明治十年に建てられたもので、「左金沢道」と深く刻まれていた。もう一つはこの道標の反対側の崖上に庚申塔と並んで立つもので、享保十二年（一七二七）の年号があり、正面に「右坂中観音道」と大きく刻まれ、その右に「榎戸」、左に「浦賀」とあり、左側面に「上り深浦村道」とあった。どうやらこの道標は別な地にあったものを、ここに移転したものであろう。申すまでもなく、この道標は三十三観音参りの二十二番の札所となる中山観音堂への道標である。

行先などが示されていなくとも、路傍の石仏や石塔は外来者には有難いものであったに違いない。これらの石造物によって集落や村が近いことを認知できたからである。

それだけではあるまい。信者に裏付けられたこれらの路傍の石仏に旅人も手向けし、旅の安全や成就を祈ったことであろう。

道普請《みちぶしん》と道切《みちき》り

江戸時代の道は人間や牛馬だけが通るものではなかったようだ。当時の人びとは神や仏も通ったと考えていたのではなかろうか。それを裏付ける民俗に道普請と道切りがあった。道の管理や修繕は街道や脇往還などの主要道は幕府や藩の支配下にあったことから、その主管は領主にあったと思われるが、里道などの生活路は、それぞれの里や村の管轄するものであったようだ。

浜浅葉日記には道普請との言葉は一度だけ安政三年（一八五六）三月二十九日の日記に「治郎吉一日役にて道普請に遣し」と使われている。また盆前の七月七日には「下道そうじ」といって、自家に通ずる里道の草かりや修繕をしたことが記録されている。ご先祖様の霊（お精霊様《しょうろう》）をお迎えするには、道を清掃し、庭や家の中も片付け、井戸も清掃した。

現在私が居住する地区（横須賀市芦名）では七月の夏祭りの前に町内会の行事で道普請といって、神輿《みこし》が通る里道の草刈りや清掃をするのが習慣となっている。最近では「クリーン活動」ともいわれるが、江戸時代からの伝統と思われる。

神や精霊が来訪する祭りの前に皆で道をととのえるという習慣は、生活道を里や村で保持していた時代の一つの知恵であったともいえよう。

ところで、村々を訪れる神々や精霊はさまざまであったようだ。そのなかには疾病や災をもたらす悪神（厄神）や悪魔（鬼）がいたようだ。これらの好まざる神々が村々へ訪れるのを防ぐ業《わざ》が「道切り」というものであった。

浜浅葉日記によると、江戸時代に生きた人びとが最も恐れたのは、急性伝染病であるコレラ（コロリ）などの病魔であった。これらの伝染病に対する有効な予防法や治療法はなく、人びとは神仏の加護を祈るほかなかった。

それゆえ、一たび伝染病がはやり出すと、いち早くおこなわれたのが道切りという呪術的な行動であった。浜浅葉日記には「道切り」とはなく、「大しめ張り」とあり、安政五年（一八五六）のコレラ流行時に村境や里境となる道に、大きな注連（シメ）縄を張り、病魔の侵入を防いだ事実が記録されている。

実は、この道切りの習俗が現在でもおこなわれる地域がある。それは横須賀市長井の荒井地区である。荒井の氏神（里神）は住吉神社で、その祭日は五月十五日である。それに合わせてこの日に道切りがおこなわれている。

この日の早朝、町内の男衆ら二〇人ぐらいが出て、神社に張る大シメと三本の道切りのシメがつくられる。道切りのシメには藁でつくった蛇、刀剣、大きな草履（片方）、それに木片でつくった賽子《さいころ》が吊される。このシメは三ヶ所の里境となる道に張られる。この道切りの習俗は平成元年に横須賀市文化遺産に指定され、その後、平成二十年（二〇一二）に横須賀市指定の民俗文化財となっている。

もっとも、日ごろから悪神などが里や村へ侵入しないよう、里境の路傍には道祖神（塞《さい》の神）や猿田彦大神の石塔を建立することもあった。浦賀道筋のオッタ坂（大田坂）には「道六神《どうろくじん》」とある道祖神《どうそじん》（江戸時代）が坂道の脇に祀られている。道祖神は旅の神、道の神ともいわれるが、境を守る神、悪魔を追い払う神ともされた。

三浦半島の西岸に通じる鎌倉、三崎道の秋谷村と芦名村の境となる浄楽寺前の旧道には今でも道祖神と猿田彦大神の石塔が並んで路傍に祀られている。猿田彦大神は道祖神と同じく道の神とされているが、災難を除き避ける鬼門除のために造立されたことが多いといわれる。また、猿田彦大神は庚申の神と同一視されたとの説もあるようだ。

漆黒の夜道

江戸時代の地方の夜の空間は星や月に照らされなければ暗闇の世界であったと想像される。とりわけ、山中の夜道などは真暗闇であったことは間違いなかろう。

図2-13　月夜の矢の津の坂ごえ（復元）

こんな暗い夜道の往来の必需品は提灯《ちょうちん》であった。浜浅葉日記によると、来訪者の帰宅が夕暮れ時になってしまった折などには提灯を貸し与えていたことがわかる。また、本家との往来で夜になってしまった折などは、下男が提灯をもって迎えに出たことがわかる。恐らく浜浅葉家には十指にあまる提灯を備えていたのではなかろうか。

文久三年（一八六三）十一月十日の日記には長井の提灯屋が参り、丸提灯七つで代金二分と一二〇文（一つ五〇〇文ずつ）、弓張提灯二つ、代金七六四文、ぶら提灯の張り替代一六二文、締めて金二分と一貫一〇〇文を支払ったことが記されている。

これによって、浜浅葉家では、円形の丸提灯、竹を弓のように曲げ、提灯をその上下にひっかけて、張り開くようにつくられていた弓張提灯、柄のついたぶらさげる提灯であるぶら提灯の三種類の提灯をいくつか所持していたことがわかる。恐らく、これらの提灯には「浜浅葉」と家名が入っていたのであろう。

提灯というと祭礼が想起される。日記によると仁三郎の里の氏神である姥神明神《うばがみみょうじん》の祭りは三月九日であった。この祭りは神輿や屋台が繰り出るような賑々しいものではなく、神楽が奉納されるだけの小さな祭りだったようだ。それでも宵宮には社殿に神灯の提灯が点り、参道には絵入りの行灯《あんどん》が暗闇を照らしたようだ。日記に長井村の提灯屋に画料として一〇〇文が支払われたメモがあった。行灯にはどんな絵が描かれたのであろうか。提灯や行灯は人びとの足元を照らしただけでなく、漆黒の空間を彩り、人びとを楽しませるものでもあった。

ところで、一ヶ月に四、五日ぐらいであろうか、夜の外出に提灯が不要な夜があった。申すまでもなく、月の光が影を落す満月に近い夜であった。

浜浅葉日記によると、当家は浄土宗の寺の檀家であったので、念仏講に入っていた。この念仏講では月に一回、講元となる宿に集まり鉦を叩いて勤行したのち簡単な飲食を共にして夜半近くに解散した。その講の日取はその月の十五日の夜と決まっていた。旧暦では十五日は満月の夜であった。月並の念仏講の日を満月の夜としたのは、夜の外出の足元を考慮してのことであったと思われる。

夜間の外出をともなうような行事は満月のころにおこなった例は鎌倉の光明寺《こうみょうじ》の十夜《じゅうや》法要にもみることができる。

浄土宗の寺院でおこなわれる十夜法要の始源は光明寺にあるとされ、当寺の十夜法要は近在の末寺の信徒をも集める盛大なものであった。

浜浅葉家では本家と共に光明寺の十夜には毎年一家をあげて出かけた。その十夜は十月十二日、十三日、十四日、十五日の四日間におこなわれた。この期間は月夜であった。

文久四年（一八六四）十月十四日の日記には次のように記されている。

「早朝夜の内仕度いたし、おしま、おわか、つな三ヶ浦より鎌倉へ行、大崩（長者ヶ崎）まで かごにて送り遣し候、両人とも九ツ半時（夜半十二時半）に帰り、酒によい」

この秋の日、仁三郎の妻のおしまと本家のおわかは下女のつなを連れ光明寺の十夜へ出向いた。その両人は酒に酔い夜半を過ぎて帰ってきたというのである。十月中旬は夜間には冷える季節であった。女の飲酒についてとやかくいうつもりはないが、どこで飲んできたのか興味がつのる。もし帰路の途次に飲酒をしたとすれば、長者ヶ崎を過ぎ、秋谷の継立場あたりで月の光が映える渚を眺めながら一杯やったのであるまいか。女の口元に酒の盃を近づけさせたのは、澄みきった夜空に白く光る満月だったのではなかろうか。

四　海の江戸道

海運・水運都市江戸

「東都名所永代橋全図」をみると、手前に永代橋が描かれ、隅田川河口付近には帆柱を高くした千石船や中小の数多くの和船が水面を埋めるように停泊している様子が描かれ、それは江戸が海運・水運都市であったことを如実に示しているようでもある。

大消費地であった江戸では全国各地からさまざまな物資が集散したことは知られている。例えば主食となる米は、幕末の江戸では年間約三〇〇万石が集荷されたといわれる。

米穀だけでなく、塩、砂糖、油、酒、茶、紙、木材、瀬戸物、綿、絹、昆布《こんぶ》、蠟燭《ろうそく》、荒物、乾物、海産物、薪、炭などのさまざまな消費物資が江戸に運ばれた。

トラックや鉄道がなかった江戸時代、物資の輸送は船にたよっていた。米、酒、塩、砂糖などの生活物資は主に関西（大坂）などから千石船などと呼ばれた大型の廻船《かいせん》によって江戸湊（隅田川河口）まで運ばれた。それらの物資は湊で小型船に積み直され、江戸市中に設けられていた運河（水路）で河岸の問屋まで運ばれた。このように商品は船で種類ごとに決められた河岸に陸揚げされたため、河岸には魚河岸とか塩

図２-14　隅田川の河口（復元）

河岸、材木河岸などの名前がつけられた。

このような船による江戸への物流の主役は樽廻船や菱垣《ひがき》廻船とも呼ばれた大型の千石船であったことは申すまでもない。これらの船は主に天下の台所といわれた大坂と江戸の間を航海して物資を運んだ。つまり、海の江戸道にあっては、これらの廻船は海運の大動脈となっていたといってもよいのであろう。

そして、これらの千石船が入津できる湊は限られていたが、浦賀湊は幕府から千石船が入津できる湊として許可され、廻船荷物を商人が売買することも許されていた。したがって幕末のころの浦賀には多くの水揚商人が活躍していて、水揚された物資は、中小の荷船によって東京湾岸や三浦半島、相模湾岸の湊へ運ばれていた。一方、各地から浦賀湊に集荷される荷物を江戸の問屋へ運ぶこともおこなわれた。また、千石

図2-15　浦賀湊（復元）

船の荷物だけでなく、地域の荷船が運ぶ物資も水揚商人が扱った。

以上のように、江戸で消費される物資の多くは西国より千石船で運ばれたが、それだけではなかった。地廻りといって、江戸周辺や関東周辺から船送りされる物資も多かった。

江戸の地廻り圏内の三浦半島の浦々からは鮮魚が押送り《おしょく》船と呼ばれた運搬船で江戸送りされた。また、丘陵の多い三浦半島の里山からは粗朶薪《そだまき》が生産され、横須賀湊から柴船によって江戸送りされた。

かくして、隅田川の河口（江戸湊）は常に千石船や中型・小型の荷船、小舟などの船影に満ちていたのである。そして、海に開かれた江戸への道は、立ち位置を三浦半島とすると、四つのルートがあったと考えられる。一つ目は浦賀湊に寄ることもあった千石船のルート、二つ目は浦々より江戸へ通った押送り船のルート、三つ目は、横須賀湊や野島《のじま》湊などより出た柴船《しばぶね》（薪船）のルート、さらに四つ目は各地の中小の廻船業者の荷船のルートである。そのなかでも、仁三郎の江戸行にあっては押送り船と柴船が関与した。

押送り船とは

相模湾、東京湾、外房州の漁業が江戸時代にあって経済的に成立したのは、大消費地の江戸と海路によって結ばれてからであった。この魚を運んだのが押送り船であった。

その押送り船とはどんな船で、なぜ「押送り」といったのであろうか。『日本庶民生活資料集成十巻』のなかの「今西氏家船縄私記」によると、押送り船について次のように記されている。

「押送り船は生魚を積、暑中にも六、七十里の灘を渡る故、早き事を専らにして、もっとも風波の乗切もよし、外船なき檣《ほばしら》三本あり、また七尋三尺（約一四メートル）の船に七尋三尺の檣を用い…」とある。

魚の冷凍保存技術がなかった江戸時代には、生産地より一刻でも早く消費地に鮮魚を運ぶことが要求された。そのため、押送りは船足の早い船で、舳先《へさき》の細い波切りのよい船であったようだ。また、この船は帆船でもあったが、順風がなくとも、櫓走での性能を重点的に考慮した船型をもち、櫓を押すことを前提とした船であったので、押送り船といったようだ。押送り船は順風ならば帆走したが、普通の風ならば櫓を漕いだ方が速かったと伝えられる。もっとも、この船は七挺もの櫓をそなえていた。

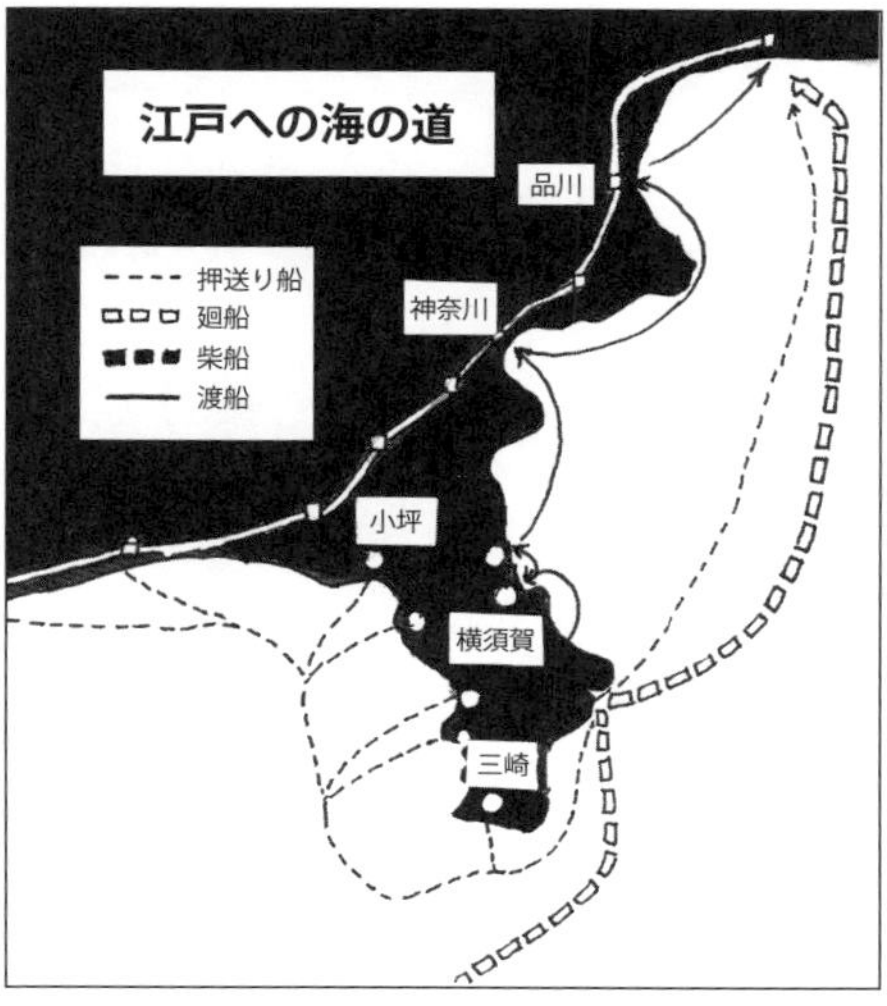

図2-16　江戸への海の道

押送り船の大きさや構造についても今西氏の私記の図を参照に、その概要を示しておこう。

・船の長さ　七尋三尺五寸（約一四メートル）
・船の肩幅　八尺二寸（約二・七メートル）
・船の深さ　三尺（約一メートル）
・檣　三本（檣）一本七尋三尺（約一四メートル）
　　一本六尋四尺（約一三メートル）
　　一本五尋二尺（約一一メートル）
・櫓　七挺
・船斗（見積りの価格）二〇～二三両

以上にみる如く、押送り船は船足が早いことを重視したので、そう積載量のある大きな船ではなかった。おおよそ、八〇〇貫（約三トン）

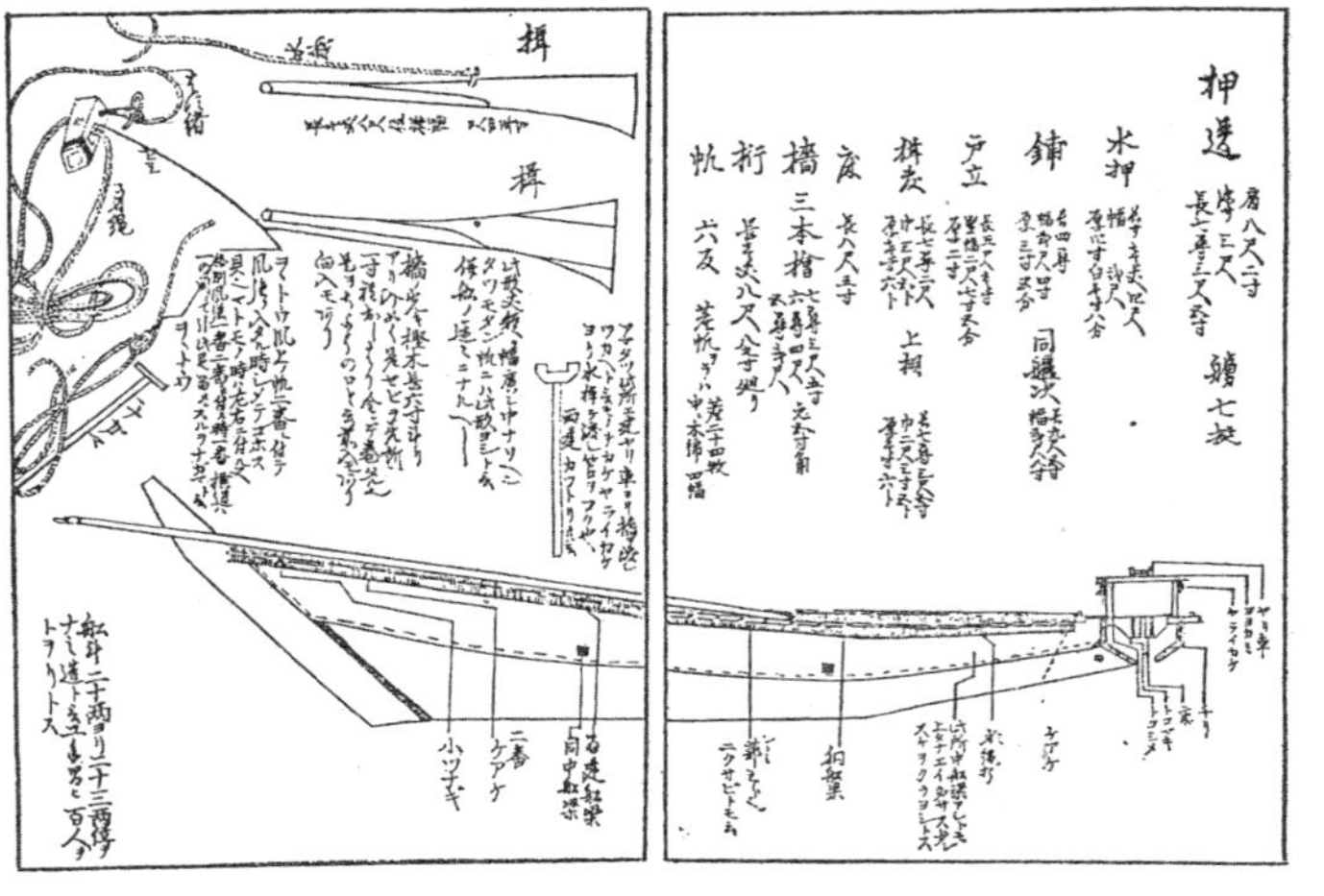

図2-17　押送り船図（『日本庶民生活資料集成』より）

の荷を積むのが限度であったとも伝えられる。

もっとも、押送り船にはその積荷の種類によってナマ船とイケモノ船の別があり、ナマ船は主に鮪《まぐろ》、鰹《かつお》、鯛《たい》などの鮮魚を積み、イケモノ船は塩干魚、イセエビ、アワビなどの貝類を積む船で、イケモノ船は一まわり小さかったと伝えられる。

押送り船の乗組み人数は八～一〇人ぐらいで、体重二〇貫（六〇キロ）以下では押送り乗りとなる資格はないとされ、皆筋肉が盛り上がった力自慢の者ばかりであったと伝えられている。

押送り船の活躍

幕末の三浦半島では、押送り船はどのぐらい存在したか知りたいところだが、正確な数はつかめていない。享保五年（一七二〇）の『豆相海辺浦々図』という資料によると、伊豆稲取に一、川奈に三、網代《あじろ》二〇、そして相模湾沿岸の須賀に二一、長井二〇、三崎三〇、東浦賀一一、走水二、榎戸《えのきど》五と、それぞれの湊に所属する押送り船の数が示されている。

しかし、幕末のころになると、小坪《こつぼ》浦、佐島《さじま》浦、二町谷《ふたまちや》浦、城村《じょうむら》、向ケ崎《むこうがさき》浦、松輪《まつわ》浦、金田《かねだ》浦、上宮田浦にもその数は少ないが押送り船の存在が認められる。

それなりの資金を要する押送り船の所有者はイサバと称された魚仲買商人であったり、イサバや漁民から魚荷の運送を委託される荷積商人などが多かった。彼らは「オショクリ」とか、「一割船《いちわりぶね》」

とか一般的に呼称されたようだ。一割船とは江戸市場の仕切の一割を運賃としたからであった。ところで、押送り船は魚だけを運んだ船ではなかった。もっとも、江戸からの帰路は空船《からぶね》ではもったいない。江戸の問屋からの荷を積むこともあったようだ。つまり、押送り船は鮮魚運搬船ではあったが、委託されれば魚類以外の物資を運送する荷船でもあった。

実はその事実を裏付ける押送り船の海難事故があった。その古記録は『逗子市誌第九集』に収録される「小坪村沖合難船一件につき」の古文書である。その記録によると次のような不幸な事故であった。

元治元年（一八六四）八月九日のことであった。恐らく台風がきていたのであろう。前日の八日より南風が吹き雨が降り出していた。九日になると辰巳（南東）の大風雨となり、その高波で小坪沖を通過していた四艘の押送り船が破船したのであった。それらの船は東浦賀、長井村、本和田村、芦名《あしな》村の押送り船であった。

ここで、注視しておくべきことは、本和田村や芦名村などの小さな半農半漁村にあっても押送り船の所有者が存在した事実である。幕末になると、押送り船は増加傾向にあったと思われる。

そして、もう一つ気づくことは、難破した押送り船の荷は魚ではなく、塩、砂糖などの商品であったことである。東浦賀の押送り船は浦賀の宮原屋より大磯宿の近江屋へ届ける塩一〇〇俵と浦賀の宮原興右衛門より大磯宿の油屋行の塩一〇〇俵、嶋屋へ届ける塩八〇俵、その他蠟燭六個、砂糖六樽、半紙三箱などを積んでいた。

長井村の押送り船は西浦賀の加渡屋《かどや》より大磯在国府村の太兵衛行の塩四〇〇俵を積んでいた。また本和田村の押送り船は浦賀湊の浪屋から大磯在の前川村へ届ける塩六〇〇俵を積んでいた。芦名村の押送り船は浦賀湊の万屋より積込み、村内の忠五郎に届ける塩四〇〇俵を積んでいた。

これらの押送り船は前日より海が荒れ始めたので江の島に滞船し様子見をしていたが増々波は高くなり、より安全な田越川河口（逗子市）へ避難しようとしたが間に合わず、小坪沖で難破したのであった。

以上の難船一件から計らずも当時の押送り船は浦賀の廻船問屋からの荷を相模湾岸の宿場や商人へ運送する業務をもおこなっていた事実が明確となった。なお、このような一般商品運搬の場合の押送り船の乗組員は三人ぐらいであったこともわかった。

ともあれ、幕末の物流にあっては海の道は重要で、その一役を押送り船が果していたことは間違いない。

江戸を近づけた押送り船

日記の執筆者仁三郎は佐島村の押送り船を所有する魚仲買商平造と懇意で、資金を融通する仲でもあった。また時には米を売ることも度々で、平造は魚類だけでなく他の商品をも扱う商人であったようだ。

仁三郎は押送り船で頻繁に江戸へ出向く平造に、江戸での買物を依頼することもあった。例えば文久三年（一八六三）に本家の嘉十郎が結婚の折、結納品は仁三郎の依頼で平造が結納屋から買い求めてきたものであった。また、平造は仁三郎の江戸行に同道したこともあった。このような事実からも、仁三郎は江戸通いして江戸にあかるい佐島の平造を何かと頼りにしていたことがうかがわれる。

もっとも、幕末の佐島村には江戸屋（青池儀兵衛）という有力な魚仲買商人がいた。今でも佐島の古老の間に「江戸を見たけりゃ佐島にござれ、佐島江戸屋は江戸勝り」の文句が伝えられている。たしかに江戸屋は伊能忠敬の日記にもその名を残す立派な屋敷を構えた商人であったようだ。江戸通いする押送り船が、三浦半島の西岸の村々に江戸の情緒や風情までもたらせるまで影響があったとは考えられないが、全くさしひびきがなかったともいい切れない。

そこで、漁村の文化にかかわる事例を提示しておこう。鎌倉に近い小坪浦は押送り船をも抱える浦の一つで、獲れた魚は江戸の日本橋に日常的に運ばれていた。この村の西町神明宮には天保七年（一八三六）の俳額が奉納されている。

この俳額は、半島西岸から南部の有志の俳人が小坪村に集い、江戸から俳諧の宗匠《そうしょう》を招き句会を開いた折に奉納したもので、このころ俳諧が江戸より大衆に広がり、それが三浦半島の農漁村まで浸透していた事実を裏付けるものである。また、江戸と小坪浦とは経済上だけで結びついていたものではなく、文化や生活面でも関係があったことを示すものであろう。

もちろん、押送り船の存在は江戸との人の交流を促進させるものであった。江戸川柳のなかには「相模下女」を読み込んだものがある。

さがみ下女　いとし殿御が五六人
さがみ下女　ところを聞けば小坪なり

実は小坪村ではないが、同じ海つきの村である秋谷村の文化十二年（一八一五）の宗門人別改帳から奉公人放出の状況を調べたことがあった。その結果、約三割の農漁家から奉公人が放出され、秋谷村からは一〇人の子女が江戸奉公に出ていた事実を知った。

横須賀湊の柴船

現在の三浦半島の里山の多くは開発されてその姿はすでになく、残った数少ない里山も放置状態となっている。しかし、幕末時代の里山は用材を供給したり、自家の燃料をも生み出した貴重な森林資源の場であった。

仁三郎は分家の折の財産贈与で三ヶ所の里山を受け継ぎ、そこに植林をしていた。嘉永六、七年（一八五三、四）のころ、持山の薪の伐採がおこなわれ、薪は船で品川東海寺門前の薪問屋駿河屋へ出荷した記録が日記にある。それによると、松木五〇四束、樫木《かたぎ》一三二四束、雑木二二二三束が船送りされた。この記録からすると、当時の里山には松、樫木、雑木などが主に植えられていたと思われる。なお樫木とは、かし、くぬぎ、ならなどの堅固な木の総称で主にくぬぎが多かったと思われる。そう思ったのは、嘉永三年（一八五〇）日記に、平作村から「くのき」の苗を約五〇〇本買い求めて植林をした記事があったことによる。

ここでいう「くのき」とはブナ科の落葉喬木の櫟《くぬぎ》のことである。くぬぎとはもともと国の木を意味する「くにの木」から「くのき」といったという。このくぬぎは木炭材としても利用されたが、この木は若木の枝を伐採しても、そのあとから、また枝が成長する樹木であることから、粗朶薪を取る木として利用された。粗朶とは伐り取った樹木の枝をいう。

実は後に紹介する竜崎戒珠《かいじゅ》が天保十五年（一八四四）に著した『新編三浦往来』の諸村の特徴的産物のなかで、長浦村、田浦村、船越新田村の産物は粗朶薪か塩焚の薪であるとある。三浦半島の中央部から北部にかけては丘陵の多い村々が多い。これらの村々は粗朶薪の産地であったに違いない。そして、それらは主に横須賀村の湊や逸見《へみ》村の湊から柴船と呼ばれた薪船によって江戸送りされていたのである。これらの湊は粗朶や薪の集荷場であり、積出しの場所であった。

その事実は、三浦郡木古庭村（葉山町）の寛延二年（一七四九）の村明細帳に、薪を村から一里の逸見村へ附出したとあることからも窺い知る。

また、孫引になるが『日本近世の地域社会と海域』（安池尋幸著、巌南堂書店）に引用される『相州御固図記』という紀行文には「野嶋より船路三里、横須賀湊に着、少しの湊にて船も見えず、乍併《しかしながら》、江戸出の薪山のごとく積置り」とあるという。山の如く積まれた薪は積込みを待つ粗朶薪であったと思われる。粗朶薪は他の薪より嵩張《かさば》るので山の如くみえたのであろう。

ともあれ、三浦半島の中央部から北部の粗朶薪は横須賀湊に集められ、柴船によって直接に江戸に運ばれていたことは間違いない。

仁三郎の江戸行にもこの柴船に便乗することがあったことは別の項でもふれることになる。

また横須賀湊には柴船とは別に渡し船を営む者がいて、野島湊や神奈川宿などへ人や物を運ぶこともおこなわれていた。とり

図2-18　丘上から見た野島湊（復元）

表2-1　日記にみる持船（嘉永丸、順吉丸）の動向

年　月	事柄（日記文）
嘉永 3.10.11	江戸より嘉永丸帰り、船頭参り、文七に頼んだ五経到来
嘉永 4. 6.19	昨夜幸三郎嘉永丸にて江戸へ行
〃 12.21	嘉永丸御蔵米積入、出帆の祝い、明朝（12/22）早朝出帆
嘉永 5. 3.23	嘉永丸参り、江戸より荷物風呂敷包にて参り、三ヶ浦も荷物参り
〃 3.29	兄嘉永丸にて出府
〃 4. 6	嘉永丸参り、上り、4/11近所へ江戸みやげ（錦画、画２枚など）
〃 6. 5	兄嘉永丸にて出府
〃 6.14	早朝に嘉永丸とも兄帰る
〃 8.16	大浪立ち、鹿島へ船引上に行
嘉永 6. 1. 6	嘉永丸鹿島へ薪積に行
〃 2. 6	嘉永丸川ぞいに引き上げ、作事
〃 2. 9	夜に入船大工5人泊りに参り、助五郎も、嘉永丸徳蔵泊り
〃 2.10	浜の船造作場へ行　船の者替り参り
〃 2.22	浜の大工見に行、2/23浜船の作業場へ行、2/26浜の船大工場へ行
〃 3. 5	早朝に本家船おろしのよし、ぶり1本本家
〃 3.11	上人様出府のよしにて御出、これより本家舟にて三ヶ浦まで、夕方船大工5人舟頭とも勘定いたし
〃 3.17	嘉永丸出帆のよし徳蔵、栄吉、江戸買物に遣し
〃 4. 2	嘉永丸廻り、徳蔵参り、金２両２分受取、江戸買物代164文受取
〃 4.19	順吉丸出帆につき、兄も乗船にて出府、船頭徳蔵参り
〃 4.26	順吉丸廻り兄もお帰り、船頭に外の者も参り、木瓜(きゅうり)３本、シュロ手ぼうき土産
〃 5. 7	順吉丸参り、船頭参り
嘉永 7. 2.28	順吉丸の伝馬船流される（西風）
〃 6.19	順吉丸徳蔵へ真木渡し、6/22順吉丸出帆（送り状もたせ）
〃 7. 4	順吉丸徳蔵参り、品川駿河屋より真木受取に手紙参り
〃 10. 2	夕方順吉丸廻り、10/3順吉丸より瓦430枚、塩10俵受取
〃 10. 6	浦賀の者にて、順吉丸船頭替りの者参り
安政 2. 4.22	順吉丸にて父伊豆（湯河原）へ出帆
安政 3.10	10/2駿州柳津の者船見に参り、10/9順吉丸売却（30両）受取人は仁右衛門、仁三郎

わけ、横須賀村から金沢町屋村に至る陸路は坂が多くそのため野島まで海路を利用する人が多かった。

浅葉家の海運業

村の名主を務めた浅葉家は上層農家であったが嘉永年間に海運業にも着手していたことはすでに記した。それもあって、仁三郎を村の浜に分家させたこともの べた。大田和村には湊はなかったが、浜には小田和川が流れ、その川口は中小型の和船が停泊できる場所で、仁三郎の家はこの川口に近い所にあった。

日記によると、嘉永丸という浅葉家の持船が日記に現われるようになるのは嘉永三年（一八五〇）からで、恐らく、船名からしても嘉永二年（一八四九）のころ手に入れたのであろう。そのころの日記に船の建造にかかわる記事は全くないので、嘉永丸は新造船ではなく、中古船を購入した可能性が高い。

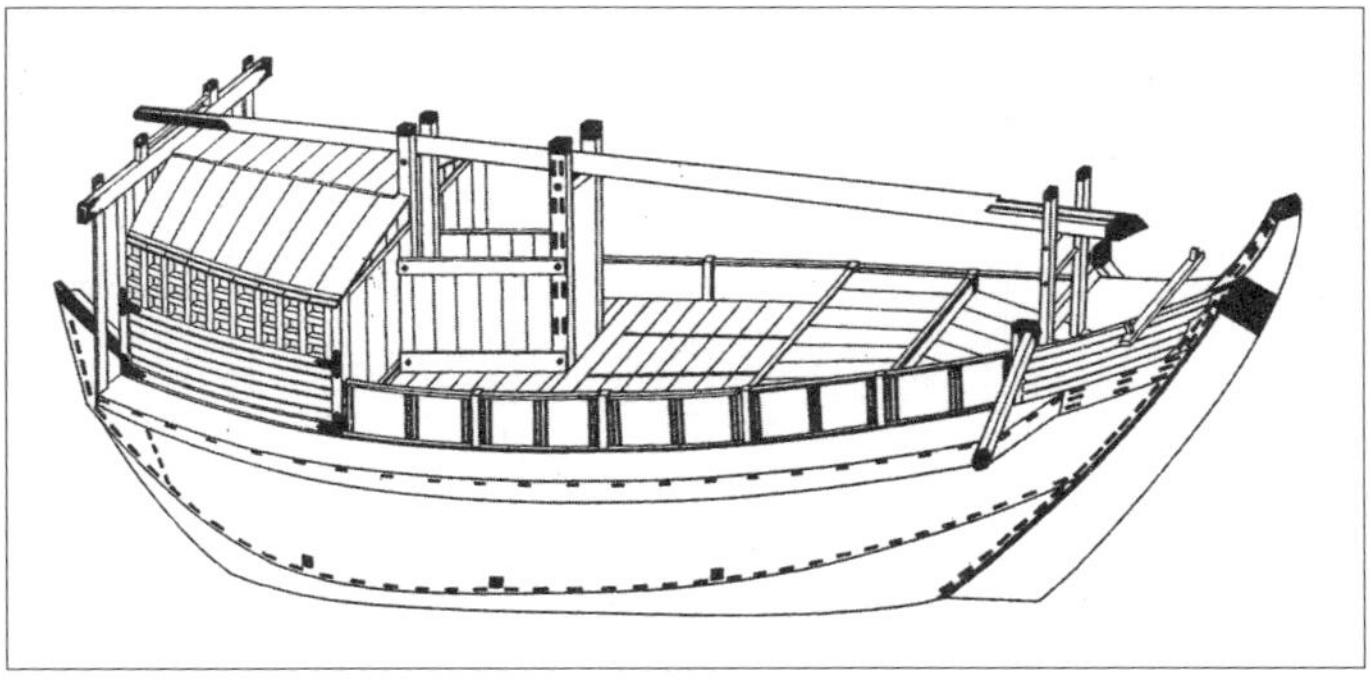

図２-19　五大力船

嘉永丸は荷船であったことは間違いないが、どんな船であったか詳しいことはわからない。しかし、売却の際の覚書が日記にあり、それにより、石船とも称し、売値が三〇両、伝馬船をもそなえていたことから、嘉永丸は中型の荷船であった五大力船《ごだいりきせん》とも呼ばれる帆船でなかったかと推察する。この種の船は千石船といった廻船よりも小型で船体が細長く吃水の浅い船型をしていたという。江戸時代、江戸を中心に関東地方沿岸から伊豆沿岸にかけて、五大力船は地廻り海運の中心勢力となっていた荷船であったようだ。

なお、三浦半島では明治後期ごろまで「渡海船《とかい》（東海船）」と呼ばれる小型の荷船が活躍していた。嘉永丸は五大力船や渡海船に準ずる船であったことも考えられる。

いずれにしても、農家である浅葉家と分家の浜浅葉家が嘉永丸の船主となって、徳蔵という海にあかるい船頭と二、三人の人夫を雇用して小さな海運業が営まれていた。

嘉永丸の航跡

日記によると、嘉永丸が主として舳先を向けたのは江戸であったといえる。その荷の一つは米俵であった。嘉永四年（一八五一）十二月二十一日の日記には「昼頃に嘉永丸廻り御蔵米積入」とあり、この日兄仁右衛門が立合って村の郷倉《ごうぐら》に一時収納した大田和村の年貢米を搬出して嘉永丸に積込み、江戸の蔵屋敷へ運んだことがわかる。

また、本家の浅葉家と共に仁三郎家の余剰米の一部は嘉永丸によって江戸日本橋の米問屋へ出荷された。浜浅葉家の嘉永五年（一八五二）ごろの売払米はおよそ五〇俵ぐらいとみなされるが、本家の売払米はその倍以上はあったと思われる。これらの米穀の江戸送りは毎年決まってなされる嘉永丸の任務であった。

米の他に嘉永丸の江戸への仕事は薪の運搬であった。嘉永六年（一八五三）一月六日の日記に鹿島の浜（長坂村）で嘉永丸に薪を積んだことが記されている。また、嘉永七年（一八五四）三月の日記にも二二〇束の樫や松の薪を船積した記録がある。

さらに嘉永四年（一八五一）六月十九日の日記に「昨夜幸三郎嘉永丸に乗江戸へ行」とある。幸三郎は仁三郎の弟で、前日の日記によると、十八日の八ツ時（午後二時ごろ）父と共に伊豆から帰ってきたばかりであった。恐らく伊豆から薪でも運んできて、それをさらに嘉永丸で江戸に運んだのであろう。身内とはいえ、幸三郎のためだけに嘉永丸を江戸へ出航させたとは考えられない。

しかし、嘉永五年（一八五二）三月二十九日の日記には「兄様嘉永丸にて出府」とあり、この年の六月五日にも兄は嘉永丸に乗り出府している。このころ兄は父の隠居にともない家督を継ぎ十三代目仁右衛門となっていた。この出府は公的なものだとすると、嘉永丸は村役人であった父や兄が公用で出府する折は出帆したのであろうか。その際は嘉永丸は江戸にしばらく碇泊し、帰路も父や兄を乗船させた。その折には反物、瀬戸物、盆、油、団扇《うちわ》、錦画などの江戸での買物品や土産が積込まれていた。

持船の改名と売却

ところで、嘉永丸はその船名を嘉永六年（一八五三）四月より順吉丸に改名したようだ。その大きな理由はさだかでないが、二月から約一ヶ月間を要して船の修理がなされ、それが改名のきっかけとなったことが考えられる。

嘉永丸は小田和川沿いの空地に曳き揚げられ、そこを作業場として五人の船大工が泊り込みで修理にあたり、その年の三月五日に船卸しをした。中古船であったので、嘉永丸は購入して数年の間に傷みが出てきたのであろう。

ともあれ、四月十九日の日記より、持船は順吉丸と日記に出てくるようになる。吉（めでたいこと）が次々にくることを願ったのであろうか。この順吉丸の初仕事は四月十九日に兄を江戸へ送ることであった。日記には「順吉丸出帆につき兄も乗船にて出府、船頭徳蔵参り」とあり、船頭は嘉永丸の時代と同じく徳蔵であった。

そして安政二年（一八五五）四月に順吉丸は六十六歳となった仁三郎の父を湯河原まで送った。もちろん湯治のためで、約一ヶ月の逗留で老体を癒した父は、体調がすぐれずその後大病となり、六月二十五日に他界した。

父の死後、日記には順吉丸の記事は極端に少なくなる。そして安政三年（一八五六）十月に順吉丸は駿州（静岡県）柳津《やないづ》湊の渡中惣吉に売却された。日記にはその覚書が次のように記録されている。

覚

一、石船壱艘
　船具、伝馬外に有来のままにて
代金三拾両也　内金壱両
右の通り慥《たしか》に受取申候　追て金子不残相済候節本書に引替相渡可申候以上

三浦郡大田和村　浅葉仁右衛門代
浅葉仁三郎

辰十月九日
駿州柳津湊
　渡中惣吉殿

右の受取書によると、順吉丸（嘉永丸）は石船とあり、伝馬船も付属していたことから、五大力船ぐらいの荷船であったに違いない。そして、受取人が本、分家の主人の名義となっていることから、船は両家の共有であったことは明確となる。

この両家の持船は約七、八年間のもので、先代の仁右衛門であった父の最晩年にあたる期間に活用されたものであった。恐らく、持船の購入を主導したのは仁三郎の父であったに違いない。

ところで、荷船の船主となっての海運業は両家に利益をもたらせ、その事業は成功したといえるのであろうか。日記の持船にかかわる記録から判断すると、海難事故もなく大きな損失はなかったものの、そう大きな利益をあげた事業とは考えられない。ただ持船は両家の海路の足として重宝されたことは間違いない。

五　おわりに（陸路は遠く、海路は近く）

その時代の旅のあり方は、その時代の道のあり方に密接することから、江戸時代の道路や交通事情をふりかえってみた。

江戸時代にはその以前と違って、現在でいえばハイウェイともいえる五街道が整備され、旅宿の設備も整い、より安全に旅ができるようになったが、それにしても、橋は少なく、駕籠《かご》や馬のほかは乗物もなかったのであるから、旅は依然として苦労するものであったといってもよいのであろう。

道路にしても、高速道路のように山を崩したり、トンネルを通して造成した道路ではなかったので、坂が多く、曲りくねった道で、路面もでこぼこで水がたまりやすい道が多く、石畳や砂利を敷いた道は少なかったようだ。最も整備された街道であった東海道さえ、箱根の山越えと、大井川の川越の難所があった。明治政府が初めて鉄道を敷設しようとした時に、まず考えたのは東海道よりも、むしろ中山道を幹線にしようとしたほどであったといわれる。

公用の主要道であった街道でさえ難所があったことからすれば、脇往還の状況は追って知るべしで、三浦往還の実状を垣間見た通りである。

このように陸路には不十分さがあったが、それを埋め合わせをするもう一つの道があった。それは海の道であった。

例えば、三浦往還にあって、横須賀から金沢間は坂が多く難所があった。そのため、横須賀湊と野島湊間には渡し船があった。仁三郎の江戸旅ではこの渡し船を利用することは度々であった。また、横須賀湊からの柴船は便乗したり、押送り船を使ったり、仁三郎の江戸旅では陸路ばかりのことは一度もなかったほどであった。

もっとも旅だけでなく、日常の移動に海の道は利用されていた。仁三郎宅は海辺に近く、藻刈り船を所持していたので、小坪浦まで船で肥取りに行ったり、佐島村へ船で魚買いに行ったり、鎌倉の光明寺の十夜に船で出向いたりしていた。三方を海に囲まれていた三浦半島では、江戸時代には想像する以上に海路が利用されていた。そういえば、安藤広重が三浦半島の沿岸を旅した折のスケッチをも収録している『広重武相名所旅絵日記』のなかで、小舟が浮ばない海の情景はない。また、スケッチのなかには、広重自身が船で海上に漕ぎだし、長者ヶ崎一帯を眺めた絵がある。

時移り、明治の文明開化の世となると、鉄道が発達した。それによって旅のあり方が大きく変わったことはいうまでもない。

明治五年（一八七二）に新橋―横浜間の鉄道が開通した。そして、明治二十二年（一八八九）には、新橋―神戸間の全線が開通し、同時に大船―横須賀間の横須賀線が開通した。その後、東北線や中央線なども開通し、全国で鉄道は急速な発展をとげる。かくして鉄道は主要都市や大きな寺社のある地や温泉地を連鎖した。

鉄道の発達は温泉地へも大きな影響を与えた。例えば、仁三郎が船で湯を運んできた熱海は鉄道が通じると、湯元の周辺に数十軒の宿があるだけであった湯治場が、都市型の温泉地へと変貌し、湯治場から歓楽地、観光地へと様変わりした。そして、長期逗留から短期の宿泊へと利用の仕方も変化していった。

さらに時は流れて、現在では飛行機による空の道が拓かれ、海外旅行が隆盛の時代となっている。観光を目的とした海外渡航者の増加はうなぎ登りで、年間の海外渡航者は二千万人にも達しようとしているといわれる。

かくして、交通の進歩によって旅行期間は短縮され、旅行の範囲は拡大し、旅のあり方も大きく変化した。江戸時代の伊勢参りには三、四十日以上も要したことなどは嘘のようでもある。

第三章　村を訪れる旅人たち

多かった流者《ながれもの》

五人組帳前書《まえがき》（条目）のなかには村々を訪れる人びとに対して次のような規範がある。

・行衛《ゆくえ》知らずの者には一夜の宿を貸し与えてはならない。
・もし、堂や神社、野山に隠棲する紛《まぎらわ》しき者がいたら、取り調べ、不審があったら捕えて置役所へ訴えること。
・往来の者が病気になった時は医者に見せ、いたわり看病せよ。

このような規範が、村の日常生活にかかわって、存在したことは、江戸時代には常々村々に入りくる流者や旅人が頻繁にあったことを意味するのであろう。そして、江戸時代後期になると、浪人、物貰い、門付《かどづけ》芸人、旅僧などが村々を訪れることが増々多くなり、なかには金銭や宿泊をねだったり、悪事を働く者もいて、村々が迷惑することも目立つようになったようだ。

そこで、三浦郡の村々の名主たちは安政四年（一八五七）に、預りの藩に取締りの強化を願い出、「郡中取締掟」が作成されたことがあった。その願書の下書が『相州三浦郡秋谷村（若命家）文書』のなかにみられる。

その内容はおおよそ次のようなものであった。三浦郡は街道筋とは違い、他所より通り抜けの往還筋ではなく、他所よりみだりに入り込める土地柄ではないが、近年、浪人共が徒党を結び横行するようになり、疑《いかが》わしい僧や、寺社への寄附を強要する聖《ひじり》、物貰いなどが村々に入り込み宿を乞うことが多くなった。これらの者のなかには、喜捨《きしゃ》を乞うばかりか、乱雑なものもいて村々一同は迷惑をしている。

そこで、右躰《てい》の者が村々へ立入らぬよう、お上様の御威光をもって取締りの強化をお願いしたい。ついては、三浦郡への入口にあたる小坪《こつぼ》村、久野谷《くのや》村、池子《いけご》村（二ヶ所）、浦郷《うらごう》村の五ヶ所へ番所を設けて番人を置、そこには別紙のような文言を示す郡境には板札を、村々には棒杭を立てることを許可いただきたい。

郡境の横板に認《したた》める文言の内容はおおよそ以下の通りのものであった。

一、当郡は御備場附の村々で、海防のお固所（陣屋）があるので他所から無用の者が入り込んではならない。
一、幕府が許可したもの以外の勧化は認めず、もし勝手に入ってきたら送り出す。
一、浪人、悪僧、ならず者、物貰いの宿泊要求やねだりには拒否し、役所に訴える。
一、門付、音曲、売婦体の遊興者の立入りは認めない。
一、無宿、遊民など怪しい様子の者が来たら役所に訴える。

以上の五か条のうち、村ごとの棒杭には三点を要約して掲示する。

このような内容の取締りの強化を三浦郡中の村々が藩預所役所に願い出た事実は、当時浪人、旅僧、人家の門口に立って、音曲を奏したり、芸能を演じたりして金品を貰い歩く旅芸人など、さまざまな人々が村々を訪れて、村人たちは迷惑していたことが十分にうかがわれる。その実態は、浜浅葉日記のなかでみることとする。その前に村々にはどこから、どのような旅人が訪れていたかを浜浅葉日記からみておこう。

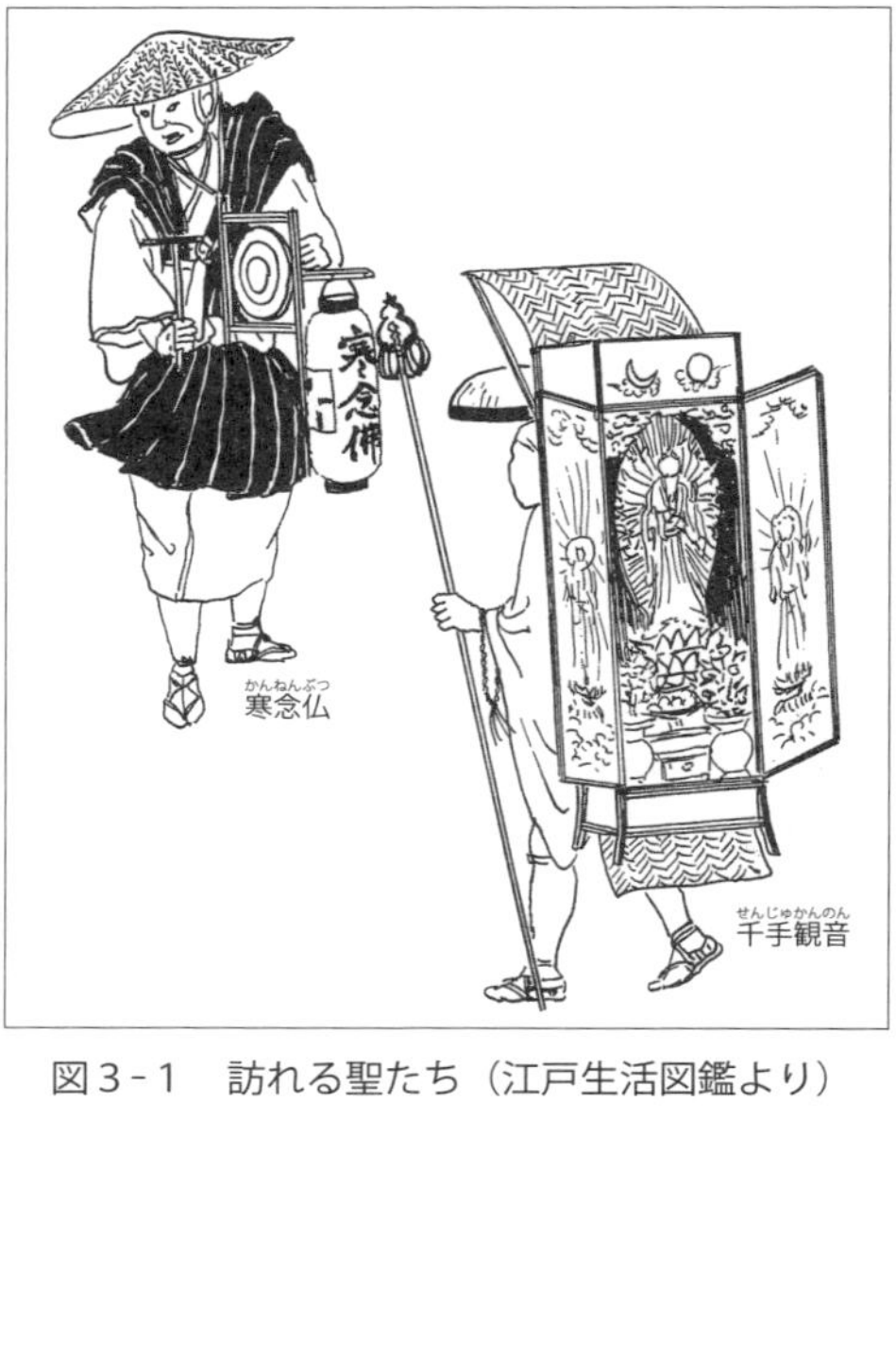

図3-1　訪れる聖たち（江戸生活図鑑より）

紀州の椀屋

天保十四年（一八四三）十月六日の日記に「膳一人代二〇〇文にて紀州の椀屋より買」とあり、この日仁三郎は膳《ぜん》を一個購入した。膳とは申すまでもなく食器をのせる盤台で、江戸時代の食事にはなくてはならない用具であった。日常では家族一人一人がそれぞれ一台ずつ用いたので、膳の名数は、日記では「人」としたのであろうか。もっとも、箸二本を一膳といい、椀に盛った飯を数えるのにも一膳という。こんなところに膳が使われているので、膳を数えるのに「人」を用いたのであろうか。

ともあれ、仁三郎は紀州の椀屋から膳を一人買い求めたが、その椀屋とは、陶磁器の食器である椀を売る行商ではなく、漆塗りの食器である椀、膳、折敷《おしき》（角盆）重箱などを売り歩く椀道具屋であったと思われる。つまり、木地屋《きじ》（挽《ひき》物などの材料の木地を轆轤《ろくろ》で荒挽きし、日用器物をつくる人）の製品を売る行商人を椀屋といったのであろう。

紀州は木の国で挽物の材料となる木地は豊富であった。木地屋も多かったのであろう。しかし、『守貞謾稿』の商売（生業上）には紀州の椀屋どころか、椀屋そのものが登場しない。紀州の椀屋の商圏は限られたものであったのか。

ところで、仁三郎が買い求めた膳は木地膳と称した丸膳であったのか、それとも指物膳ともいう四足膳であったのかわからないが、近々仁三郎の妻となるちせの膳であったに違いない。仁三郎は翌年（天保十五年）の秋に、兄嫁の妹であるちせを嫁に迎えた。

大森の金魚売り

金魚は室町時代に中国から日本へ渡ってきたとされる。その金魚が観賞用として庶民に普及したのは江戸時代になってからだとされる。江戸時代初期には、もっぱら大名や大商人などの金持の邸内の池で飼われてごく高価だった金魚が江戸の町内に普及し、江戸の町人らに迎えられるようになったのは江戸中期の元禄のあたりだったといわれている。

江戸時代後期になると、天秤棒《てんびんぼう》に金魚を入れた重ね桶を振り分け行商する金魚売りが、夏が近づくと町なかを「きんぎょおー」と独特の売り声で流し歩くようになったようだ。

その金魚売りが、夏の時期ではなく、中秋もとうに過ぎた秋に仁三郎の村にやってきたことが、弘化五年（一八四八）九月三日の日記にある。「大森より金魚売参り、鯉《こい》二六〇〇持参り、代料金三分と三〇〇文渡す、兄様仲間にて房が谷の関に入れる」と日記文はあり、大森の金魚売りが担ってきたのは金魚ではなく鯉であった。

江戸の初夏の風物詩の一つとなっていた金魚売りが、どさ廻りで、季節はずれの秋にやってきたのは江戸での商いが暇になったからであろう。といっても、江戸の市中とは違い三浦半島あたりの村々では観賞用の金魚がそう売れる訳がない。そんなことは百も承知の大森の金魚売りは食用となる鯉ももってきていたのであろう。

実は九月三日を遡る八日前の八月二十三日の彼岸の入の日、大森の金魚売りは浜浅葉家を訪れ、仁三郎は鯉七二匹を四五〇文で買っていた。この折、仁三郎は養殖のための二千四以上の鯉の発注をしたものと思われる。

仁三郎の村には溜池が八ヶ所もあり、渇水の時期にそなえていた。そのうちの房ヶ《ぼうが》谷堰《やぜき》は上堰と下堰の二つが並んで谷戸にあり、この溜池に鯉の稚魚を放った。この溜池を仁三郎と兄の共同の鯉の養殖場にしたのは、渇水期になって溜池の水を水田へ放水する時は、二つの溜池のうちの一つに鯉を移し、一方の溜池を干したものと思われる。

房ヶ谷堰に鯉の稚魚を入れてから四年後

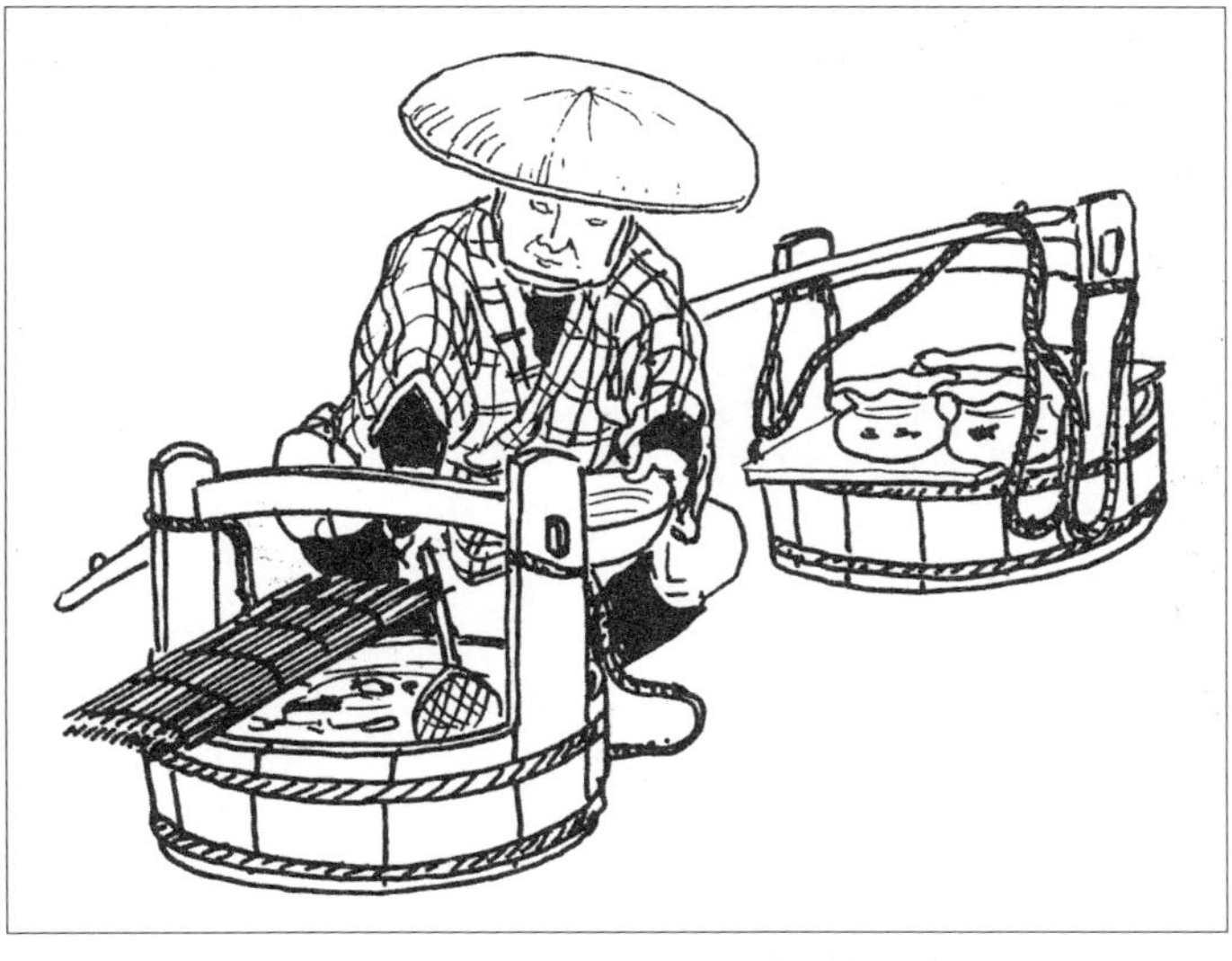

図３‐２　金魚売り（江戸生活図鑑より）

の嘉永四年（一八五一）七月二十二日の日記に、「房ヶ谷上堰干、鯉取に行」とあり、鯉は鰻《うなぎ》と共に、夏の土用の動物性蛋白質が摂取できる貴重な食材となった。

甲州・八王子の絹屋

浜浅葉家では綿を栽培し、収穫した綿からは糸取りして木綿織もしていたことは日記から確認できたが、養蚕をして繭《まゆ》から絹糸を取り、それを織った事実は認められなかった。つまり幕末の三浦半島の村人たちは、完全自給ではないが木綿の一部は自給していたが、絹は買い求めねばならなかったのだと思う。もっとも、江戸時代の庶民は木綿を着ることが日常のことで、絹織物をまとうことは贅沢なことだったようだ。

文化年間のころの記録と推定される『浦賀事跡考』によると、衣服に関して次のような記述がある。

「衣服も安永の頃までは子供など手織木綿に裾え野馬や宝尽し、背に大なる兎《うさぎ》、あるいは自分の紋を五寸七寸位につけ着候処、近年は八丈縞《はちじょうしま》又は縮緬《ちりめん》になり、綿布もいにしへと違い染もよろしく、青梅《おうめ》桟留、奢り候者は結城《ゆうき》木綿を着する。もっとも是は当所に限らず諸国とも増長せり」

八丈縞や縮緬は申すまでもなく絹織物で、浦賀の子どものなかには絹の着物をつける者もいたようだ。幕末に近くなると、三浦半島の農民たちも絹織物をまとい、時にはおしゃれをする人が徐々に多くなっていったのだろうか。

その絹織物を行商する甲州の絹屋や八王子の絹屋が、度々三浦半島の村々を訪れていたことは村々の衣服のくらしも豊かになりつつあった証《あかし》であろう。では、行商の甲州の絹屋からはどのような織物を買い求めたのか、日記から抜き書きすると次のような布であった。

浜浅葉家が買い求めた絹織物

茶縮緬　五尺五寸
縮緬半襟《えり》（襦袢《じゅばん》の襟の上に掛けるもの）
黒繻子《じゅす》袖一ツ
花色秩父　一疋（二反）
八丈　二尺五寸
紬《つむぎ》　一丈五尺五寸
紬縞《つむぎしま》　一反
黒八丈　四尺二寸
太織中形　一尺五寸

かゐき　九尺五寸

右の絹織物のなかで、甲州の特産とされたものは「かゐき」（甲斐絹《かひき》）であった。この絹織物は慶長（一五九六～一六一五）以前に舶来し、染色した生糸で織った平織の絹で、無地や縞《しま》などがあった。もともとは茶器の袋用に使われたが、後に羽織裏やこうもりがさの地に使われるようになったという。

また、「秩父」は秩父地方から織り出された絹織物で、質が粗く、裏地などに用いられた。「八丈」、「黒八丈」とは申すまでもなく八丈島から産する平織の絹織物のことで、島内に産する植物染料で黄や黒に染めた生糸を縞に織ったもので、黄八丈とか黒八丈とかいった。なお、八丈島だけでなく、各地に類似のものが生産され、これも八丈ということもあったようだ。

甲州の絹屋は一年間に三度も浜浅葉家を訪れることもあり、また一泊する時もあった。それは絹屋が仁三郎が懇意とする紺屋との取引きもあったからだと推察している。

江州（近江）の熊胆屋《ゆうたんや》

安政四年（一八五七）十二月二日の日記に「夜に入薬草売に参り」との記事がある。これだけの記録ではどこの薬売りか、どんな薬草を買ったのか全くわからない。漢方薬は大きくは生薬と方薬に分類される。生薬は自然界から得る植物や動物・鉱物を原料とするもので、方薬はそれらを処方によって調合した薬をいった。

薬草は申すまでもなく生薬で、日記でいう薬草売りは漢方薬を売る行商人であったと思われる。実は、仁三郎の日記に現われる漢方薬は何種類になるか調べたことがある。その結果、生薬は四二種、方薬は一二種であった。仁三郎が認知していた四二種に及ぶ生薬のうち三七種は植物を原料とする薬草が大部分を占める。

仁三郎はこれらの漢方薬の何種類かはわからないが常備薬として薬種屋から買ったり、薬の行商人から求めたりして日常から備えていたようだ。

文久二年（一八六二）十月六日、仁三郎家に江州（近江）より太郎兵衛という熊胆屋が訪れた。熊胆とは胆汁を含んだままの熊の胆のうを乾かしたもので、健胃薬として用いられた。仁三郎はこの熊胆屋から熊胆五分を二二匁で、さらに薬用人参一二匁を九匁で買い求めた。

ところで、江州の太郎兵衛は日記では熊胆屋といっているが、近江国蒲生《がもう》郡日野町の売薬行商人であったに違いない。日野は琵琶湖東岸の近江八幡と共に早くから、遠い地に蚊帳、椀、麻布などを行商した近江商人発祥の地であった。江戸時代となると、売薬の行商もおこなわれるようになり、日野椀と並んで、日野で製造された漢方薬の販売も盛んとなり利益をあげたといわれている。

また、日野は天正十八年（一五九〇）に会津六〇万石の大名となった蒲生氏郷の旧城下町でもあった。

このような行商売薬は江戸中期から後期にかけて盛んとなり、なかでも富山、日野、九州の田代などの売薬行商は配置網を設定し日本全国に薬を売り歩いていた。

文久三年（一八六三）十月十一日の日記に「信州薬屋太郎兵衛殿参り、本家兄薬買代料立替、三両、本家へ貸し、但し熊胆《くまのい》」とあり、信州の薬屋も訪れている。また、元治二年（一八六五）十月一日の日記に「会津薬屋、本家に泊り居り候」とあり、会津の薬売りも行商にきていた。

江戸板橋の種売り

『江戸の暮らし』（学研）という雑誌に折込で「幕末の江戸地図」という江戸を上空から眺めた鳥瞰図が収録されている。この地図を一見すると、吉原のすぐ裏は畑で、渋谷、原宿、新宿、大久保、板橋あたりは畑ばかりのところであったことがわかる。つまり、人口一〇〇万とされた江戸は緑の農地に囲まれた巨大都市であったことがわかる。もっとも、江戸の一〇〇万という人間が食べていくには、近距離に農地や、農村がなければならなかった。そして、江戸府内から排泄された大量の糞尿は肥料として田園地帯に供給され、江戸は町と村とが融合する田園都市であったといえる。不忍池からちょっと離れると畑があり、日本橋から一時《いっとき》（二時間）も歩くと蛍がみられるようなところが江戸であった。

江戸の野菜といえば、寒さに強く冬期に収穫できる菜として、江戸の小松川付近の名産とされる小松菜が知られている。また、江戸西北部の練馬大根もその名が今に残る野菜である。その練馬大根の種を売りにやってきた者がいた。

天保十四年（一八四三）八月八日の日記に「江戸板橋の者大根種売りに参り、二合買う、代料一六四文、ほかに二歳子大根、天王寺菜の種を買」とあり、板橋の者が大根の種売りに浜浅葉家を訪れたことがわかる。中山道の一番目の宿場であった板橋宿あたりは農地が多い練馬大根の生産地であった。当時の江戸の農地は日持ちしない小松菜などの軟弱野菜は街中に近い畑で栽培し、だんだん郊外に行くごとに日もちのする大根や芋などを栽培する多重構造になっていたようだ。

仁三郎は大根の種と天王寺菜の種を買い求めた。天王寺菜は大坂の天王寺を原産とする菜であったと思われる。天王寺は千枚漬にされる天王寺蕪《かぶら》の原産地でも知られた。仁三郎は計らずも、江戸時代の三大都市とされる江戸と大坂の原産野菜の種を求めたのであった。

書画骨董屋

裕福な農家であった浜浅葉家には書画や古道具などを売り歩く人びとが度々訪れていたことが日記でわかる。

安政六年（一八五九）九月二十四日の日記に「江戸の書画屋吉村参り、扇子に油到来」とある。稲の収穫が一息ついた時期であった。江戸からきた吉村という書画骨董屋が、扇子と髪油を手みやげに浜浅葉家にやってきた。貰い物をした義理もあってか、この折仁三郎は紫色のふくさ（服紗、帛紗）一つと箱入りの香合《こうごう》一つを買った。ふくさは絹布や縮緬などを表裏二枚合わせた方形のもので、進物の上に掛けたり包んだりするのに用いた。香合は香料を入れる容器で漆塗りや蒔絵のものがあった。二つの代金は合わせて三朱と一八六文であった。

その前年の安政五年（一八五八）六月十五日の暑い日、本家に鎌倉の仏屋利兵衛という古道具屋がやってきた。仁三郎も興味があったのか本家へ出向き品々を鑑定したようだ。日記には「祐天大僧正様御名号二幅、水晶四寸三分の玉一ツ、一覧いたし候、寔《まこと》に珍《めずらしき》舗品に候」とあり、これらの骨董には心は動いたようだが、高価であったからか、仁三郎が買い求めたのは舎利入と大坂城瓦針との由来がある火箸で、金二分を支払った。

その二年後の安政七年（一八六〇）八月に鎌倉の仏屋利兵衛が掛物をもって訪れたことが日記にある。実は、浜浅葉家の墓地は本家と共有で、そこに祐天大僧正の書になる名号をきざんだ立派な石塔がある。恐らく、その掛物は祐天上人の名号書を写したものと思われるので、本家か浜浅葉家かどちらかが仏屋利兵衛から買ったことは間違いないと思われる。

ところで、絵画は直接に画師（絵描き）が訪れ、宿泊滞在して絵を描き、その作品を売ることがあったようだ。弘化五年（一八四八）のころ、どこから来た画師か不明だが、西郭と名のる者が度々浜浅葉家や本家を訪れている。日記に画絹代一分二朱を支出した記録があるので、絹地に絵を描かせたのであろう。

また、嘉永四年（一八五一）ごろには月下園と称する画師が訪れたことが日記にある。唐紙一二枚を遺し、梅の絵を四幅依頼したことが記録されている。

なお現在でも、江戸時代に裕福であったと思われる旧家には江戸時代の絵画が所蔵されている場合が多い。これらの絵画や書は家々を訪れて商売する古道具屋や書画屋から求めたものであろう。

入れ歯師

日記によると、嘉永四年（一八五一）のころ入れ歯師治郎右衛門が三度訪れていた。だが日記では宿泊することもあったことは判明するが仕事のことなどの記録はない。

『歯の風俗誌』という書物によると、江戸時代には口、歯、唇舌の病気と咽喉の治療をおこなった口中医《こうちゅうい》はいたが、入れ歯は作らなかったとある。入れ歯は入れ歯渡世人がいて木彫製の入れ歯をつくったようだ。その入れ歯は現代の総入れ歯とは材質は違っても、口の中の粘膜と入れ歯が吸着することを利用したもので、原理的、機能的には現在のものとそう違いのないものであったとされる。その技術は仏師などの優れた木工技術の所産とされ、入れ歯師は口中医とは別系統の者であったようだ。

この入れ歯師の来訪した当時、仁三郎は三十六歳であったので、この時期に総入れ歯にしたとは考えられない。この入れ歯師とは下駄の歯入れであったのだろうか。しかし、下駄の歯入れはあくまでも「歯入れ」といい、それを業とする人もそういう。

ところで、日記には下駄の歯入れ業者は皆目登場しない。それもそのはず、当時の下足事情を考えれば、下駄の歯入れ業者が三浦半島の村々を訪れることはなかったと理解できる。

江戸市街の様子を描いた絵などをみると、草鞋《わらじ》や草履《ぞうり》、雪駄ばきの人が多く、下駄ばきは思ったよりも多くない。下駄はぜいたく品だったことがわかる。日記の買物覚のなかでも麻裏草履はあるが、下駄はごく少ない。さらに、下駄の歯入れを要する高下駄をもつ者などは、村でも限られた人だけであったに違いない。下駄の歯入れ業者が村へ、仁三郎の家へ訪れることはなかったと結論づけたい。

図3-3　下駄の歯入れ（復元）

太神楽《だいかぐら》と田植

　仁三郎が分家して三年ばかり経た雨期に入った天保十四年（一八四三）の五月であった。仁三郎は朔日に神仏に膳を供えて手を合わせ、この日を田植はじめにしたことが日記にある。当時、仁三郎はまだ独身であったし、分家したばかりである。分地贈与された水田の田植は本家の手助けがなければならなかった。五月三日には兄をはじめ本家の者どもが応援にきて、賑やかに田植がおこなわれたようだ。

　そして、この日には藤沢宿の太神楽の一座六人がやってきて、この連中への礼金であろうか八〇〇文を支出したことが日記に書き留められている。

　太神楽とは獅子の霊力によって悪魔払いや火伏せ、延命息災を祈祷する獅子神楽をいう。もともとは、伊勢や尾張から出たといわれ伊勢参りや代参の意味があったとされる。やがて、伊勢のお祓と称して諸国を巡

図３−４　太神楽（江戸生活図鑑より）

回する神楽組が各地に輩出した。藤沢宿にもその神楽組があったといわれている。

田植の時期に訪れた太神楽の一座は六人であったことから、獅子舞は一頭に二人が入る二人立ちで、他の四人は鉦と太鼓、笛などの囃方であったのであろうか。

田植は農事のなかでも集約的作業であることからか、大田植と称して互いに手伝い合って多勢でおこなう田植がどこの家でも一日はあったことが日記で判明する。地方によっては、大田植には田植踊や田植唄を田の神に棒げることもあったとされるが、日記からはそれらがなされたことはうかがわれない。恐らく田園で演じられた太神楽は田の神に奉納するものであったのであろう。

なお、太神楽では獅子舞だけが町の辻々で芸をおこなう大道芸を演じるものもあった。

人魚の見世物がやってきた

正月の十五日は小正月といって、前日の十四日には若餅を搗き、その餅を小枝につけた飾りを大黒柱に取りつけ、これを木綿花といった。今年も、かくの如く木綿の花が咲くようにとの祈願から小正月にはこのような祝い事をした。

その小正月も過ぎ、正月気分もやや薄らいできた安政五年（一八五八）一月十八日のことであった。浜浅葉家に見世物の人魚がやってきた。日記には、「江戸小伝馬丁大坂屋治兵衛代文七人魚持参り、尤《もっとも》大久保よりの手紙にて本家より姉、嘉十郎其外不残参り候、文七外に一人へ昼食出し」

とある。そして、「長井の者五六人参り、是も右の人魚見に参り候」、「大久保渋谷《しぶや》宗碩《そうせき》老御出、羊かん一棹到来、酒を出し、それより雑煮出し候」とある。

突然であったのか、前ぶれがあったのか日記では不明だが、人魚が江戸からやってきたことは間違いない。しかし、何のために、どんな人魚がやってきたのかは、日記からは皆目わからない。日記文からすると、本家の一家は大久保（長井村）の渋谷氏からの連絡（手紙）を得てこの人魚の見物にきているので、渋谷氏は人魚の来訪を前もって知っていたことは間違いない。

渋谷宗碩は長井村の漢方医で、江戸で本道（内科）の医術を学び、蘭学や漢詩に通じ、書画や奇物の収集家としても知られた人であった。また、彦根藩が三浦半島の警備を担当していた時代には上宮田陣屋詰の医師となるなど、藩との親交があった。そんな関係からか、渋谷宗碩は名主を務めていた本家浅葉氏のブレーン（頭脳）とされ、両者の親交は深かったことが日記

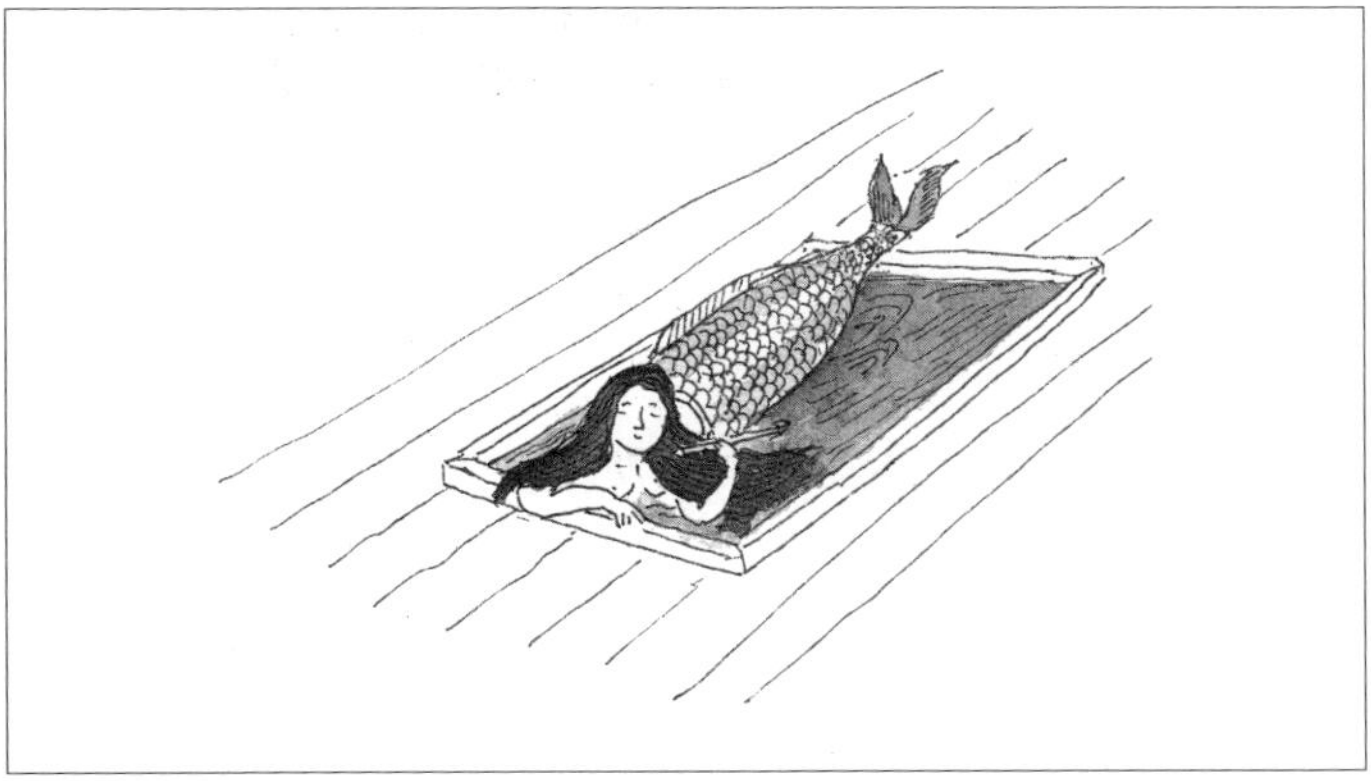

図３－５　人魚の見世物（「花紅葉二人鮫鱇」から復元）

からもうかがわれる。ともあれ、人魚の来訪は奇物の収集家でもあった渋谷宗碩が一枚噛んでいたように思われる。

ところで、見世物の人魚はどのような姿をしたものであったのだろうか。『人魚』（田辺悟著、法政大学出版局）によると、幕末期には江戸や各地の人口が集中する都市では人魚の見世物などがあり、その人魚の見世物には二種類があったとする。一つは生け捕りにしてきた「生きた人魚」を見せるもので、もう一つは「乾物の人魚」、「ミイラの人魚」を見せるものだったという。

同書には『花紅葉二人鮟鱇《あんこう》』という文化二年（一八〇五）刊の黄表紙本の水槽の中で泳ぎながら煙草を喫う人魚と見物客の絵が転載されている。人魚は半身は女人で半身は魚のかたちをした生きた人魚である。

一方、『名陽見聞図会』を引用した人魚の見世物の絵も転載されている。その絵の説明に、「人魚

図３-６　乾物の人魚（国立歴史民俗博物館で製作したものより復元）

は折々見せ物として出るという（中略）頭は猿の如く、尾の先いたって長く手も二本あり…」などとあり、この人魚は乾物やミイラの人魚のようである。

恐らく、江戸小伝馬町の文七らが浜浅葉家にもってきた人魚はミイラの人魚で『名陽見聞図会』に描かれたような正体不明な代物だったのではなかろうか。平成二十七年、国立歴史民俗博物館の、「大ニセモノ博覧会」の企画展で、上半身を死んだサル、下半身をサケでつくられた人魚が展示された。これらのミイラは幕末のころ日本からヨーロッパへ輸出されたという。

残念ながら日記には渋谷宗碩と長井村の者五、六人が人魚を見物にきたとの他、人魚の姿などについての記述はない。言葉や文字で表現できない摩訶《まか》不思議な姿の人魚だったのだろうか。

なお、このころの江戸からの人魚の見世物のどさ廻りなどは、安政二年（一八五五）の江戸大地震と翌年安政三年の大風によるあい次ぐ災害で江戸市街が大打撃をうけたことと関係があったことが考えられる。

猿廻し（馬やさる）と馬のり（曲馬）

文久三年（一八六三）十一月二十六日の日記に、「手前昼飯持山へ行、夕方に帰る、馬やさる参り候、出百文」とあり、この日、仁三郎は弁当もちで山仕事をした。冬の農閑期には馬や牛を連れて笹かりや枯木取りに山へ入ることが多かった。その留守に馬やさるが来訪したのであろう。

日記でいう「馬やさる」とはいわゆる猿に種々の芸をさせて金銭を貰い歩く猿廻しのことであろう。この猿廻しの本来の目的は牛馬の健康を祈る厩《うまや》祈祷をおこなうことにあったとされるので、「厩《うまや》猿」との呼び方のほうが、その本質をとらえている。もともと猿は馬屋を守る番に使われたようだ。

民俗学者柳田國男の「猿廻しの話」によると、猿廻し（猿引）のおおもとは近江の小野氏におこり、小野氏が下野に移って今日の猿廻しの元祖になったと思われるとのべている。

一方、民俗学者の千葉徳爾《ちばとくじ》は猿廻しには『猿屋伝書』という伝書があり、それによると猿引の祖が小山氏で蒼《そう》前《ぜん》神を奉ずるということを伝えていると指摘している。

その元祖はともあれ、その昔は馬が病気にかかると猿廻しがきて祈祷をしたようだ。柳田の説によると、徳川家康が江戸に入ったころは、武蔵野には猿引きをする家がなかったので、馬の病気に際して困ったという。そこ

図3-7　猿廻し（復元）

で、上総の瀧口長太夫という者がやってきて浅草に住まい、度々将軍家に上って馬の病気をなおしたという話があるという。

ところで、かつて三浦半島の村々の牛馬持の農家では蒼前様という神が、戸口に近い座敷の長押《なげし》(柱と柱とを繫ぐ水平材)の隅の棚に祀られていた。この蒼前神は東北から関東、中部地方にかけて祀られている馬の神であった。浜浅葉家には牛馬一頭ずつがいたので、この蒼前神が祀られていたことは間違いない。恐らく、猿廻しはこの蒼前神が祀られる座敷の間で猿がご幣をもって舞ったのではなかろうか。また、蒼前神はこれらの猿廻しがひろめたことも考えられる。

日本では、馬の恐れる河童《かっぱ》を猿が取り押さえるという伝説(河童駒引)もあり、猿が馬を護ってくれるという信仰が古くからあったとされる。しかし、猿を厩《うまや》につないで病気などから護ってもらうことは誰でもができることではない。そんなことから、いつのころからか各地を巡る猿廻しが、この役目を引き受け、余興に猿芸をするようになったともいわれる。

なお、幕末に江戸には一二軒ほどの猿廻し集団があり、江戸をはじめ各地を廻っていたといわれる。浜浅葉家に訪れた猿廻しもそのなかの一座であったのであろうか。

さて、ここで猿廻しの話のついでに江戸から訪れたと思われる曲馬の一座についてもふれておこう。

嘉永六年(一八五三)の一月十五日の日記に、「おちせ、利八、女ども、まさ、長坂へ馬乗り見に行」とあり、この日、長坂村で興行された馬乗りに女衆が出かけたことがわかる。馬乗りとは曲馬のことで、馬に乗って走らせながら色々な曲芸をしたり、馬に曲芸させる見世物であったと思われる。

日記によると正月は人魚の見世物がきたり、角兵衛獅子（弘化四年（一八四七）一月二十六日）が訪れたり、旅芸人がどさ廻りする月でもあったようだ。

ところで、日本の曲馬は室町時代に中国から猨騎《えんぎ》を取入れた散楽（軽業、奇術、物真似に音楽を伴奏したもの）が伝来し、武芸の余興としておこなわれたものが初めであると『碧い目の見た日本の馬』（坂内誠一著）にある。そして、江戸時代には大坂や江戸には女曲馬を見世物とする曲馬一座があり評判を呼んでいたという。

長坂村でおこなわれた馬乗りの見世物には浜浅葉家の女衆がこぞって行っているこ

図3-8　馬のり（曲馬の見世物）（復元）

とからも、女曲馬であったと思われる。

寄宿した旅人たち

裕福な上層農家であった浜浅葉家やその本家には寄宿する旅人などがあったことが日記からもわかる。それらは行商人であったり、絵描きや出職人であったり、行者であったりしたが、なかには逗留が少々ながくなる者もいた。

文久四年（一八六四）二月、どさ廻りの「万歳楽」が訪れるころであった。日記にいう万歳楽とは、門付けの三河万歳のことであろう。万蔵と才蔵の二人一組が鼓を打ってめでたい言葉をとなえて家々を廻った。

こんな万歳師の姿がみられた二月の中旬に、浅葉家の本家には三人もの寄宿人がいたようだ。その一人は日記に「柳田養春先生」とする江戸からの医術の心得

図3-9　三河国（愛知県）から巡回して来る三河万歳《みかわまんざい》（江戸生活図鑑より）

のある人であった。ただ、本当の医者であったのかどうかたしかではない。もう一人は「小田原行者」とか「義翁行者」と呼ばれる修行者であった。この行者は恐らく小田原に住む修験者であったと思われる。江戸時代には各地に村人の依頼にこたえて加持祈祷したり、神職まがいの神事などする山伏とも呼ばれた修験者がいた。この行者は度々浅葉家の本家や分家の浜浅葉家に寄宿しては加持祈祷などをしていた。安政二年（一八五五）に仁三郎の父が死去した折には、四十九日の法事のあとに、行者は放生会《ほうじょうえ》や忌あけ祓いなどの祈祷をおこなっている。

以上の二人の寄宿人は、両家に馴染の者であったが、三人目の寄宿人は新参の来訪者で日記によると「平三位有文卿」と称する公卿《くぎょう》であった。

公卿といえば朝廷に仕える貴人で、尋常の人でない。御一新への胎動が始まっていた幕末のこの時期には諸国を遊歴する貧乏公卿がいたのであろうか。それとも名ばかりの偽《にせ》の公家であったのだろうか。

この有文卿が日記に突然現われたのは文久四年（一八六四）の二月十三日、春の彼岸の中日であった。夜に本家から使いがきて仁三郎は本家に宿泊していた有文卿に面会し、八幡宮勅額、勅筆、稲荷宮の官位などの書を拝見した。勅額とは天皇直筆の額である。また勅筆とは天皇の筆跡のことである。このような物をもたらしていることから、有文卿は偶然に訪れたのではなく、誰かを通して浅葉家本家の要請に応じて京都から下向したものなのであろうか。

実は当時大田和村の鎮守である八幡宮の社殿が修復工事中で、四月にはめでたく落成して遷宮の祭礼が挙行されるはこびになっていた。この期に、本家の仁右衛門と分家の仁三郎は村の鎮守である八幡宮へ献額を奉納しようと考えていたと思われる。

さて、ここからはまったくの想像だが、献額の執筆者を求めていることを知った小田原の行者は虚名であるかも知れないが、権威のある貧乏公卿を本家に連れてきたのではなかろうかと推察する。

そう思ったのは、その年の二月十五日には有文卿と小田原の行者の両名は浜浅葉家に、勅筆二枚、和宮様御筆一枚、そして稲荷様の官位を持参している。そして、二月二十三日の稲荷講の日には、行者が浜浅葉家に招かれ「小田和白髭正一位浅葉稲荷大明神」と称す官位を得た稲荷様の祭りがおこなわれた。さらに、四月二日に有文卿は

図３-10　被風（復元）

本家から旅立つが、小田原の行者も同道している。

さらに想像を重ねると、本家の仁右衛門も分家の仁三郎も有文卿が持参した勅額や勅筆などは偽物であることを百も承知でそれなりに対応したのではなかろうか。それよりも、世間にあかるい貧乏公卿から少しでも情報や技術、知識を得ようと宿の世話までしたのではなかろうか。

実は日記によると、三月二十八日、有文卿は本家より「むらさきごろふのひふ仕立」を頼まれ、三月二十九日の日記に、「有文卿夕方にひふ出来上る、お帰り」とある。

「むらさきごろふのひふ」とは紺色の荒い粗末な毛織物であるゴロフクレン製の被風（被布）、すなわち江戸末期より剃髪の茶人や俳人などが着用したコートのことであろう。

恐らく有文卿はこの「ひふ」を着用してきたのであろう。本家の仁右衛門はその姿に憧憬を感じ、一宿一飯の見返りに「ひふ」という外出着を所望したのであろう。それにしても、有文卿なる人物は「ひふ」を仕立てることのできる器用な者で、ひょっとすると、こちらの方が本職であったかも知れない。

幕末には、このような本性が知れない者が村々に入り込んでいたようだ。

去来した遊行者たち

江戸時代に三浦半島の村々からも、その例は少ないが諸国を遊行するために旅立って行った人びとがいたことは、今に残される六十六部の供養塔がそれを如実に実証する。これについてはすでに別項でのべた。

また、当然のことながら、諸国の六十六部たちも三浦半島の村々にも訪れたことは、それらの行者たちにまつわる供養塔があることなどからあきらかである。

その一例をあげておこう。横須賀市秋谷の「子産石」というバス停の近くに子産石地蔵と呼ばれる異形の子産石を祀る所がある。その近くには「奉納大乗妙典六十六部日本近国」とある宝歴四年（一七五四）の供養塔がある。この塔は定覚智回法尼という回国遊行者のために、地元の人たちが建立したもので、土地の人びとは智回さまと呼び、子産石地蔵はその尼さんに因むものだとされる。伝えによると、この尼さんはこの地で即身成仏したという。

ところで、日記でも、作州（美作《みまさか》、岡山県）の遊行者や、羽州（出羽）秋田の神道人が浜浅葉家に来訪したり、遠国の人びとが去来したことがわかる。また、徳本上人の高弟が来訪し通行したとのことで、高札場まで出向き、ご十念をいただいたり、仙台から来訪したまな板不動の出開帳に近くの寺へ参拝に行ったりしている。当時の村人たちは回国行者や遊行僧などには崇敬の念をもって接していたことが日記からもうかがえる。

なお、遊行とは僧や尼が修行や説法のため諸国をめぐり歩くことをいった。この遊行を宗旨とする一遍上人は時宗を開き、その本山の遊行寺（清浄光寺）が藤沢にある。

嘉永五年（一八五二）七月九日の日記には、遊行寺の遊行上人の巡行回向があり、その途次に浜浅葉家に僧一九人、供二〇人、馬二〇疋、人足と一〇人の巡行団が小休のため訪れたことが記録されている。仁三郎は全員に葛湯を出し、上人様には金玉糖（夏の涼味菓子。寒天と砂糖、香料を混ぜて煮つめ、ざらめをまぶした透明体のもの）とねり羊かんを献上し、回向料として、上人へ金一両、弟子方へ金二分をさし出し、御名号、守護御名号、扇子二本、さらさ大風呂敷一ツ、御詠草一枚を頂戴した。

遊行上人の巡行はいわば組織的な一寺ぐるみの遊行であった。これらの巡行に対しても村人たちは宗派に関係なく、近年流行語となった「おもてなし」の心で接したようだ。また村々の名主は肩衣（裃《かみしも》）と袴《はかま》を着用して礼をつくして案内役を務めたようだ。

江戸の青山善光寺の巡行開帳の記録も日記にある。青山善光寺とは現在の東京都港区北青山三丁目の南命山善光寺と思われる。『新版江戸名所図会』によると、この寺について、「信州善光寺本願上人の宿院にして、浄土宗尼寺なり、（略）」とあり、信州善光寺本願に直結する江戸の出先ともいえる寺であった。

春の彼岸もおわり、田ごしらえが始まる安政三年（一八五六）二月十九日、芦名村の名主ら七、八人に送られて、青山善光寺様が年寄一人を伴って浜浅葉家を訪れ宿泊した。これは信州の善光寺如来の分身如来を本尊とする青山善光寺の巡行開帳であったのであろう。恐らく青山善光寺の僧が分身如来（回国如来）とする善光寺式阿弥陀三尊の画像をたずさえて村々を巡行したのであろう。

浜浅葉家はその巡行の大田和村の宿となったわけだが翌日には、その善光寺様へお参りにきた人がおよそ一〇〇人、二日目は一五〇人もきたと日記に書かれている。恐らく善光寺の如来画像は縁側ごしに座敷の間に祀られ、庭からもお参りできるようにしたのであろう。日記には賽銭が銭二貫八〇九文になったと記録されている。

近世の遊行者は六十六部回国遊行者のような仏教系だけでなく、配札や家祈祷を名目として回国遊行する御師や願人などの神道系の遊行者も含まれたようだ。そして、厄介だったのはこれらの宗教的遊行者に混って偽物の遊行者がいたことだとされるが、日記からはその事例をさがし出すことはできなかった。

第四章　盛夏の旅・大山詣でと富士登拝

一一五回の大山詣で

江戸時代の大山

現在、丹沢大山国定公園となっている大山（標高一二五一・七メートル）へ行くのには山麓の伊勢原まで電車で行き、バスとケーブルカーで中腹まで登って頂上へ行くのが一般的で、三浦半島からは日帰りできる。

この大山には阿夫利神社が祀られていて、山頂には上社（本殿）、中腹には下社（拝殿）がある。そして下社から女坂の方に下った所に雨降山大山寺（真言宗大覚寺派）がある。この本尊は不動明王である。

ところが、神仏分離以前の江戸時代は現在とは少々違った。現在の阿夫利神社上社のある山頂には石尊社が祀られ、下社のある中腹には大山寺不動堂があり、この二つが大山信仰の中心となっていた。つまり神仏混合であった。

そして、山頂の石尊社へは自由に参拝することは許されず、石尊社の例祭である六月二十七日より七月十七日までの二十日間だけ登拝することができた。なお、不動堂までは誰でも自由に参拝できたが、女人の山頂登拝は禁制されていた。

ともあれ、石尊社と不動堂から成る大山寺は修験道《しゅげんどう》の道場でもあった。修験道とは山岳信仰に仏教の密教的要素が習合して成立した信仰で、山岳に登拝修行することにより験力を獲得する道をいい、験力を得たものを修験者といった。修験者は密教的験術である呪《まじな》いなどを修練した宗教者として社会に迎えられていた。大山にもこのような修験者が多くいた。

ところが、慶長十年（一六〇五）に徳川家康は北条氏が保護していた大山の修験者らに下山を命じ、大山寺を聖僧の地と宣言した。それによって修験者たちは下山を余儀なくされた。これらの修験者のなかには大山を出て村々に移り、独自に加持祈祷《かじきとう》をおこないながら生計を立てる者もいた。また、修験者の道場を宿坊として経営したり、大山詣での集客や案内に専念する者もいた。つまり、修験者の世過ぎとして講中宿ができ、御師《おし》が誕生したのである。江戸時代後期には、これらの御師の活躍もあって大山詣では盛んとなり、大山の麗には一六六軒の宿坊があり、参拝者をもてなした。

ところで、日記によると、この大山に仁三郎は生涯に一五回も登拝したことがわかる。最初の登拝は天保十四年（一八四三）の七月で、最後は明治六年（一八七三）の閏六月で、日記上では三十年間に一五回の登拝となり、二年に一度の参詣となる。しかし、日記には欠落したものもあるし、日記上に記録されない場合もあることを考慮すると、実際には仁三郎の登拝回数はこれを上廻ることは間違いない。

このような仁三郎の一五回以上にも及ぶ大山詣でを持続させたのはどのようなことからであった

表４－１　日記にみる仁三郎の大山詣で

年月日（期間）	宿泊地	同伴者	経路、その他
天保14.7.7～8（1泊2日）	宿坊	伝蔵（大野屋まで）	三ヶ浦を早朝に出立、経路記事なし、夜に参詣し、宿坊に泊る。8日、夕方に三ヶ浦着、仁三郎29歳、結婚直前
天保15.7.5～8（3泊4日）	宿坊（5日）藤沢（6日）三ヶ浦（7日）	幸三郎、金治郎、福蔵	早朝出立、宿坊に泊る、6日真田廻りで藤沢宿泊り、7日三ヶ浦泊り、8日早朝に帰宅
弘化2.7.16～17（1泊2日）	宿坊（16日）	幸三郎	早朝出立、郷左衛門の馬雇い藤沢まで行、17日大山出立、夕に帰宅
弘化4.1.26～28（2泊3日）	長谷の三橋（26日）宿坊（27日）	金治郎	船にて三ヶ浦、長谷の三橋泊、27日長谷出立大山へ参詣、宿坊泊（三ヶ浦清浄寺同宿）、ごま料料金100疋、坊入1分2朱の記事あり
弘化5.7.7～9（2泊3日）	子易の海老屋（7日）三ヶ浦（8日）	本家の兄	飯島まで船（八五郎供）子安の海老屋泊り、8日に真田廻り、三ヶ浦泊、9日に帰宅
嘉永4.7.2（1泊2日）	宿坊	十郎右衛門悴	早朝出立、馬にて藤沢まで、夕方に石尊参詣、宿坊泊、3日夕方に帰り
嘉永5.7.1～2（1泊2日）	宿坊	金治郎	早朝出立、豊田廻り大山へ、宿坊泊り、2日石尊参詣、3日大山早朝出立、帰宅
嘉永6.7.8～9（1泊2日）	宿坊	金治郎、万吉	早朝出立、夜明けに三ヶ浦着、船にて坂の下まで、七ツ時（午後4時）大山着、石尊へ参詣、宿坊泊、9日早朝出立、豊田へ、平塚新宿、四ツ谷で昼食、三ヶ浦休、帰宅
嘉永7.7.1～3（2泊3日）	宿坊、藤沢（つた屋）	伊の助、助七、六兵衛	早朝出立、三ヶ浦へ寄る、（馬入通り豊田へ、伊勢原へ出、大山宿坊泊、2日昼ごろ宿坊を出、藤沢つた屋泊、3日三ヶ浦小休、帰宅
安政4.7.5～7（2泊3日）	宿坊、藤沢（つた屋）	兄、助七	5日三ヶ浦、鎌倉光明寺（無尽）宿坊泊り、6日早朝に石尊参詣、九ツ時宿坊下り藤沢つた屋泊、7日藤沢にて田安、たばこ屋へ
安政5.9.24～26（2泊3日）	宿坊、藤沢（つた屋）		三ヶ浦で小休、船で坂の下長谷観音へ参り、四ツ谷で昼食、馬入通平塚船宿より伊勢原へ、宿坊泊り、25日大山参詣、一の沢、厚木宿へ出、藤沢泊り、26日鎌倉八幡へ参り、三ヶ浦で昼食、馬にて帰り
安政6.7.2～3（1泊2日）	宿坊	助七	早朝三ヶ浦小休、飯島まで船、一の宮で昼食、宿坊泊り、3日四ツ谷で昼食、遊行寺、長谷へ寄り、飯島より船で三ヶ浦、秋谷経由帰宅
安政7.6.26～7.4（8泊9日）	宿坊	助七	寅の刻（午前4時）三ヶ浦へ船で坂の下、四ツ谷で昼食、田村までかご、宿坊泊り、27日石尊へ参詣のあとミノケへ出矢倉沢往還を通り富士山へ
慶応2.7.16（2泊3日）	宿坊、三ヶ浦		早朝三ヶ浦へ盆句、宿坊泊り、17日不動、石尊へ参り、四ツ時に御師へ帰り、出立、藤沢で買物、飯島より船で三ヶ浦へ泊り
明治6. 閏6.15（2泊3日）	藤沢、三ヶ浦	十吉	日記に大山参詣の入用覚書あり、それによると、人力車を用いた

のか、大山詣での小さな旅の実態から考えてみたい。なお、大山詣でに対し、仁三郎の富士登拝は三十年の間でわずか一度のみで、それも大山への途次に足をのばしたという感がする。それは何故であったかについても追求できたらと思う。

片道一三里の身近な霊山

葉山町の御用邸の真向いの丘陵は三ヶ岡山といい、その麓に森山神社が祀られている。この神社は古くは山上にあり、大山を開いた良弁《ろうべん》が勧請したと伝えられている。また、この神社の伝統行事である世計《よばかり》神事は大山阿夫利神社でおこなわれる筒粥《つつがゆ》神事を踏襲したものとも思われる。

もちろん、三ヶ岡の山上からは秋から冬にかけて、富士山と共に大山の山容はくっきりと眺望できる。恐らく、仁三郎の家からもその山容はみることができたに違いない。その大山への参詣が度々であったのは何故であったのか。

その理由の一つとして、大山が最も近い霊山であったことが考えられる。たしかに、仁三郎にとって大山は富士山と共に日ごろ山容を自身の視覚に納めることができる霊山であった。そして地理的にも大山は富士山より近い山であった。

しかし、仁三郎の感覚では大山は本当に近い霊山となっていたか、また、当時の一般農民にとって大山は近い霊山と思われていたかは疑問となる。

現在では三浦半島からの大山詣では日帰りが可能であるが、江戸時代には不可能であったことは仁三郎の大山詣でで確認できることである。

仁三郎の大山登拝では、富士山登拝を続いておこなった安政七年（一八六〇）の大山詣でを除くと、一泊二日の場合が七回、二泊三日の場合が七回となり、三泊四日が一度あった。

仁三郎の日記に記録される最初の大山登拝は天保十四年（一八四三）の七月七日からのもので、仁三郎が二十九歳で結婚する直前の折であった。結婚の相手は三ヶ浦（堀内村）の兄嫁の妹ちせであったが、出発地は妻となるちせの三ヶ浦の実家で、帰着も同家であった。日記には早朝に三ヶ浦を出発し、藤沢宿の大野屋まで伝蔵が同道したとあるので、藤沢宿まで馬で送ってもらったのであろう。経路は詳しく記されることなく、その日の夜に石尊に参詣し宿坊に泊ったとあり、一泊二日の小さな旅であった。この一泊二日の大山詣では妻の実家である三ヶ浦を起点としたこと、馬を用いたことに留意しておこう。

弘化二年（一八四五）七月十六日の大山詣でも一泊二日の旅であった。早朝に出発し、藤沢まで雇い馬を使った。嘉永四年（一八五一）七月二日の一泊二日の大山詣でも藤沢まで馬であった。安政六年（一八五九）七月二日の一泊二日の大山詣では馬は用いないが、三ヶ浦から飯島（鎌倉の材木座）まで船であった。

ここで気づくのは、一泊二日の大山詣ででは早朝に出発し、馬を藤沢宿あたりまで用いていることである。

申すまでもなく、大山詣では夏の旅であった。炎暑の日中に歩き続けることは大変なことであった。そのエネルギーを温存するため途中まで馬を利用したと思われる。また、早朝の出発も夏の旅の知恵であったといえよう。なお早朝とは午前三時から四時ごろであったと理解したい。例えば嘉永六年（一八五三）七月八日の大山行では早朝に出立したとあり、夜明けに三ヶ浦（堀内村）に着いたとある。また、寅の刻（午前四時ごろ）の出立の記録がある。いずれにしても暗いうちに出発したのであろう。

ともあれ、三浦半島の西岸の村からの一泊二日の酷暑のなかの旅を可能にしたのは、早朝出発と馬の利用があったからともいえる。それは一泊二日の大山詣での一三里の旅は身体的には想像以上に厳しいものであったことを意味する。

それゆえに、仁三郎の大山詣では二泊三日の場合が多かったのであろう。二泊三日の場合は宿坊のほか途中の藤沢宿に一泊したり、妻の実家である堀内村（現在の葉山町）の三ヶ浦に宿泊した。また鎌倉（長谷）に泊ることもあった。

二泊三日の大山詣でにあっても、酷暑のなかの旅であったことには変りはない。その旅の苦しみを少しでもやわらげるため船や駕籠《かご》を用いることがあった。

弘化五年（一八四八）七月七日の大山行では仁三郎は兄と共に小坪村の飯島（鎌倉の材木座近くの船溜り）まで船であった。また、仁三郎は妻の実家である三ヶ浦へ寄り、坂の下まで船で送ってもらうことが度々であったようだ。また、駕籠を利用することもあった。安政七年（一八六〇）の大山・富士山行では四ツ谷（藤沢市羽鳥一丁目）から田村まで駕籠であった。

なお、日記上では最晩年となる明治六年（一八七三）の大山行では、仁三郎は四ツ谷より田村まで人力車を用いたことが日記の入用覚書でわかる。当時人力車の料金は一人一朱の相場であったことがわかっているが、覚書の人力車の入用は二朱とある。約二里の旅程に人力車を使ったことになる。

以上、仁三郎の大山への小さな旅では徒歩だけではなく、馬や船、駕籠の輸送手段を用いていることから、現代人が想像する以上に大山は近くて遠いものであったと仮定をしておきたい。もし、乗物を全く用いず、自らの足のみの大山行であったなら、仁三郎は大山をより遠い霊山と感じたに違いない。そして、大山の距離感を長大ならしめたのは盛夏の暑さであったことは間違いなかろう。

なお、大山の登拝期間は旧暦六月二十七日から七月十七日の二十日間で四つに期間が分かれ、六月二十七から月末までが初山、七月一日から七日までを七日山、八日から二十一日までを間の山、十三日から十七日までが盆山と呼ばれていた。仁三郎は七月に登拝することが多かったようだ。

仁三郎の大山道

幕末の三浦半島の一般農民からすれば大山は近くて意外と遠い山であったという仮説をもう少し検証してみよう。

世に大山道といわれる道があるという。いや、あったというべきか。それは『近世神奈川の研究』（村上直編）所収の「近世神奈川の交通」（山本光正）によれば六筋あったという。

(1)県央をやや斜め東西に横切る道。江戸から多摩川の二子の渡しを渡って、溝口―長津田―下鶴間―厚木―伊勢原―大山へ至るもの

(2)六本松通大山道、小田原方面から大山へ至る道。曽我別所―田中―大竹―寺山―簑毛―大山

(3)波多野道、東海道の大磯宿と小田原宿中間の二の宮から北へ上り、六本松通大山道に合流

(4)羽根尾通大山道、国府津東方の前川

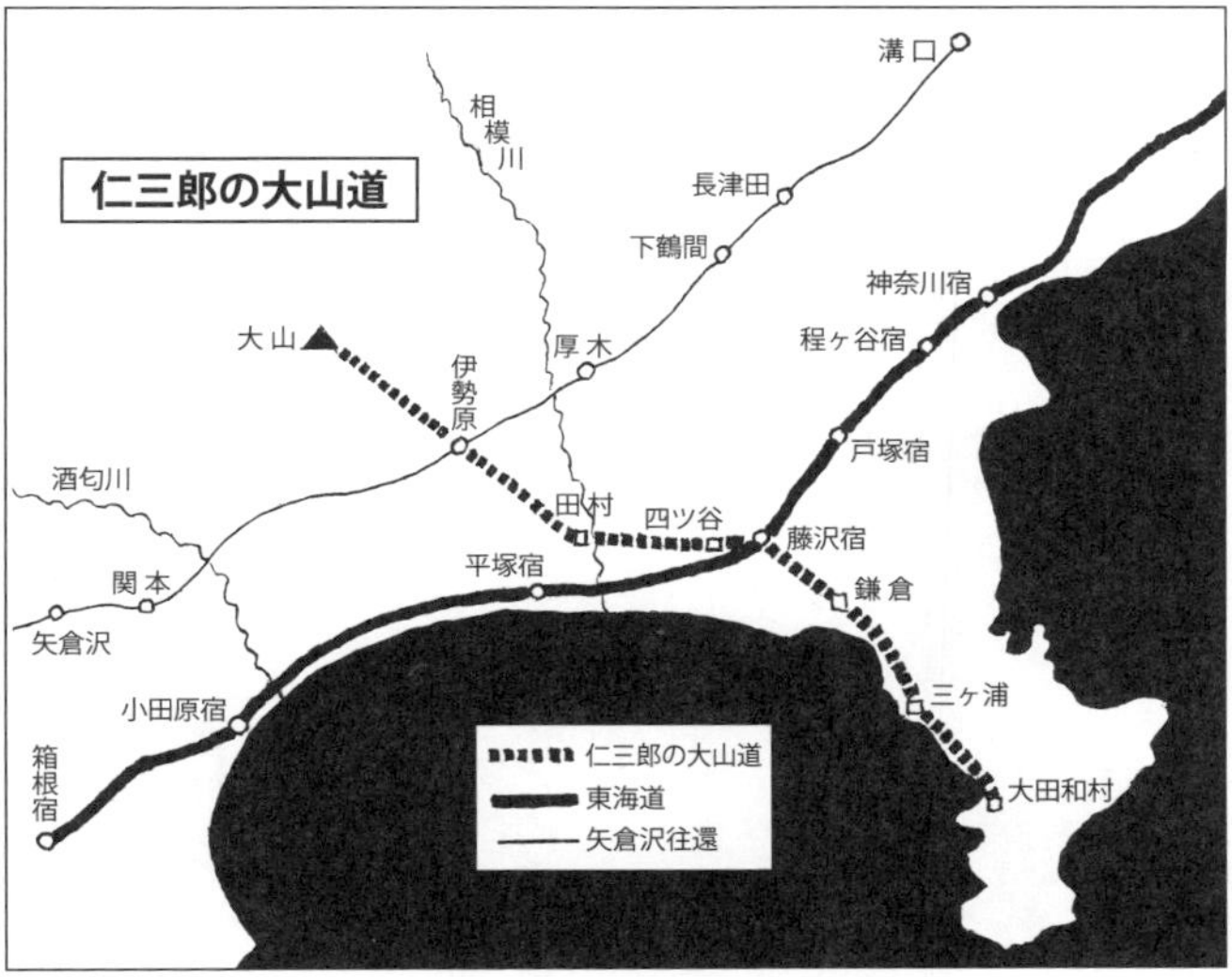

図4－1　仁三郎の大山道

村から久所に至り、六本松通大山道に合流

(5)田村通大山道、藤沢宿から西一里ほどの羽鳥村字四ツ谷の立場から、北西西に相模川を越えて真すぐに大山の正面に向かって走る。四ツ谷から大山へ六里

(6)柏尾通大山道、東海道の保土ヶ谷宿と戸塚宿の中間の下柏尾村字不動坂から西行して現藤沢市の北部を横ぎり大山をほぼ真西に見て進む道

以上の六筋の大山道は(1)を除いていずれも東海道から分岐するもので、三浦半島からの大山詣での道は(5)の田村通大山道であった。この大山道も藤沢宿から分岐した。仁三郎も主にこの大山道を通ったことは申すまでもない。

三浦半島には「大山道」と呼ばれる道はない。三浦半島から大山へ行くのには、まず藤沢宿へ至ったものと思われる。それには鎌倉の雪の下から山の内、玉縄、植木を通って藤沢へ至る道と、もう一つは鎌倉の長谷から笛田、深沢を経て藤沢への道がある。いずれを通っても、仁三郎の居村である大田和村から藤沢までの道のりは約六里(二四キロ)であった。そして大山道となる四ツ谷(藤沢市羽鳥)までは藤沢宿から約一里(四キロ)であった。

四ツ谷は羽鳥村の最西端にあたる集落で、地名の由来は四軒の家があったことからきたものと伝えるが、大山詣でが盛んになると、客目当の宿屋や茶店があって賑わっていたという。もちろん、四ツ谷は旧東海道と大山道が分岐する所で、四ツ谷立場とも呼ばれ、大山道の起点であった。現在

は東海道が藤沢バイパスに合流する所で、大山道の名残りとして今でも不動尊像があるという。

そして、四ツ谷から一の宮（寒川町）を経て田村の渡しまで約二里（八キロ）であった。一の宮には茶屋、旅籠屋があり、大山石尊の祭礼中には茶漬を食べさせる店があったという。仁三郎も安政六年（一八五九）七月二日の大山詣ででは一の宮で昼食を食べたようだが、茶漬だったのであろうか。

田村（平塚市田村）は相模川対岸の一の宮とを結ぶ大山道の渡しがある所で、渡船は一の宮村、田端村（寒川町）と田村の三ヶ村持ちで、船は四艘を置いていたという。この渡しから大山、箱根の山々、富士山が眺望でき、佳観のスポットであったと『新

図４-２　田村の渡し（復元）

編相模国風土記稿』に記される。仁三郎も、幾度かこの渡し船の上からその風景を眺めたことであろう。

なお、仁三郎は四ツ谷―田村間で駕籠を使うこともあった。日記の入用覚書によると、その料金は二朱とある。当時の駕籠賃は一里が一朱の相場だったそうだが、それに相当する。また船賃（渡船料）は両度で四〇〇文とある。

そして往路の最終コースは田村から伊勢原村を経て、大山の中腹の坂本村までの約四里（一六キロ）の道のりであった。坂本は参詣者の宿泊地として発達した村で、大山の入口にあたり、宿坊が軒先を連ねていた。

以上、大田和村から大山の宿坊までのおおよその道のりは約一三里（五二キロ）となる。人間の歩くスピードは足の達者な人で一日一〇里ぐらいが限度といわれる。これからすると仁三郎の一泊二日の大山行で、第一日目に大山の宿坊まで達するには体力的にも至難なことであったと想像され、早朝出発と藤沢までの馬や船の利用があったことが納得できる。

また、余裕をもった二泊三日の場合は、藤沢宿で一泊した。これも盛夏の暑さを考慮すれば妥当なことであったと思われる。なお、二泊三日だと、藤沢で買物をしたり、鎌倉の長谷観音へ参詣したり、藤沢の遊行寺へ参ることができたようだ。

ところで、仁三郎の大山詣でのコースでは四ツ谷から田村の渡しで相模川を越え大山へ至るのが多かったが、時には四ツ谷から馬入の渡しを通り、豊田（平塚市）廻りで大山へ向かうこともあった。また、帰路で豊田へ廻ることもあった。つまり馬入渡しを通る大山道がもう一筋あった。

馬入渡しは相模川対岸の中島（現茅ヶ崎市）を結ぶ東海道の渡しで、現在のＪＲ東海道本線相模川鉄橋と国道一号線馬入橋との間のほぼ中央にあった。渡船場には渡船三、小船二、御召船一が常備されていた。

仁三郎の大山詣での片道一三里の小さな旅にあって、妻の実家である三ヶ浦の小峰家の存在は、大山行を容易にさせる上で大きなものであったと思われる。三ヶ浦で一泊したり、小休をとったりしている。また小峰家の配慮で、船で飯島（小坪村）や坂の下（鎌倉）まで送ってもらったことも度々であった。仁三郎の家から鎌倉までのほぼ中間地点となる三ヶ浦の妻の実家の存在は仁三郎の藤沢宿までの距離感を縮めるものであったに違いない。なお仁三郎の家から三ヶ浦までは約二里であった。嘉永六年（一八五三）七月の大山行の日記には、「早朝に金治郎、万吉参り同道にて大山へ出立、尤《もっとも》三ヶ浦へ行、夜あけに成、羊かん三ヶ浦へ遣し、それより船にて坂の下まで行」とある。

道づれは身内の者

旅には二通りあるといわれる。集団をなしておこなう旅と一人旅や二、三人の仲間の旅である。わが国での旅の特色は奈良、平安時代の「蟻の熊野詣で」といわれた熊野三山巡拝が示すように、古来からの群れの旅であったとの指摘もある。たしかに、江戸時代になると近隣の者や心やすい者同士が講をつくって神社などに参拝する伊勢講、富士講、三峯講、大山講などが村々にあった。

ところが、浜浅葉日記には、念仏講や甲子《きね》講《こう》、庚申講《こうしん》にかかわる記事はあるが、どうしたことか、伊勢講、富士講、大山講についてその実態を知るような記事はない。例えば伊勢講にかかわっては、代参者からの土産などの記事や御師の来訪の記録はあるが、講中の会合に参加した記事などはない。もっとも仁三郎は日記上から判断する限りでは伊勢参りには行っていない。同様に富士講や大山講も村にはあったと思われるが、日記からみると仁三郎はこれらの講には入っていなかったようである。それは何故であったのかが問われる。仁三郎は集団で旅をすることを嫌ったのであろうか。

大山詣での小さな旅でも、仁三郎は身内の者を同伴してのことが多かった。ただ、一人旅は日記からみる限り二度だけであった。一四回目となる慶応二年（一八六六）七月の大山行では三ヶ浦への盆礼（盆に行う贈答）ついでに当家に一泊して大山詣でしたものであった。

旅が現在とは違って苦労や不安を伴う江戸時代にあっては一人旅をするものは一般的には少数派であったと思われるが、日記からみると、結構いたように思われる。これについては第三章の「村を訪れる旅人たち」でのべた。

ところで、仁三郎の大山詣では仁三郎の弟や兄、または甥の金治郎、友人など身内の者と二人づれで行くことが多かった。このように村の大山講とは関係することなく独自で大山詣でをおこなっていたのには三つの理由が想定できる。

一つは、仁三郎は家計に余裕があり講に入って積立などをすることは不要で、毎年や隔年の大山行の費用が調達できたことによる。村によって、また時代によって大山講の内容は多少差異があったが、基本的には違いはなく、講金（積立金）を集め、正月の講会でくじ引で定まった代参を立てるもので、講員の人数にもよるが、四、五年に一度は大山詣でができるものであった。いわば、大山講は大山詣での費用を相互に融通する無尽講（頼母子講《たのもしこう》）といってもよいものであった。

では、大山詣ではどのぐらいの費用がかかったのであろうか。日記にはその覚書があるものもあった。

・安政六年（一八五九）の大山詣での費用

一、金二朱　吉川へ（宿坊）

一、四〇〇文　船賃両度（田村の渡し）

一、一〇〇文　吉川子供へ

一、二〇〇文　たばこ

一、金二朱　同断

一、一五〇文　鉋釘《かんな》

一、一〇〇文　折釘《おり》八本（頭部を折り曲げた釘）

一、金三朱と二八文　しぼり一反

一、一貫三〇〇文　小山遣其の外入用

出〆金二歩二朱と一貫二〇〇文

・慶応二年（一八六六）の大山詣での費用

一、金一分　滝祭料

一、七二文　御供料

一、一〇〇銅　御蝋燭《ろうそく》料

一、二一二銅　御供料金印料

一、金一分一朱　領太夫へ

一、一〇〇文　下男じじへ

一、一八〇文　川賃二度分、外一二文

一、金三朱と一五〇文、氷砂糖代

一、二〇〇文　金米糖《こんぺいとう》代

一、一貫五〇〇文　かご、船の代

一、五六〇文　小遣い

出〆金一両と一貫六〇〇文

・明治六年（一八七三）の大山詣での費用

一、金二朱　人力車
一、金一分　御護摩料
一、金一朱　御山入用
一、金一分一朱　大山はたご
一、金一朱　茶代
一、金一朱　挽物の代
一、金一朱　天徳寺へ
一、金二朱と二〇〇文　人力車
一、金一朱　水かん
一、金一分　藤沢旅籠
一、金一分二朱　氷砂糖
一、金一朱　せんべいの代
一、一貫五〇〇文　内より持出し
〆出金一両三分二朱と一貫七〇〇文

仁三郎の大山行ではごく粗々にいって約一両ぐらいの経費がかかったといえるのであろう。当時の一両は現在の貨幣に換算すると、これも粗いものだが約一〇万円ぐらいとみる。上層農家であった仁三郎はこの程度の出費は毎年でも可能であったと思われるが、ぎりぎりの生活をしている農民からすれば、講の仲間に入り、積立をして四、五年おきに大山詣でを実現せざるを得なかった。

なお、大山行の経費では大山の宿坊の宿泊料は一分一朱、藤沢の旅籠の宿泊料は一分、渡しの船賃が往復で四〇〇文、大山入山に要する費用が約一分一朱とほぼ見当がつく。そのほかに雑費を加算すると、総経費は一両をオーバーする。

なかでも高価な氷砂糖に経費の一部を割《さ》いていたことがわかる。この氷砂糖は贈答用ではなく、夏の旅のカロリー補給用であったと思われる。氷砂糖と塩をなめながら酷暑の中を旅したに違いない。

図4-3　藤沢（復元）

村の大山講には入らず、独自で大山詣でをしていた第二の理由は、仁三郎や本家の村のなかでの事情があった。これについては拙著『幕末の農民日記にみる世相と暮らし』のなかでもまた本書の第一章でも記したので詳細は略すが、端的にいえば村内の貧富の格差にあって、仁三郎や本家は少数の富裕層で、その格差が基層となる村内対立では大方の対抗軸となる一方の立場であった。つまり、本家や分家の浜浅葉家は村内の大方の農家から疎まれる存在であったのである。したがって、仁三郎は大山講どころか、村の伊勢講にも所属せず、伊勢参りには行かなかったようだ。その代り仁三郎は近親仲間で信州の善光寺参りに行ったと推察する。

第三には、仁三郎が兄や弟、甥などの近親者づれで大山詣でに出かけたのは、兄や仁三郎の姻族であった三ヶ浦の小峰家に一泊したり、小休したりしたこととも関連したのであろう。もし、仲間が血縁関係のない者ばかりであったなら、仁三郎の親類とはいえ、毎度三ヶ浦でひと休みすることは遠慮せざるを得なかったであろう。

毎年訪れた御師

幕末に大山詣でが隆盛となった理由の一つは御師の集客活動があったという先学者の指摘がある。果してそれは事実であったのか、仁三郎の日記から検証してみよう。

御師とは本来は寺社に祈願する時に仲介をする祈祷師をいうが、宿坊を経営したり、信仰の発展普及の活動をする者をいった。大山御師はもともと大山を道場とする修験者が徳川家康の宗教政策によって下山を命ぜられ、それによって修験者たちのなかには、道場を宿坊として経営し、大山詣での集客や案内をする御師になる者もあったことはすでに述べた。

その御師の活動が大山講の発達を促進し、大山詣でが盛んになったとされる。大山御師は伊勢信仰ほどでないが、関東一円では勢力を誇り、その発達は江戸時代中期以降であったとみられている。大山御師の御札配りについて記された、江戸末期の「開導記」という資料があるという。この資料にもとづき『神奈川県史』には大山御師の活動が概説されている。

それによると、一〇九坊の御師の抱える信者数は、主に関東から甲信越地方にかけて九一万九六〇〇戸（万延元年〈一八六〇〉）にも達した。この信者のなかには浜浅葉家も含まれていたことは申すまでもない。

御師たちはそれぞれの地域の檀家を分担し、それをカスミといって世襲し、それを侵したり売買することは禁じられていた。御師たちは毎年檀家を廻って配札し、若干の志納金を集めた。また、檀家の人々が講中を組織して大山に登る際には自分の宿坊に宿泊させた。だから御師は常に持場の檀家を歩き廻っていたのである。

その御師の服装や持物について、資料「万仕入帳」にもとづいて県史に詳細に記されている。それによると、次のようなものであった。

〈衣類〉
羽織、袴《はかま》、上着、下着、股引《ももひき》、脚半《きゃはん》、帯
〈履物〉

わらじ、下駄《げた》
〈携帯品（手道具）〉
手拭、煙草入、財布、矢立、扇、えり巻、はな紙、檀家帳、祝詞本《のりと》、御札、認印
〈土産品〉
箸、うちわ、薬、杓子《しやくし》、盃、山椒袋

これによると檀家廻りの御師は羽織袴の下駄ばきで祈祷師のような姿をしていたことがわかる。もっとも携帯品のなかには祝詞本（神に祈る言葉を書いた本）もあり、依頼されれば祈祷もおこなったに違いない。

さて、当然のことながら仁三郎の家にも大山御師が訪れていた。ところが、日記には約三十年間に数回だけの大山御師の檀家廻りの記事で、しかも簡潔なものである。恐らく大山御師の廻村は毎年のことであるゆえ、日記には毎年記録することはなかったと考える。それを思わせる記録がある。

元治二年（一八六五）六月二十一日の日記に、この日大山御師の吉川領太夫がお札と挽物《ひきもの》の弁当箱を三つもって訪れた。挽物とは、ろくろで挽いて作った器具をいう。現在でも大山の伝統的な土産品として木工品や挽物の独楽《こま》が土産品店に並べられている。大山あたりでは幕末の当時から木地を挽いて日用器物を作る木地屋がいたのであろう。実は挽物の弁当箱は前年に仁三郎が御師に購入を依頼したものであった。しかし前年の日記にはその記事はない。

もっとも、御師が配る神札は正味期限は一年であった。御師にとっては神札を配った見返りに礼銭を得た。日記には「初穂《はつほ》」として仁三郎は一〇〇文を支出している。御師にはこの礼銭の収入は無視できないものであったに違いない。このような理由から大山御師は支障がない限り、毎年檀家廻りをしたものと思われる。

もちろん、宿坊をも経営する御師は配札して礼銭を得ると共に、参詣を促したことは十分に想像できることである。仁三郎の大山詣ではすべて吉川領太夫の宿坊に世話になった。仁三郎の大山詣での覚書によると、宿坊の子どもに一〇〇文の小遣いをやったり、下男のじじ（爺）に一〇〇文を与えたりしている。なお、宿泊料は一分二朱が相場だったようだ。現在の貨幣に換算すると、およそ二万五千円ぐらいではなかったか。また、藤沢宿の旅籠の宿賃は一分とあるので、宿坊の宿賃はそれより少々高い。祈祷料などが含まれていたからなのであろうか。

ともあれ、御師のきめ細かな活動は大山詣でへの集客に効果をあげていたことは、仁三郎の日記からもうかがえる。

雨乞《あまご》いの霊山として

仁三郎は農民であった。その日記にも農民らしさがみられるのは当然といえよう。その一つが日付の後に記録される天候の記事から読みとれる仁三郎の天候への関心の高さである。例えば、「南気にて晴、後には陰、夜に入り少々雨」とか、「北気にて晴、後に西気になる。又々北気に替り」などと、一日の天候の推移や風向の変化まで記録されている。

ということは、仁三郎は一日のなかでの雲の動きや風向を絶えず観察していたことにほかならない。それは、農事の進捗は天候に左右され、強いては豊凶を左右するのも天候次第である農業を営む者が置かれた宿命であったともいえよう。実はもう一つの理由が考えられる。それは当時にあっては日中のおおよその時刻は太陽の位置で知った。そのため、仁三郎は幾度か天を仰ぎ、その都度自然と雲の動きや風の向きを観察したことが考えられる。

ともあれ、天候の記録が精緻であるのは農民日記に共通することであるともいわれる。

また、日記には夏の渇水期になると堰の水引や水かいなどに汗を流し、水不足になると、雨乞いの宮参りをしたことが記され、農民は稲作では水に苦労したことがわ

図4-4　御神酒枠と木太刀を担ぐ大山参詣者（復元）

かる。

大山は雨降山とも別称され、雨、水に関係の深い山とされる。現在でも麓から眺めて大山に雲がかかると、まもなく雨だという伝承が山麓周辺には生きているといわれる。特に夏には、雨雲が出て遠雷が聞こえてくると「大山勘立《かんだ》ち」といい、夏山の終わるころに降る雨を「大山洗い」というそうだ。このような伝承があることからも、古くから大山は雨乞いの山、水の神の山ともされていたことがわかる。

日記によると、雨乞いは毎年ではないが、時期はきまって六月中ごろから七月初旬にかけてで、主に地元の神社（氏神）に雨乞いしている。時にはその霊験があってか降雨がみられると「雨降正月」といって農休日を設定し、その日には村人たちがそろって神社にお礼参りをしたことなどもあった。

また、弘化五年（一八四八）の七月二十九日の日記には、本家より、群馬県中部にある榛名山《はるなさん》の請雨《しょうう》神水が届けられたことが記されている。

このように、大山詣での時期は、農民が降水に神経質になっていた時期と重なるので、農民であった仁三郎の度重なる大山詣でではその祈願の中味に請雨と豊作があったことは間違いない。だが、残念ながら日記には滝水の神水を持ち帰ったなどの請雨を物語る事実はない。

二　一生一度の富士登拝

旅支度と餞別

仁三郎は日記でみる限り、約三十年間に一五度も大山詣でをしたが、富士登拝は一度限りであった。それも彼が四十三歳の壮年になってからのことであった。もし、もっと若年の時代にも登拝の経験がなかったとすると、安政七年（一八六〇）の富士登拝は仁三郎にとっては生涯唯一度のものであった。まず、その富士登拝の様子を日記から素書しておこう。

この年の三月に桜田門外の変がおこった安政七年の六月六日のことであった。この日の日記に、「夕方に雷鳴あり、夜に入陰、夜の九ツ時（夜半）頃より九ツ半まで大風雨にて大雹《あられ》降、大雷鳴、寔《まこと》に稀なる事、東西四方より大風吹」とあり、雷、突風、大雨、雹をともなう夏の嵐に見舞われた。その大風や雹によって農作物が被害を受け、その翌日には近所からの見舞の対応や、また近所への見舞に仁三郎は追われた。また、この日、本家のおうたが病気で、その見舞にくず、かたくり粉を持参で本家へ訪れた。

そんな出来事が富士登拝の動機になったとは思えないが、六月二十日ごろより仁三郎の富士登拝の旅の準備がなされていた。六月二十二日の日記には林村の仕立屋を雇い白脚半を新調した。そして六月二十四日には長井村の北川屋で菅笠《すげがさ》一ツを二〇〇文で買入れた。

白脚半と菅笠の旅仕度から、仁三郎の富士登拝の道中姿はどのようなものであったか興味がわいた。そこで、『伊勢参宮名所図会』や『近世風俗志』（守貞謾稿）を参考にしながら、あの世の仁三郎さんには申し訳ないが、勝手に彼の旅姿を素描してみよう。

盛夏の時期であるので、長衣は浴衣で、その裾を腰にからげ、下半身は股引に脚半、足には草鞋《わらじ》ではなかったか。

『近世風俗志』によると、浴衣は浴後のみに用いたものではなく、庶民は夏には単衣の代りに着用したという。道中の酷暑を考慮すると上半身晒し木綿の浴衣が適当ではなかろうか。下半身につけた股引は関西では「ぱっち」といい、江戸や関東では「猿ももひき」というようだが、旅行に着用するものは股脚をすべておおうものはなく、膝下わずかの長さの短い股引で、したがって脛《すね》には脚半をはいた。仁三郎はこの股引は普段から脚半と共に林村の仕立屋で仕立てることが多かった。もっとも、股引は日頃の農作業にも着用するものであった。木綿の股引は紺色かねずみ色が一般的であったようだが、旅行用の股引は浅黄木綿であったと風俗志にはある。

脚半は旅行する時に歩きやすくするため脛にまとう布で、旅のいでたちの特徴的なものであった。ついでに携帯品にもふれておこう。絵図などから判断すると、荷運び人夫をともなわない場合、男は肩に柳行李《ごうり》を振り分けて掛け、風呂敷に包んだ荷を背負うぐらいが一般的なように見受ける。

したがって携帯品も限られ、最小限の着替、手拭、扇子、小田原提灯、火打道具、付木、煙草入れ、煙管、それに山での防寒用に半纏《はんてん》ぐらい持参したのではなかろうか。『旅行用心集』によると、道中所持品の必需品には男の場合、矢立、煙草入れと煙管、扇子、手ぬぐい、薬類があげられている。扇子は涼をとるだけでなく、旅における初会の挨拶に用いられたのだそうだ。

いずれにしても、仁三郎の富士登拝のいでたちは軽装で、荷物もコンパクトなものであったと思われる。

そして、出立の前日（六月二十五日）、仁三郎は寺参りと墓参りをしている。仏やご先祖に旅の安全を祈願したのであろうか。また、旅行中の家事を心配してか、おふみに留守中の手伝いを依頼した。さらに、この日には餞別が届けられた。

本家からは金二朱、勘四郎からは金二朱と半紙一帖、紺屋からも金二朱と半紙一帖、弥左衛門からは二〇〇文。妻の実家である三ヶ浦からは金一分、それに後に仁三郎の養子となる本家の保蔵は泊りがてらに餞別

図4-5　富士登拝の旅姿（復元）

として麦こがしをもってきた。麦こがしは軽量で、湯水さえあれば掻いて食べることのできる携帯食品でもあったのだろう。

ともあれ、仁三郎の富士登拝には出立祝いはなかったものの、大山詣でにはみられなかった餞別があったことは、富士登拝は大山詣でより、ハードルの高い旅であったからであろうか。

八泊九日の夏の登拝

〈六月二十六日〉

富士登拝への出発は六月二十六日の寅の刻（午前四時）で同伴者は助七であった。実はこの助七なる人物は後に仁三郎との間で質地受戻しをめぐる争論《そうろん》をおこすことになる。助七は秋谷村の出身で、仁三郎の援助により大田和村内の忠右衛門跡を相続したが、その後仁三郎との間には確執《かくしつ》が生じ訴訟沙汰にまでなった。このころは両者の関係は良好だったのであろう。

この日、仁三郎は前日に餞別を貰った勘四郎、弥左衛門、紺屋へ廻り、御礼の言葉をのべて三ヶ浦へ向かった。三ヶ浦から坂の下までは船であった。この船便は三ヶ浦の妻の実家（小峰家）の配慮であった。四ツ谷の伊勢屋で昼食をとり、渡し場の田村までは駕籠であった。そして馴染の宿坊、吉川領太夫に泊った。この日の旅程は幾度か経験した大山詣での初日に当たるものであった。

しかし、この日宿坊で武村の者と合流したことは富士登拝ならではのことであった。恐らく隣村の武村の富士講の仲間に加わったものと思われる。

〈六月二十七日〉

仁三郎一行は大山石尊へ参詣してから早朝に出立し富士山をめざした。大山から蓑毛《みのげ》（秦野市）へ下り矢倉沢往還に出てまがり松で昼食をとり、松田惣領を経て関本（南足柄市）の酒屋に投宿した。関本宿は古東海道の坂本駅の後身で旅籠も数軒あって富士登拝者が往来した。また、「道了《どうりょう》さん」と呼ばれた大雄山最乗寺への入口でもあった。

この日、関本に宿をとったのは道了さんに参詣するためであった。大雄山最乗寺（曹洞宗）は箱根外輪山明神ヶ岳の北東中腹（標高四〇〇メートル）の樹木が繁る境内をもつ寺で、応永元年（一三九四）に了庵慧明が開いた寺とされる。この了庵を補佐した弟子の妙覚道了が師の死去と共に伽藍を守護し衆庶を利済すべしとして天狗《てんぐ》になったという伝説から、霊験ありとして江戸庶民の信仰を集めたとされる。この信仰は関東地方を中心に東海地方まで及び、道了講が組織されるほどであった。

〈六月二十八日〉

この日、関本の宿を出立し、矢倉沢の関所を通過し、竹の下の竹屋で昼食をとった。この間は駕籠に乗り、その料金は一朱二〇〇文とある。

矢倉沢村は矢倉沢往還や小田原から甲州道の継立場で交通の要所であった。そのため、関所が置かれ、箱根脇関所の一つであった。したがって箱根の関所よりも規模は小さく、常時侍二人、常番三人、足軽二人が詰める関所であったとされる。

この矢倉沢より一里ほどで足柄峠（標高七五九メートル）に至る。ここは神奈川県（相模国）と静岡県（駿河国）の境となるところで、古代からの交通の要地で、古代の関所（足柄関）が設置されていた。

この峠を越え、仁三郎は駿河の竹の下（現静岡県駿東郡小山町）に至り、ここの茶屋で駕籠をおり昼食をとった。仁三郎が足柄峠越えに駕籠を用いたのは、翌日からの富士登拝にエネルギーを温存しておく配慮からであったのだろうか。もっとも、足柄峠越えから、富士山麓の吉田口までも楽な道ではなかった。

宿坊のある吉田口までの途次、仁三郎一行はきやり地蔵へ参拝した。この地蔵は現在の御殿場市上小林の東岳院の地蔵尊で、きやり地蔵と称した。実は、横須賀市武の一騎塚にきやり地蔵として「富士開闢、輿樽地蔵尊」とあり、光背面に富士山が浮彫された石像が、前不動の近くに祀られている。この像は明治二年（一八六二）に武村の富士講（叶講）が建立したもので、講中の富士登拝と道中の安全を祈願して東岳院より勧請したものに違いない。仁三郎も武村の講中の者と共に富士登拝の安全成就を祈願したのであろう。

〈六月二十九日〉

武村の者と同道で小野権太夫の坊を朝五ツ時（午前八時ごろ）より登拝、五合勺目に泊るとだけ日記には記される。武村の講中の先達の指図に従い、「六根清浄《ろっこんしょうじょう》」を唱えながら仁三郎は登拝したのであろう。山中では守るべき種々の禁制があり、苦難を嘗《な》めながら行動することが心を清める修行であったとされる。

〈六月晦日〉

「五合五勺目から早朝に登山、八ツ時（午後二時）より下り御中道に廻り」と日記にあるので、頂上に達し、それから御中道巡りをした。そして、南口より宝永山へ廻り村山口五合目に宿泊してこの日はおわった。

〈七月一日〉

村山口五合目を早朝に出立、鬼ヶ沢、桜沢、無命橋、一之瀬、不動岩、だるま岩、里なめ、小美たけ山をめぐり、ここで昼食、不浄流、つばくろ沢を経て五合五勺目の土走り廻りで夜に入り小野権太夫の坊に帰った。

〈七月二日〉

ここで武村の講中の者とは別れ、助七と二人になり、往路と同じコースで竹の下で小休し関本宿の熊沢喜兵衛へ宿泊した。

〈七月三日〉

関本宿から矢倉沢往還を離れ小田原へ南下し東海道に入り梅沢（二宮町山西）の蔦屋《つたや》で昼食をとった。梅沢は小田原と大磯の間の宿で梅沢の立場とも呼ばれ、一里塚を中心に茶屋が並び繁昌していたようだ。梅沢は魚介類が豊かで鮟鱇《あんこう》が名物だったようだ。夏だったので鮟鱇はなく、仁三郎の昼食は鰹《かつお》か鯵《あじ》のご馳走ではなかったか。

腹ごしらえのあと、菓子の手土産を持参して馬入渡し（平塚市）の知人勝右衛門宅を訪れた。勝右衛門とは米の取引などがあったので商人であったのだろうか。この勝右衛門から芋一俵を貰った。帰路とはいえ芋一俵を二人で荷なう旅となるのは想定外のことであったに違いない。芋は雇馬の背中で藤沢宿まで運んだ。藤沢の宿は馴染の蔦屋又兵衛であった。

〈七月四日〉

藤沢宿から本家に帰り着いたのは昼ごろであったと日記にあるので、藤沢宿からも馬を雇ったに違いない。

かくして、八泊九日の仁三郎の富士登拝は無事おわった。

富士登拝の土産

旅は七月四日でおわったが、まだ仁三郎にはなさねばならないことがあった。それは餞別を貰った人びとへの御礼と土産を届けることであった。その土産はそれぞれ次のような物品であった。

・本家（金二朱の餞別）へ

御札、手拭一反、金巾《かなきん》のふくさ、菓子、さつま芋

・勘四郎（金二朱と半紙の餞別）へ
御札、唐桟《とうざん》風呂敷、手拭二ツ、盃一ツ、うちわ
・紺屋（金二朱と半紙の餞別）へ
御札、さらさ風呂敷、盃一ツ、手拭、菓子盆、唐からし入、うちわ
・弥左衛門（二〇〇文の餞別）へ
御札、さらさ小風呂敷、盃一ツ
・三ヶ浦（金一分の餞別）へ
御札、手拭一反、菓子一袋

これらの他、与市と惣右衛門に御札と手拭一ツ、浜浅葉家の使用人である下男、下女、日雇人など七人に手拭一ツが贈られた。

土産品はさまざまであるが、共通することは軽量な物品であった。ただ例外となるものは本家に贈ったさつま芋である。申すまでもなく、この芋は馬入（平塚）の勝右衛門からのもので、恐らく種芋として貰い受けたものと思われる。このような事実によって、三浦半島の農民は、伊勢参りや大山詣で、また富士登拝などの旅のなかで、農作物のさまざまな品種に接し、それを持ち帰り、品種改良によってより良い品種を生み出そうとしていたことが考えられる。

また、当時の寺社参詣の旅の土産で不可欠なものは、参詣した社寺の守り札であったことがわか

る。みやげは「土産」と書くのが一般化しているが、もとは「宮笥《みやげ》」で、神社の器（瓦笥といい、土器のようなもの）を授かることが原型だったとの説もある。いずれにしても、寺社に参拝の証明として持ち帰るべきものがみやげであったのであろう。

なぜ一度だけの登拝か

最後に仁三郎は大山詣では度々であったのに、富士登拝は生涯一度だけであったようだが、それは何故であったかについて思いを致さなければならないだろう。

日記によると、仁三郎は毎年ではないが、年によっては六月八日の長沢富士山の山開きに出向くこともあった。安政四年（一八五七）六月八日の日記には「早朝に助七同道にて武山様より長沢富士様へ行、四ツ時頃に帰り」とある。

浅間社は富士の霊を祀る神社で、中世末期に長谷川角行が浅間信仰を組織してこの信仰を広めたことから、各地にこの神社が勧請されたとされる。

三浦半島にあっても、富士浅間信仰者などによって祀られた浅間社が各地に存在する。『新編相模国風土記稿』で調べてみると、堀内村、長柄村、久野谷村、秋谷村、津久井村、逸見村、公郷村の七ヶ村に浅間社があったことが認められる。

このなかで、津久井村の浅間社と長沢村の浅間社は武山（標高二二〇メートル）の嶺つづきの東方の小高い山（標高約二〇〇メートル）に本宮の石の祠が祀られる。現在ではここは三浦富士とも呼ばれ、七月八日にはここで富士講の行者によってお焚きあげがおこなわれ、小さな祭りが現在でもおこなわれている。

日記によると、ここは長沢富士と呼ばれ、六月八日には両村の富士講の人たちによってお焚きあげなどの祭りがおこなわれ、近在の人びとの参詣があったようだ。

中世末期から江戸時代にかけてのころ、霊山富士を信仰する三浦半島の人々は、富士山になぞらえて身近な小山を富士山とし、そこに浅間社の祠を祀り信仰したのであろう。その代表的なものが、長沢富士（三浦富士）であった。

この長沢富士への六月八日の仁三郎の登拝は日記からすると、当時の地域社会の年中行事となっていたことは間違いない。

昭和六十二年（一九八七）のころ、『三浦半島のまつりとくらし』という拙著を刊行したことがあったが、その取材に三浦富士の山開き（祭り）に参加したことがあった。その折、三浦半島の漁業者やそのかみさんたちが大漁旗をたずさえて登拝し、それを行者に加持してもらって大漁や海上安全を祈願している様子に接し、ことのほか沖で漁をする漁民の三浦富士に寄せる信仰が厚いことを知った。

聞くところによると、昔の漁民は沖へ出ると陸上の山ばかりみていたという。それは「山あて」といって、ランドマークとなる山などを見定めて漁場を認知していたからだという。なかでも、三浦半島南部の沿岸では武山や三浦富士が目標となることが多く、漁民は武山不動や三浦富士の浅間様をことのほか信仰したというのである。

さらに、「山あて」だけでなく、沖からのぞめる霊山富士は気象の変化を知る上で欠かせない山で、昔の漁民は富士山を「お山」といい、このお山に白い雲がかかると雨になるとか、中腹に貫《ぬき》をさしたように雲がかかると風が吹くなどと富士山周辺の変化をみて気象の変化を予測したという。だから、昔の漁師は沖へ出ると富士山をみながら漁をしたものだという。漁師がみずから命を護るために最も頼りになるのは富士山であった。

以上のような生業の事情もあって農民よりも漁民の方が富士浅間信仰は厚くなる傾向があったことも考えられる。申すまでもなく、仁三郎は農民であった。

もっとも、江戸時代には富士講が盛んとなり富士登拝の人びとが増加したとはいえ、実際に登拝できる人は限られていたようだ。富士登山を経験された方ならばわかるだろうが、富士登拝は難儀な修行でもある。大多数の人たちは富士吉田の富士浅間神社に参り、箱庭式に設けられた山で疑似登山をすることで登拝をすませたことにしたのである。そのような富士登拝が叶わぬ人びとには地域の小山を富士山に見立て、浅間の神を祀る社が用意されていたのである。

また、富士講にあっても、一講で毎年登拝できるのは三、四人に限られ、講員の数にもよるが、講員が実際に登拝できるのは十年に一度ぐらいであったという。

さらに、富士登拝では日数や経費も大山詣での三、四倍となる。それゆえに、講を結んで経費を積立てるという工面がなされていたのである。

日記をみると、安政七年（一八六〇）の仁三郎の最初で最後と思われる富士登拝以前に、浅間神社とつながる御師が浜浅葉家を来訪した記事はない。ただ一度、仁三郎が登拝したその年の暮に御師である小野権太夫が札を持参して訪れ、その初穂として一〇〇文を受けている。富士吉田には八〇軒もの御師がいて、夏には登拝者へ宿を提供し、農閑期には「檀廻り」と称して家々を廻っては神札を配って御初穂を集めていたようだ。小野権太夫なる者も富士吉田の御師であったのだろうか。

富士の御師に対して、大山御師や伊勢御師の方がより活発に動いていたことが日記上でうかがわれる。

なお、富士講のなかには一人や二人幾度か富士登拝を経験し、先達まがいに加持祈祷をしたりする信者がいてこれらの人が講の師匠や世話人となっていたようだ。先達とはもともと修験者の峰入りなどの先導者をいう。富士山の先達は修験者の如く白衣を着て鈴を振り、呪文を唱しながら富士登拝の先導をした。

第五章　三浦半島からの江戸旅

一　大江戸八百八町

仁三郎が訪れたころの幕末の江戸はどんな都市であったのかを先ず理解しておかねばならないであろう。好都合なことに、近年の江戸ブームによって数多くの江戸に関する書物が刊行され、家康が江戸に入城してから四百年以上過ぎた今日でも、江戸にかかわる情報は入手しやすいといってもよいであろう。そこで、これらの情報源から得た大江戸の大略を紹介しておきたい。

中心部に武士の屋敷

江戸の象徴は江戸城であったとされる。もっとも江戸の町づくりは天正十八年（一五九〇）の徳川家康の江戸入城に始まることからいっても、江戸城には江戸のシンボルとしての資格があるともいえよう。

幕藩体制下にあって、大名は参勤交代が義務づけられ、一定期間は江戸に住まなければならなかった。大名だけでは生活できないので、一定数の家臣も江戸に住み、大名の正室や子どもも江戸で生活した。したがって、江戸城の近くには大名（殿様）の住む上屋敷、郊外には隠居した大名などが住む下屋敷や家臣の屋敷が設けられていった。つまり、参勤交代は江戸に多くの武家屋敷をもたらしたのである。

江戸時代初期の面積でみると、武家地は全体の六九パーセントを占め他の寺社地（一二パーセント）、町人地（一一パーセント）を圧倒していた。いわば江戸は武家屋敷がその中心となる都市であった。

文久四年（一八六四）のことであった。浅葉家（本家）は江戸の佐倉藩上屋敷の藩邸に直訴しようとしたことがあった。年貢取立にかかわる問題で浅葉家を名主とする村役人と預り地方役所との間に対立が生じた紛争があったからである。この折、父や兄の長男や仁三郎はこもごも出府して交渉にあたった。この一件では江戸西河岸のみすず屋が預り藩であった佐倉藩上屋敷との間を周旋していたようである。

ところで、この西河岸のみすず屋は河岸の商人で、いわば江戸町人であった。「河岸」とは小型船の物資を陸揚げする船着場で、日本橋周辺や神田川を中心に江戸には七〇以上もあったといわれる。河岸の近くには問屋が集まり、蔵が建ち並んでいた。

直接、生産活動をしない武家の消費生活は町人の経済活動なくしては成り立たなかった。そのため、江戸には武家の他に多くの町人が住んでいた。その人口は嘉永三年（一八五〇）のある資料によると約五六万人（一四万戸）であったとされる。これに武家や、僧侶、神官などを加えると江戸の総人口はゆうに一〇〇万を超したという。

なお町人人口の約三割は他国者であるといわれ、そのなかには出稼者も含まれた。三浦半島の村々からも若者が江戸の奉公人として放出されていたことは前著『幕末の農民日記にみる世相と暮らし』でふれた。また、江戸の町人は女性より圧倒的に男性が多かったという。この事実を知って江戸川柳の一句である「相模下女いとし殿御が五六人」の句意に改めて納得した。さらに前著で記したが、幕末には若者の欠落《かけおち》（出奔）が顕著であった。これらの欠落者のなかには江戸へ逃げ込み、裏店や長屋に住んで日銭稼ぎの職人や日雇いなどして暮らす者もいたようだ。

埋立地と水路（堀）

江戸の絵地図を眺めると川や堀などの水路が開けていたことに気づく。これらの水路は江戸の物流の動脈ともいえ、船によって物資は消費地近くまで運ばれた。三浦半島で漁獲された魚類は押送り船によって日本橋のたもとにある魚河岸へ直接運ばれた。また、材木河岸には三浦半島から薪を積んだ船（柴船）が接岸した。

これらの堀は埋め立てと同時に計画的に設けられたものもあった。例えば水路（運河）が網の目のように発達していた深川はもともと遠浅の海だった地を埋め立てによって陸地にしたところであった。このように埋め立てによって江戸市中は形成されていったようだ。そして一八一八年（文政元）、幕府は江戸の範囲として江戸図に線引をしてその内側を「江戸府内」と定めた。

実は浜浅葉日記では「父出府」とか「兄嘉永丸にて出府」などと、江戸へ出ることを「出府」といっているが、これは江戸府内へ行く意味であったことは間違いない。

村役人であった仁三郎の父や兄が出府した当時の江戸の消費文化は爛熟期に達していたとされる。

江戸の名所と絵図

嘉永五年（一八五二）三月五日の日記は「早朝に兄御出、おちせ三ヶ浦へ行出府」とあり、この日仁三郎の妻おちせは三ヶ浦の実兄同道で江戸へ出向き、その後約一ヶ月間も江戸に滞在したことがあった。その目的は何であったか知る術はないが、おちせは結婚前に江戸の一橋家に奥奉公を勤めていたことがあり、その縁故による用件であった可能性は高い。

実はその折の近所への江戸土産のなかに錦《にしき》

図５-１　絵草紙屋（江戸生活図鑑より）

絵《え》があったことに注目したい。この錦絵は江戸絵ともいう多色刷りの浮世絵版画で錦のように華麗であることからその名がある。今でもその絵師として喜多川歌麿、葛飾北斎、安藤広重などが知られているが、彼らの手によって「江戸百景」、「江戸自慢三十六興」、「東都名所図絵」などのテーマで、日本橋、浅草寺、芝神明、増上寺、神田明神などの名所が図像化され、版元をとおして出版され、その絵が江戸市中では江戸の土産品として売られていた。

この錦絵を近所に江戸土産として配った仁三郎の妻ちせは自身の意識の中で揺ぎないものになっている江戸の強い印象をヴィジュアルな錦絵に託して親戚や近所の者にお裾分けしたのであろう。江戸体験のない村人たちは、図像化された江戸を通して、大店《おおだな》が建ち並ぶ日本橋通り、年中行事を楽しむ江戸っ子の姿、日本橋の魚河岸の賑い、歓楽街吉原の風景、出合い茶屋が建ち並ぶ上野不忍池あたりの風景、夏を彩った隅田川の川涼みと花火などの光景に接し、江戸への憧憬を掻き立てられたに違いない。

日記の上でいうと、仁三郎の最初の江戸行は天保十四年（一八四三）の九月で、仁三郎が江戸で花嫁修業をしていた後に妻となるちせと結婚する前年の二十八歳の時であった。この時一足先に江戸に出ていた父と合流し、父の案内で浅草や上野、江戸城、黒田屋敷などの名所を見物した。

このころ、すでに江戸名所が成立していたことは、江戸名所案内書の圧巻ともされる『江戸名所図会』が天保五年（一八三四）から七年にかけて七巻二〇冊のボリュームで刊行されていたことが物語る。また、江戸には寺社が多く、四季折り折りに縁日や祭りが開かれ、浅草周辺には芝居小屋

表5-1　日記にみる仁三郎の江戸旅

年月日（所要日数）	経路（往路、帰路）	主な目的と同伴者	江戸での立寄り地（泊地）	その他
天保14年（1843）9月3日～6日（2泊3日）	馬で横須賀湊へ行、そこから柴船（薪船）に乗り江戸へ、帰路は東海道筋で戸塚宿に一泊、三ヶ浦へ寄り帰宅	浜松町の上総屋への見舞長井村の者が同伴	父と合流し、浅草、上野、江戸城、黒田屋敷など見物、水天宮、芝へも、上総屋へ泊	先に出府していた父（名主）と合流仁三郎最初の江戸行か
嘉永7年（1854）4月17日～21日（4泊5日）	横須賀湊より船で川崎宿、一泊して品川へ、帰路は東海道筋、程ヶ谷宿から金沢道で野島湊へ出、船で横須賀湊へ	品川の駿河屋へ薪代金の受取村の八郎左衛門同道	上野、浅草、両国、日本橋、芝、池上本門寺など品川の駿河屋に泊	薪代金149両受領本家への土産は亀の子せんべい
安政5年（1858）3月21日～27日（5泊6日）	東海道筋、戸塚宿に一泊して江戸へ、帰路は東海道筋、程ヶ谷宿より野島湊へ出、船で横須賀湊へ	江戸見物と買物、兄の長男嘉十郎と同道	日本橋泊、深川八幡、洲崎弁天、三十三間堂、五百羅かん、亀戸天神、浅草観音、吉原上野、日本橋の越後屋	江戸買物費5両2朱、雑用1両
安政6年（1859）6月16日～20日（4泊5日）	横須賀湊より船で野島湊へ、さらに船で横浜へ横浜泊、翌日船で羽田へ、大師参り江戸へ帰路は日本橋から佐島の押送り船（平造）に乗り、浦賀経由で帰宅	兄仁十郎と同伴、開港直後の横浜の見聞江戸の米問屋（米庄）訪問、買物	上野大師、浅草寺、日本橋（越後屋）佐内町の村田屋に泊	買物2両2分、横浜で見聞
文久2年（1862）4月3日～9日（6泊7日）	鎌倉八幡様、長谷寺に参拝、戸塚宿で一泊、翌川崎大師に参り江戸へ帰路は神奈宿に一泊、それより野島へ出、船で横須賀湊へ	兄の二男保蔵、材木町の柳田訪問	浅草寺、湯島天神、神田明神材木町柳田真斎宅泊八丁堀米問屋（米庄）泊	
文久4年（1864）9月25日～30日（4泊5日）	横須賀湊より佐島（平造）の押送り船で江戸へ帰路は東海道筋程ヶ谷で一泊、金沢通りで野島湊へ、さらに船で横須賀湊へ	嘉十郎（名主代行）、佐島の平造（押送り船の船主）	九兵衛一件の越訴のことで、西河岸みすず屋正八宅へ、深川の栄二郎宅へ行、佐内町村田屋泊	九兵衛一件の本家の用向で
慶応2年（1866）10月25日～30日（5泊7日）	一泊した鎌倉より東海道筋で江戸本芝町の須賀屋へ帰路は江戸より柴船にのり榎戸湊へ、それより鎌倉へ廻り、三ヶ浦に寄って帰宅	助七一件の相談に	八丁堀御組屋敷本芝一丁目須賀屋六右衛門宅泊り	
慶応2年（1866）11月30日～（2泊3日）	横須賀湊より柴船で榎戸へ、鎌倉に廻り、東海道筋で江戸本芝町へ帰路は須賀屋の柴船で本牧へ（仕立金2分2朱）それより金沢通りを経て帰宅	助七一件の相談	親類筋となる本芝町の須賀屋へ助七一件のいやがらせの訴訟についての相談に	

や見世物小屋が立ち並び、そこには人びとが気軽に立ち寄る茶屋や居酒屋もあって、毎日多くの人で賑わっていた。

地方の農村から出てきた人びとからすれば非日常である晴れの日（祝祭日など）が日常に展開されているのが江戸であった。このような観光都市ともいえる江戸に、仁三郎は数度出向き、その都度江戸名所めぐりをしたがそれについては別項でのべたい。

二　仁三郎の大江戸体験

江戸への私用

仁三郎の数度にわたる江戸への旅は単なる江戸見物だけでなく、用件を伴うことが多かったようだ。日記上では最初の江戸体験となる天保十四年（一八四三）九月の場合も例外ではなかった。実は仁三郎が江戸に出向く七日前に父は江戸へ出かけていた。八月二十四日の日記には「親父、新家御上知《あげち》に付江戸へ出勤」とあるので、天保の改革の上地令（江戸・大坂一〇里四方に直轄地を集めようとする施策）にかかわることで他村の村役人と共に父は預り藩邸の役所へ出頭していたようだ。日記によると江戸の日本橋に着いた仁三郎は芝の浜松町の上総屋吉兵衛へ泊り、金一両也の見舞金を三浦村々の名主たちに差し出したようだ。恐らく数人の他村の名主たちも上総屋に滞在していたのであろう。この見舞金を届けたのが仁三郎の用件で、翌日は江戸見物であった。

二回目の江戸の旅となる嘉永七年（一八五四）四月の場合の用事は仁三郎にとっては身の危険もある最も緊張を要するものであった。そのためか用心棒に紺屋の八郎右衛門が付き添った。その用件とは薪代金一四九両を品川の薪問屋駿河屋平右衛門から受領してくることであった。

四月十七日、仁三郎は横須賀湊に出て昼九ツ時（昼の十二時）に船に乗り川崎宿まで行き川崎宿の藤屋に一泊した。翌十八日川崎大師へ参り、それから羽田弁天様へも参り大森へ出て、品川の東海寺にも参詣して駿河屋に到着した。寺社参りでは大任を背負った旅の安全を祈願したに違いない。

仁三郎は駿河屋で直に大金の薪代金を受領したわけではなかった。薪代金の内金二〇両を受け取り二十日まで江戸見物を楽しんだ。大金の受領は帰路に着く前日の夜であった。

日記上で三回目となる仁三郎の江戸行は安政江戸地震三年後の安政五年（一八五八）三月下旬で、本家の嘉十郎と同道であった。嘉十郎は仁三郎の兄の長男で本家の跡取りとなる者であったからか、仁三郎は幼少のころから何かと面倒をみてきた甥っ子だった。

江戸行の表立った目的は米庄（日本橋の米屋庄左衛門）の類焼見舞と買物であった。この年の二月十三日の日記に「昨夜十一日七ツ時より出火、尤《もっとも》江戸安針町より出、小網町、八丁堀、佃嶋周辺焼失いたし候よし」とあり大火があった。この火事では江戸一一八町、一二万四五〇〇軒が焼失した。この火事で類焼した米庄は本家や浜浅葉家の懇意の米問屋であった。しかし、仁三郎らは米庄にも宿泊しているので、米庄は全焼ではなかったのではあるまいか。また、安政江戸地震の被害が大きかった深川や亀戸《かめいど》、浅草、吉原まで見物に出かけたりしているところからすると、災害後の復興の状況を見届ける目的もあったことが考えられる。

四回目の江戸行となる安政六年（一八五九）六月の場合の動機は、二月に開港したばかりの横浜を視察したその延長上のものであったようだ。本家兄と同道で、浅葉家本家は貿易商売に参画をしようとしていたと思われる。七月十八日の日記に「役元より印形持参早昼にて参り候よし申来、右に付本家へ行、尤横浜交易役所へ受書帳差出候に付」とある。江戸では佐内町の村田屋半兵衛宅に二泊し、上野、浅草、日本橋へ出向き買物もしている。

五回目の文久二年（一八六二）四月の江戸行の用件は必ずしも明確でないが、保蔵が同道であることから、後に仁三郎の養子となる兄の二男保蔵の江戸案内と、材木町一丁目の柳田真斎宅への訪問であったと思われる。柳田については安政五年（一八五八）四月一日の日記に「本家に居合候真斎先生鎌倉より帰り候にて参り」とあるのが初見で、以後日記に時折登場する人物で、時折訪れては本家に居候した者で、先生と敬称されているので、何か敬意を受けるものをもっている人物のようだが、それが何であるか日記からは判断がつかない。この真斎先生の案内で浅草、両国、湯島天神、神田明神などをめぐっている。

以上五回にわたる仁三郎の江戸へ出向いた用件を探ってきたが、用件を済ませて直に帰路に着くケースはなかった。それは、用件をともなう江戸行は余地のあるものであったことを意味する。その余地とは江戸見物することである。つまり、表立った江戸行の用件はあったにせよ、江戸に二、三泊して江戸見物する時間的、金銭的な余裕をもった江戸への旅であった。このような旅の事実は地方の人々にとっては、江戸は名所も多く魅力のあるワンダーランドであったことにあるのではなかろうか。

江戸時代は無断で村を離れることにうるさかった時代であった。五人組前書（御条目）には「他所之一夜泊罷《まかり》出《で》候程の儀は名主へ断可罷、若し他国へ奉公に出候か又は引越参候はば其の子細訴出可請差図《さしず》事」とあり農民の移動を規制していた。それにもかかわらず仁三郎の度々の江戸行の事実は、これらの規制が空文化していたことを物語る。

度々の江戸名所めぐり

仁三郎の一回目の江戸の宿は芝の浜松町の上総屋吉兵衛であった。この宿にはすでに出府した父や他村の村役人たちが宿泊していて、その見舞が表立った用件であった。二日目は矢作村の名主と同道で上野へ行き、そこから浅草へ廻り、そこで父や長坂村の名主増右衛門と合流し、浅草見物と食事をしたと思われる。日記には食事のことは記されていないがそう思ったのは、二回目となる次回の江戸出府の日記に「浅草へ参詣、御門前にて又々食事」とあったからである。さらに四回目の江戸出府でも浅草へめぐり、川升で食事をしている。川升はうなぎ料理で知られ、仁三郎らは蒲焼を注文したのであろう。江戸では隅田川でとれたうなぎが名物で、「江戸前」といえばうなぎのことをいったようだ。

さて浅草から四人は大門通りから御城脇を通り福岡藩の藩主黒田の上屋敷を見て廻り上総屋に帰った。三日目、仁三郎は浜松町の宿に近い水天宮に参り帰路に着いた。

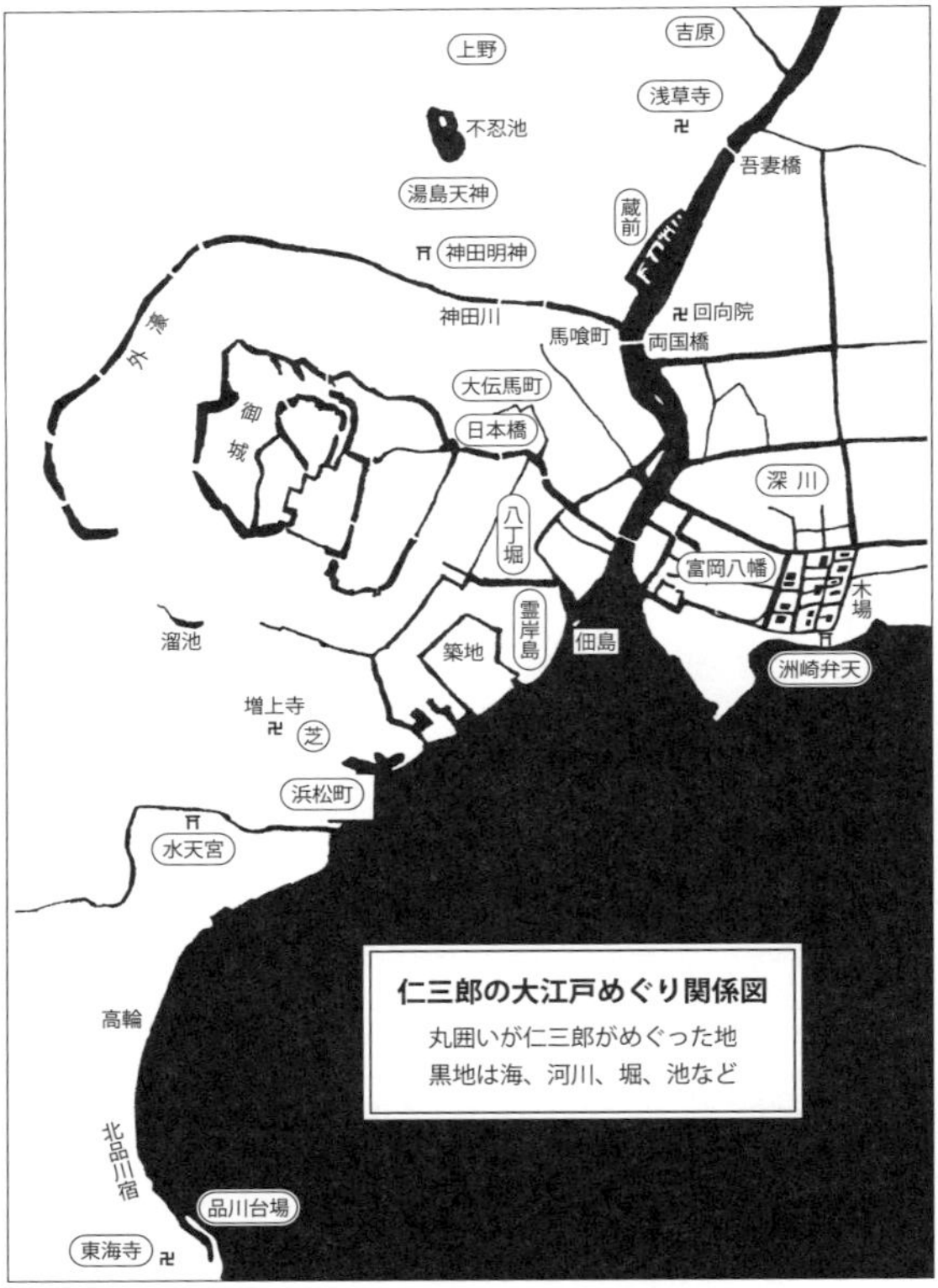

図5-2　仁三郎の大江戸めぐり関係図

二回目の出府でも浅草と上野に参詣した。実は三回目、四回目の江戸出府でも両所は訪れている。なぜ、上野と浅草へは度々出かけたのであろうか。これについては最後に私見をのべたい。

八丁堀の尾張屋に泊った仁三郎らは橋を渡り霊岸島から両国へ行った。両国あたりも庶民が気軽に立ち寄ることのできる葦簾《よしずだれ》張りの茶屋（掛茶屋、水茶屋）が多く立ち並んでいたとされるので、仁三郎らも茶屋の店先に腰かけて季節はずれの桜餅でも食べたのではなかろうか。そこから塩町の二文字屋で合羽《かっぱ》を注文した。代金二朱を渡していることから、この合羽は「まわし合羽」ともいい、着物の上に引き廻して着用する袖のないもので、綿布製のものではなかったか。そのあと、伝馬町を通り日本橋へ行き、江戸最大の通りである日本橋通りを抜け芝の山内へ出、二泊目は品川宿の駿河屋に泊った。

三日目は再び芝山内へ行き、また日本橋へも出かけた。恐らく買物かその下見にでも行ったのであろう。日本橋は大店も多く買物客で賑う江戸一番の繁華街で

図5-3　奈良茶飯屋（江戸生活図鑑より）

あった。日本橋からは西大久保に廻り品川の駿河屋へ帰り泊った。翌四日目は早朝に駿河屋を出立、池上本門寺に参詣して六郷川岸へ出て帰路に着いた。

三回目の出府は安政五年（一八五八）の桜の季節の三月であった。三月二十二日に日本橋三丁目の近江屋市兵衛方に泊った仁三郎と本家の兄の長男嘉十郎の二人は翌二十三日より江戸名所めぐりをスタートした。まず佐内町の村田屋半兵衛宅へ行き、そこに泊っていた武村の東漸寺《とうぜんじ》の和尚と合流し、永代橋を渡って深川の富岡八幡、洲崎弁天へ詣り、「河東第一の名伽藍」といわれる天恩山五百大阿羅漢寺を訪れた。ここでは五百羅漢に参り、栄螺堂《さざえ》にのぼった。仁三郎らは五百羅漢の数の多さに驚き、栄螺堂の高楼から震災から復興しつつある江戸の景観を楽しんだに違いない。栄螺のような形をしたこの高楼は西国、秩父、板東の百番の観音を一ヶ所で参拝できることが売り物になっていたとされる。そのあと三十三間堂から亀戸の天満宮に参詣した。ここの太鼓橋あたりの藤の花は知られているが、まだ花の時期ではなかった。船橋屋のくず餅でも賞味したのであろうか。

そして向島を廻り吾妻橋を渡って、またまた浅草の観音様へ参り、門前で昼食となった。前回は川升のうなぎの蒲焼であったが、今度の一行には僧侶もいたのでうなぎ料理ではなかったのかも知れない。

腹ごしらえの後は仁三郎は恐らく初めてであったと思われるが吉原へ足をのばした。吉原は明暦三年（一六五七）八月に日本橋から浅草の北へ移転して以来、江戸唯一の公認遊里として遊女三千人の遊郭であった。

　仁三郎らは山谷堀沿いの日本堤を歩き吉原大門にたどりつき大門を見上げたことであろう。大門手前の五十間道には売店がひしめきあっていて、仁三郎らはそこで「吉原細見」という吉原のガイドブックを購入したと思われる。吉原の敷地は約二万八〇〇〇坪、そこに妓楼がぎっしりと建ち並んでいる吉原は一つのテーマパークであったといえよう。だからガイドブックが用意されていたのである。

　大門をくぐると、廓を南北に貫く中央大通り（仲の町）が奥へとのびていた。三月弥生の花見の季節となると、この大通りには花の咲いた桜が移植された。テーマパークたる由縁である。

　ところで、仁三郎らは女郎を買うために吉原に行ったのであろうか。日記には「吉

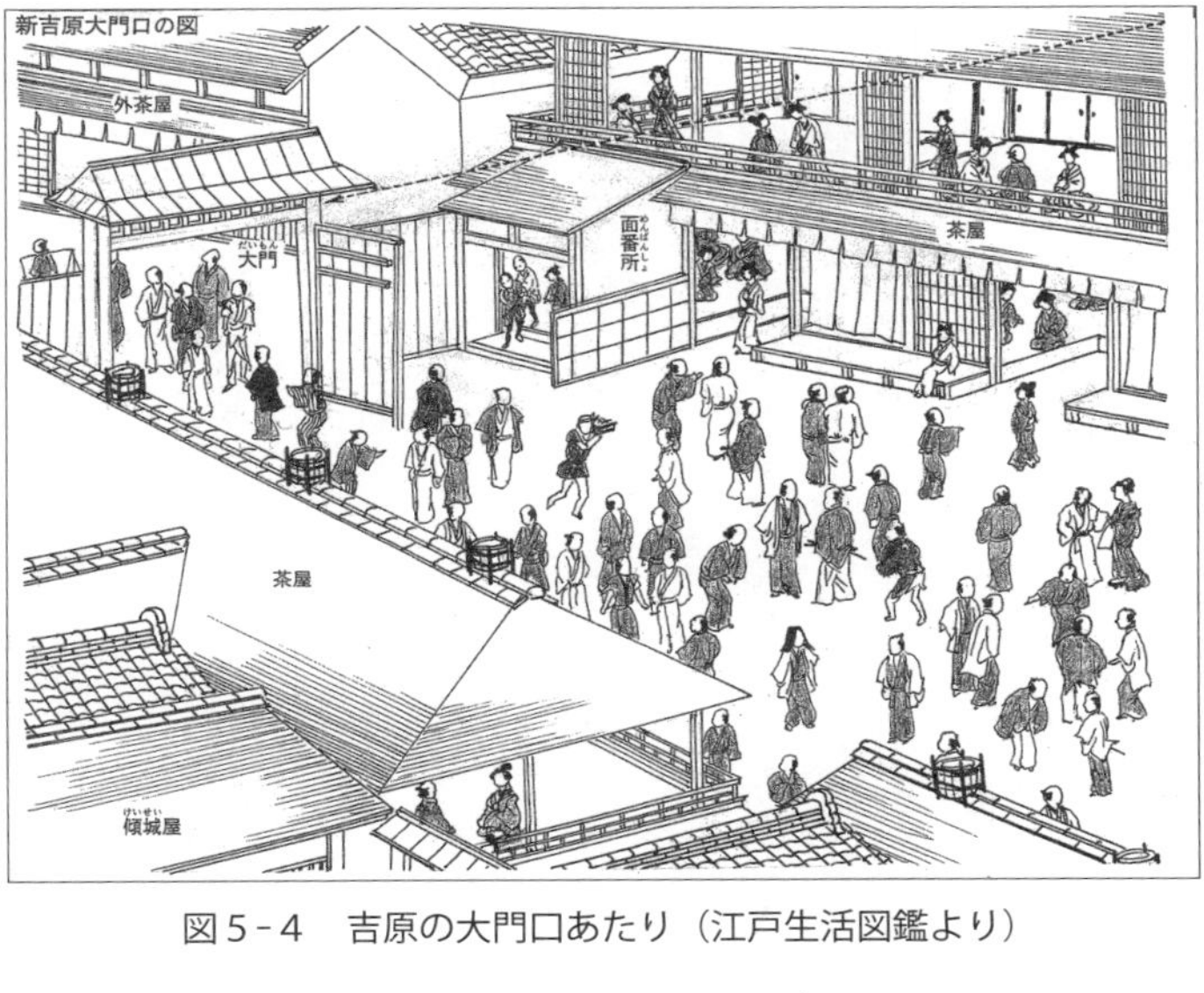

図５-４　吉原の大門口あたり（江戸生活図鑑より）

原へ桜見に行」と明記されているのでそれを信じたい。もっとも、吉原にやってくる人びとは女郎を買うための男衆だけでなく、江戸見物の定番スポットになっていて一般女性たちもこぞって訪れる観光地となっていたようだ。

前日の充実した江戸見物の疲れがあったか三月二十四日の行動は上野の見物と日本橋通りや大伝馬あたりでの買物であった。

上野は現在の東京の花見の名所の一つともなっているが、江戸時代も花見の名所であった。仁三郎らは吉原の花見とは違った静かな花見を体感したに違いない。将軍家の廟所である寛永寺がある上野では花見の宴会などは禁止されていた。

日記には「越後屋にて買物致」とあり、日本橋駿河町の越後屋で買物をしたことがわかる。日本橋通りは江戸一番の繁華街で大店が建ち並び買物客で賑う江戸のメインストリートであった。なかでもひときわ目立ったのが越後屋の繁昌ぶりだったようだ。東西三五間（七〇メートル）の大店舗を構え、二階には全面に巨大な格子窓を備えて他店を圧倒していた。一般的には大店では庶民は買物ができなかったが、越後屋は「現金掛値なし」、「店前売り」、「布地の小ロット売り」などの新商法を取り入れ江戸の庶民の人気を得ていた。日記の江戸行入用覚によると、手拭地一反、花色木綿四反、晒布《さらし》二反を購入したようだ。その他唐物屋や小道具屋で唐物、煙管《きせる》、銅灰掻、錠前などを買った。

翌二十五日、江戸の総鎮守を神田明神と二分する山王権現に参り、愛宕山、増上寺に近い芝の神明様に参って帰路に着いた。

　四回目以降の江戸見物では新たに湯島天神や神田明神などの名所が加わったが、浅草寺は相変らず必ず訪れるスポットであった。そこで最後に、仁三郎の出府の際の江戸めぐりで、なぜ浅草や上野が頻度の高いスポットになったのか、その要因についての私見をのべておこう。

　浅草といえば浅草寺、そしてご本尊の観音様である。信心深い仁三郎も観音様に手を合わせたことは間違いない。申すまでもなく浅草は信仰の場であった。この浅草が、とりわけ仏教の信仰心の厚い仁三郎を引き寄せたことは十分に考慮されてしかるべきことであろう。仁三郎は人生一度の大きな旅は伊勢参りではなく信州の善光寺参りであった。

　しかし、仁三郎が浅草に度々足を運んだのは信仰だけの面からではなかったように思われる。そ

図5－5　上野不忍池畔の料理茶屋（江戸生活図鑑より）

れは浅草が江戸一番のレジャースポットであったからである。浅草寺の裏手には茶屋や見世物小屋などが立ち並ぶ「奥山」があったようだ。見世物小屋では象や珍獣、生人形などのさまざまな見世物があり、大道芸人が人気を集めていたようだ。また、現在は遊園地として知られる「花やしき」の敷地は、もともとは植木屋の森田六三郎が開いた植物園であったようだ。

実は仁三郎は若き時代より園芸趣味があり、芍薬栽培や挿花、庭づくりに余暇を楽しむ人物であった。当時「花屋敷」と呼ばれたこの植物園を素通りすることはなかったと思われる。

勝手な想像だが、仁三郎は観音様にお参りして、花屋敷で憩い、門前で食事をするのが、おさだまりのコースで、この信仰と憩いの場となる浅草がお気に入りのスポットであったのではなかろうか。

浅草についで仁三郎の度々訪れるスポットは上野であった。日記によると「上野大師に参り」とあり、寛永寺境内に大師堂でもあったのであろうか。周りに出会茶屋が並ぶ不忍池あたりを散策するのが彼の性格に似合っていたのかも知れない。当時の不忍池は男女が忍び会いするデートスポットであったとされる。

道程を稼いだ海路

仁三郎が住む大田和村から江戸までの道のりは約一七里であった。仁三郎の江戸への経路は大きく、すべて陸路の場合と一部に海路をとる場合の二つに分けることができる。

安政五年（一八五八）と文久二年（一八六二）の出府では陸路であった。安政五年の場合は早朝に出発して三ヶ浦（堀内村）の妻の実家へ寄り、藤沢の遊行寺へ参り、戸塚宿の倉屋へ一泊し、翌日は川崎大師へ参って護摩修行をし、大森の駿河屋で昼食をとり、日本橋三丁目の近江屋市兵衛方に到着している。文久二年の折も鎌倉の八幡様や長谷寺へ参り、戸塚宿の倉屋に一泊し、ほぼ安政五年と同じコースであった。申すまでもなく陸路では東海道を通り戸塚宿あたりで一泊するのが常であったようだ。大田和村からは東海道に入るまでに距離があるのでどうしても一泊を要したようだ。しかし、往路で一泊すると余裕があり、途中の寺社に参詣することができた。

だが、出発したその日に江戸に着く方法があった。それは海路を取り入れた経路であった。天保十四年（一八四三）九月の出府では仁三郎は長井の者同道で馬に乗って横須賀村まで行き、そこで早目に昼食をとり、薪船

図5-6　神奈川宿（復元）

（柴船）に乗り七ツごろ（午後四時半ごろ）に江戸日本橋に着いた。また、文久四年（一八六四）九月の折の出府でも、横須賀村まで行き、そこから船に乗り江戸へ出ている。

三浦半島の鮮魚や薪などの物資は船で江戸に送られていたことはすでに別項で取り上げた。このように物資は船を利用して運ばれ、旅人は陸路を行くのが原則であった江戸時代であったが、実際には薪船に便乗して江戸へ出向く人がいたのである。恐らく横須賀の湊には旅客だけを江戸に運ぶ未公認の船もあったに違いない。三浦半島の山から産出する薪を江戸へ向けて出荷する積み出しの湊でもあった横須賀村は小さいながらも江戸へ行く人びとの渡船場でもあった。だから明治の時代となった明治九年（一八七六）にはいち早く横須賀湊と横浜を連絡する小蒸気船の海路が開かれた。浜浅葉家は本家と共有で嘉永年間に入ると嘉永丸という荷船を所持していたことは前にもふれた。この持船で村役人を勤めていた父や兄が出府したことがあったことは日記でも認められたが、仁三郎自身の出府でこの船を用いた形跡はない。もっとも、この持船は安政三年（一八五六）に売却されてしまった。

また、仁三郎は佐島村、長井村などの肴仲買人が鮮魚を江戸送りするため備えていた押送り船を利用したことが一度だけあった。

それは安政六年（一八五九）六月の開港したばかりの横浜に一泊しての出府であった。仁三郎は兄と同道で横須賀まで行き、船で野島湊へ渡り久良岐《くらき》郡泥亀《でいき》新田村の名主永島段右衛門方へ寄り、船で横浜へ行った。段右衛門は泥亀新田の開発者永島泥亀の孫であった。横浜では永島庄兵衛の別宅へ泊った。この永島氏は公郷《くごう》村の名主で、嘉永六年（一八五三）に私費で箱崎半島の頸部を開削して、横須賀—金沢間の船運の便をはかったことで知られる。

翌日仁三郎らは横浜を船で出発し羽田の弁天様に参り、それから六右衛渡し場で下船し、川崎大師に参り、そこから大森駿河屋で昼食をとり江戸佐内町の村田屋に投宿した。翌三日目は上野大師、浅草寺、日本橋の三井（越後屋）をめぐり佐内町の村田屋に帰った。四日目は日本橋三丁目の米庄（米問屋）で佐島村の平造と合流した。平造は仁三郎とは懇意の佐島の肴仲買商で押送り船を所持し、度々日本橋の魚河岸へ来ていた人物であった。申すまでもなく、帰路は平造の押送り船であった。しかし、押送り船の出航は夜の四ツ時（午後の十時ごろ）で夜間の船旅であった。翌日に浦賀湊に着き、そこから徒歩で八ツ時ごろ（午後二時ごろ）本家に着いているので、恐らく浦賀には夜の明けるころ上陸したのではあるまいか。

実は相模湾側の押送り船は夜間の航行には慣れていたと思われる。押送り船は魚の新鮮さを保つため、その日漁獲された魚を夕方に積込んで出帆し、夜どおし漕いで午前中に日本橋の魚河岸に着いたといわれる。江戸市中で珍重された初鰹もこのような押送り船の活躍があってのことであった。もっとも、仁三郎らの帰帆も盛夏のころであったので、日中の炎天下の船旅は避けたのであろう。

以上、仁三郎の江戸への経路をみると、陸路だけをとる場合より、一部に海路を複合するケースが多かったようだ。もっとも、当時は一日一〇里を歩くのが限度とされた時代であった。江戸まで約一七里の陸路では、途中で一泊することが余儀なくされた。海路を利用すれば一泊を省くこともできた。三浦半島からの江戸への旅では海上の路を利用しない手はなかったと思われる。旅人は陸路を行くのが原則であった江戸時代であったが、幕末にあっては船による旅客の移送などの禁制はゆるやかで、三浦半島でも船による旅客輸送がかなりおこなわれていた事実を仁三郎の旅の記録が教えてくれた。

江戸旅から思うこと

幕末における仁三郎の旅を勝手に分類すると、一つ目は日帰りの旅、二つ目は一泊から三泊ぐらいの中距離圏の旅、そして三つ目は長期の旅の三区分になるのではなかろうか。

江戸への旅は大山詣でと共に中距離圏の旅で、ハレ（非日常）の消費行動であった。しかし、江戸への旅は大山への旅とはやや異なった旅であったといえよう。その一つは大山への旅は信仰がモチベーションとなるものであったが、江戸への旅は寺社めぐりはあったものの信仰がベースとなる旅ではなかった。江戸への旅では村に講組織や代参の習慣などはなく、旅をせき立てる御師の来訪もなかったことがそれを実証する。

ならば仁三郎の江戸への旅欲を掻き立てたのはなんであったのであろうか。

仁三郎の日記で最初の江戸にかかわる記事は天保五年（一八三四）三月二十八日の「御府内にてはち植松二本求」とのわずか一行の記録で、彼が十九歳の折のものであった。恐らく仁三郎自身が江戸へ出向いてそれを買い求めたのではなく、佐島の江戸通いする押送り船の者に依頼したのではなかろうか。江戸には鉢植の木を御膳籠に納めて、これを天秤棒でかついで売り歩く植木売りがいた。

仁三郎は余暇に花壇をしつらえて草花を植えたり、芍薬や菊を植栽したり園芸趣味をもっていたことはすでにのべた。また、小学、論語などを学んだ修学時代の成果もあってか、「暇ある時は書をも読習ふべし」との「余力学問」の孔子の教えを守り、読書を怠たらない農民であった。嘉永三年（一八五〇）には時折江戸からきて本家に寄宿していた谷文七に依頼し「五経」を江戸から取り寄せたこともあった。そのほか漢方薬にも並々ならぬ興味をもつなど、知識欲旺盛な人物であったとみる。

そんな仁三郎がさまざまな文化の花を咲かせる江戸に無関心であったことは考えられない。ただここで留意しておかねばならないことは、仁三郎はすでに江戸の文化の洗礼を受けていたことである。仁三郎の園芸趣味は江戸の園芸ブームと無関係ではあるまいし、彼の読書への志向も江戸の隆盛な出版事情や読書熱と継絶するものではなかろうか。また、仁三郎は江戸で花嫁修業した妻とくらしていた。はたまた、時折本家や自家に来訪した江戸の商人や町人などと接していた。仁三郎の耳に入る江戸の情報は鎖《とざ》されてはいなかったことは申すまでもない。

ところで、日記上の仁三郎の最初の出府は天保十四年（一八四三）の彼の独身時代であった。そして結婚後、嘉永七年（一八五四）には大金の薪代金受取りという任務をもつ出府があったほか、安政五年（一八五八）までは江戸へ出かけることはなかった。もう少し詳細にいうと、一回目の出府となる天保十四年から二回目の出府となる嘉永七年までの十年間には江戸行はなく、嘉永七年の二回目と安政五年までの三年間は江戸へ足を向けることはなかった。

そもそも、旅欲なるものは、食欲ほど切実なものではない。仁三郎の江戸への旅の志向もその折々の社会的環境によって左右されたことは申すまでもない。

実は、弘化、嘉永年間のころは仁三郎にとっては分家である浜浅葉家の草創期で経済的な安定を欠いていたことも考えられる。しかし、この時期でも大山詣でには出向いているので、仁三郎のこの時期の江戸への疎遠の理由はその他にもあったことは間違いない。

そこで思い付くのは当時の世相である。江戸時代農民はしたたかにさまざまな遵守すべき規制をくぐりぬけて本音の行動をとり、それが大目にみられてきたことはすでにのべた。ところで、時にはそれらの規制が強化されたことがあった。

天保十二年（一八四一）に始まる天保の改革はまさにその施策の一つであった。老中水野忠邦は風俗取締令、賭博厳禁令などを出し、天保十四年（一八四三）には人返し法、上地令を発令した。なかでも人返し令は農民を農村に緊縛しようとする政策を基本とするもので、江戸に住みついている者を帰村させ、江戸や大坂などの都市への人口流入を防ごうとしたものであった。

このような幕府の保守的な施策は一時的ではあれ、農民の生活行動に影響を与えたことは間違いない。つまり仁三郎は当時の緊縮的ともいえる世相のなかで自身の江戸への旅欲が抑制されたのではないかと推察する。

そんな折仁三郎は天保十四年九月に日記上で最初の江戸への旅をした。その用件は天保の改革の上地令の発布によって出府させられていた父や他村の名主たちへの見舞金を届けることであった。

そして、嘉永七年（一八五四）より安政五年（一八五八）までの三ヶ年間に仁三郎の出府がなかったのは安政二年（一八五五）の江戸と近国の大地震と、その翌年の江戸大暴風に見舞われて、江戸市中は大きな被害を受けたことと結びつく。安政江戸地震では死者は深川の一〇八六人、本所の八五八人、吉原の六三〇人、浅草の五七八人をはじめ総計四二九三人となり、江戸の市街は惨憺たる有様となった。

ともあれ、幕末の仁三郎の江戸への旅をみるにつけ、個人の旅欲は社会の安定なくては生ぜず、またそれぞれの経済的、精神的な安定なくしては芽生えることはあり得なかったといえるのであろう。

しかし、仁三郎の幕末の最終盤の江戸の旅となる慶応二年（一八六六）の場合は例外といってもよく、江戸見物や買物などもない用件のみの旅であった。その要件も「助七一件」という質地受戻しをめぐる争論にかかわるものであった。仁三郎はその訴訟のために出府を余儀なくされたものであった。

最後にもう一つ気づいたことをのべてこの項をとじよう。先に仁三郎の江戸への小さな旅と大山詣での旅との相違点についてふれたが、実は共通点もある。その一つは旅の入用経費は共に約一両二分であったことである。江戸行の入用については安政五年（一八五八）三月の出府の際の入用覚が日記に記録されていて、それによると一両二分と二〇四文とある。

二つ目は江戸への旅でも寺社詣でが必須であったことである。浅草の観音様、上野の大師様、深川八幡、洲崎弁天など、仁三郎の江戸めぐりでは寺社参りは欠くことのないものであった。江戸への途次にあっても藤沢の遊行寺や川崎大師などに参詣している。もっともその性向は江戸時代の庶民の旅の基底には寺社詣でが流れていたことと無関係ではあるまい。

第六章　旅さまざま

一　湯治という旅

長逗留の温泉湯治

寺社詣でと同様に、湯治も旅の方便に使われていたようだ。だが湯治の旅は、保養、療養という目的がはっきりしていて、物見遊山に主眼が置かれていたわけではないようだ。

仁三郎の妻おちせは病弱であった。どのような病気であったかは日記からは不明だが、新妻のころより度々近くの長坂村の薬師様へお参りしている。持病を抱えていたのであろう。その持病が悪化したのか度々長井村の医者中原永斎の往診（見舞）を受けたり、鎌倉の鍼医《はりい》や長井村の按摩師《あんまし》にかかったりしているので、ちせの持病は腰下の病ではなかったか。

弘化二年（一八四五）七月六日の日記に、「おちせ病気につき本家より御母様御出被成《おいでなられ》候、郷左衛門儀、長井へ針医師頼に遣し、医師参り泊り」とある。翌日にも鍼医が来て、本家の母が手伝いにきている。そして八月一日、持病の療養にちせは仁三郎の兄が同道して箱根の湯治に出かけた。実は仁三郎の兄も持病があったようで付添をかねての湯治であったのであろう。

日記によると、ちせは九月一日に三ヶ浦より帰宅した。二、三日堀内村三ヶ浦の実家で静養したのであろう。それにしても、約一ヶ月間の箱根の湯治であった。この間、仁三郎は見舞を兼ねて箱根に出向いた形跡は日記からはうかがえない。兄が同伴していたので安心していたのであろう。

二年後の弘化四年（一八四七）九月のちせの箱根湯治は本家の姉が同道した。姉は仁三郎の兄の妻であった。姉妹そろっての湯治はやはり約一ヶ月間に及んだ。

病弱でもあった仁三郎の兄仁十郎は嘉永三年（一八五〇）六月、持船を用いて伊豆国修善寺へ湯治に出かけている。このころ浅葉本家は嘉永丸（のちに順吉丸）という荷船をもっていた。日記には、「夜中頃に兄様舟にて伊豆国修善寺へ入湯のよし御出被成、即刻乗船出帆、尤《もっとも》、其刻は北風に成、三吉、利八参り、手前も舟まで送り行、白砂糖に飴舟へ持せ遣し、其節の風様にては明日四ツ時（午前十時）頃に伊豆国へ着船の様子に見え候」とあり、出帆は順風を待っての夜中の出発であった。伊豆での着船はどこであったのだろうか。なお、兄は八月三日に船で入湯より帰宅したので、修善寺での湯治の期間は約四十日間に及

表6-1　日記にみる湯治に関する記録

年　月　日	日　記　文
天保15. 2. 3	おなか入湯みやげに菓子、油をもってくる
弘化2. 8. 1	おちせ箱根の湯治に行かせた、9月1日帰宅
弘化4. 9. 23	おちせ本家の姉同道で大山より箱根へ入湯に行
嘉永3. 6. 22	兄舟で伊豆国修善寺へ入湯のよし
安政2. 4. 22	親父順吉丸にて伊豆湯河原へ湯治、5月25日帰宅
安政4. 6. 19	草津入湯場行飛脚、郷左衛門、助七両人病気のよし参り
安政4. 閏5. 4	兄箱根木賀へ入湯のよし、舟にて姉も閏5月27日帰宅
文久3. 1. 28	弥左衛門・勘四郎内身延参りの事につき役人中へ行候よし

んだ。また、のちにふれる仁三郎の老父の湯河原の湯治も約一ヶ月間であった。

以上の養生や療養を目的とした湯治をみると逗留は一ヶ月以上と長逗留であったことは明確である。二、三泊の湯治は旅行ついでのものであったのだろう。

江戸時代の温泉場での湯治の長逗留は当たり前のことであったことは、『旅行用心集』や『多田温泉記』などに記される湯治の仕方が示している。『多田温泉記』によると、「入湯二三日に至と、一日食よく進事也。二廻《まわ》り三廻り入湯すると、精気ある人も、胸のつかえほどけて食よくすすみ、嘔《はく》、とぎゃく、腹痛、はらくだりの類、次第に心よく」とある。また、『旅行用心集』には「湯治の仕方ははじめ一日二日の中は、一日に三、四度に限るべし。相応する上は、五、七度迄はくるしからず、老人、又は虚弱の人は斟酌《しんしゃく》あるべし。又は多年の病は一と回。二た回にては不治のものあり。故に三、四回、又は一、二月も入るべし」とある。

出版物がいう二廻り、三廻りとは七日間の逗留を「一廻り」として、つまり二週間、三週間のことである。湯治では湯七日、湯十日は当り前で、それ以下は湯治とはいえなかったのである。通常は三廻り以上する湯治客が多かったといわれている。

温泉場に長く滞在することになると、経費もかかった。幕末のころ、食事代から雑費までも含めると三廻り（三週間）で三両かかったという指摘もある。そのため、経費を詰め、食事は米、味噌などを持ち込んでの自炊が多かったといわれる。

もっとも、当時の温泉場の湯宿は湯漕（湯坪）を備えた木賃宿といってもよいもので、湯河原あたりでは農間余業として湯宿を営むものであったようだ。一方、箱根七湯のなかには、現在の温泉旅館へとつながるような、やや規模の大きい湯宿もあった。

実は、平成二十五年（二〇一三）に神奈川県立博物館で「江戸時代かながわの旅―道中記の世界―」の特別展があった。そのなかで、『七湯の枝折』（つたや本）の湯本の絵が展示されていた。その絵のなかの福住九蔵や小川万右衛門の湯宿は塀に囲まれた屋敷内に数棟の家が建つ規模の大きい宿であった。

『七湯の枝折』に記載される料金によると、一廻りの夜具代込みで金一分と二〇〇文であったとある。金一分は銭に換算すると相場にもよるが一五〇〇文前後ぐらいとみる。これはとすると一日約二五〇文となろう。これは

図６-１　箱根の湯本の湯亭（復元）

二食付で夜具代込みの料金であろう。ちなみに、日記によると当時の日雇人の日当は二五〇文ぐらいであった。

実は先に『日本の宿』（宮本常一編著、八坂書房）からの引用で、幕末のころ、食事代から雑用まで含めて三廻りで三両かかったと記したが、この料金とは大分差がある。現在の温泉旅館の利用料金と同じように、幕末の湯宿の料金もピンからキリまであったのだろうか。

湯治見舞と土産《みやげ》

仁三郎の父仁右衛門は浅葉家十二代目の当主で名主を務めていた。現在浜浅葉家にはこの十二代目仁右衛門の画像（絹本着彩）が残されているが、日記でも名主としての勤勉ぶりは明らかで、浅葉家の最盛期は彼の時代であったように思われる。

この父は嘉永七年（一八五四）の年の瀬に役所出勤の途中、和田の原で落馬する事故に遭遇した。その時父は六十五歳であった。以後体調がすぐれず安政二年（一八五五）四月に湯河原へ湯治に行った。

四月二十二日の日記には「早朝夜あけ方に順吉丸にて親父伊豆へ出帆、尤、湯河原へ御出のよし、供福蔵参り、本家より赤飯一重到来、兄様、伊太郎、若者共三人送り参り、玉子三〇、水飴持船まで送りに行」とある。

実はその前日、父は浜浅葉家を訪れ、仁三郎に湯河原行きを告げていた。恐らく体調がすぐれないことから、湯治によって少しでも回復したいと考えたのであろう。そして、長逗留になることから、持ち物の準備と簡単な出立祝いをしたのであろう。当日の出帆には仁三郎家には赤飯が届いていた。

出帆の当日は日記によると北風で晴れであった。前年に家督を継いだばかりの兄や仁三郎らに見送られて持船である順吉丸（嘉永丸）は静かに順風にのって初夏の海へ乗り出したことであろう。船上の父は朝日に光る青葉の三浦半島の山々を眺めながら相模湾の船足を楽しんだに違いない。

ところで、現在では湯河原は伊豆半島の頸部に位置し、箱根、熱海と並ぶ東京の奥座敷と呼ばれる神奈川県の南西端に位置する温泉場である。仁三郎の日記には「伊豆へ出帆」とあり、湯河原は伊豆の温泉場とみていたようである。

湯河原温泉は古くから「小梅の湯」とか「こごめの湯」とも呼ばれる温泉場で、弘法大師が発見したという開湯伝説もある。慶安四年（一六五一）小田原藩主稲葉正則が来湯の際、本湯のほか新湯が湧出し湯屋が許されたといわれる。幕末にあっては箱根や熱海と比較すると湯宿が四軒の小さな温泉場であったようだ。現在では温泉旅館は一九四軒を数えるという。

ところで、逗留期間が長い湯治では現代人からすると当時の湯治客は時間をもてあましたのではないかと余計な心配をしてしまう。温泉場の近くに景勝の地や有名な寺社や史跡などがあればよいが、湯河原のように特に何もない温泉地では閑寂に耐えられないこともあったのではなかろうか。

もっとも、湯宿には寝泊りする他の湯治客がいたので、世間話に時間を過ごすこともできたであろう。また、自炊などすれば気もまぎれたことであろう。

『江戸の旅文化』（神崎宣武著、岩波新書）によると、越後の温泉地では、逗留が一週間を過ぎると、親兄弟や親戚、知人などがごちそうをつくってやってくる習慣があったという。これを「湯治見舞」といったという。

そこで仁三郎の父の湯治でもこの見舞がなされたのではないかと日記を辿ると、五月十三日の日記に「昨日伊豆入湯場へ飛脚参り候につき菓子に素麺、こがし持たせ手紙添送り」の記事があった。四月から五月にかけてのころは、麦の刈り入れ、田植、夏野菜の植付などと猫の手もかりたい農繁期であった。湯治見舞へ出かける暇もなかったのであろう。湯河原への湯治見舞は飛脚にたのんだのである。

実は、日記のなかで、病気見舞、忌中《きちゅう》見舞、大風見舞、大雨見舞、地震見舞、近火見舞、寒中見舞、暑中見舞、長期旅行中の留守見舞などがあり、当時の地縁や血縁の絆が強かったことを思い知らされていたが、湯治見舞には気づかなかった。

湯治見舞を貰えば手ぶらでは帰れない。土産を買って行かねばならなかった。湯治の父は五月二十五日の七ツ時（午後四時ごろ）湯河原より船で帰宅した。湯河原の土産はなんであったのか。六月十日の日記に、「親父入湯土産として手拭一反に箸箱一ツ到来」とある。仁三郎への土産は手拭地一反と箸箱だった。

余談になるが江戸時代後期のころ、箱根では旅人の土産に茶屋などで挽物《ひきもの》細工が売られていたことが知られている。それもあって畑宿では農間稼にろくろ細工が盛んであった。現在でも寄木細工は畑宿の名産品である。

また、東北地方では湯治土産にコケシが売れた。そのため、湯治場の近くにコケシ作りが発達した。

湯治に行く人、行かぬ人

どうしたことからか、仁三郎の日記には自身が湯治に行った記録がない。もう一つの疑問は文久年間以降数年間の幕末最終期の日記には湯治にかかわる記録がないことである。

仁三郎の湯治への旅の体験がなかったことが事実であったとすると、それは彼の健康と大いに関係があろう。すでにのべた通り、寺社詣での旅と違って、湯治への旅には物見遊山性は乏しく養生や療養の目的が明確であったからである。

だが、持病があったり病弱な者の多くが湯治にこぞって出かけたとは考えられない。経済的、時間的に余裕のない三浦半島の農民のなかには湯治の旅などは高嶺の花と思う者も多かったのではなかろうか。

日記からみて、仁三郎は病弱であったとは思われないが、疝気《せんき》という持病があったようだ。疝気とは漢方でいう下腹部内臓が痛む病気であった。また、仁三郎は経済的には恵まれた上層農民の一人であった。にもかかわらず、湯治の旅で草鞋《わらじ》をはかなかったのには次のような事情があったからと推察する。

仁三郎は自身に持病があることからか、漢方薬には人並以上の関心と知識をもっていたことは別著で披瀝したことでもある。例えば仁三郎は村の薬籠であったといってもよい。日記によると、急病人が出た時や伝染病が流行した折には仁三郎は依頼されれば村内の知人などに薬を融通することは度々であった。どんな薬を分けていたか調べてみると一粒金丹、升麻葛根湯などの方薬や売薬などのほか生薬を含め約二〇種に及ぶものであった。そして恐らく仁三郎は自分で生薬を作ったものと思われる。それは芍薬を栽培したり、薬煎り鍋を江戸から買い求めた事実があるからである。芍薬の根は下痢や腹痛止めの薬であった。

漢方薬に知見がある仁三郎は、体調をくずした折には薬湯をたてたことが日記でわかる。例えば文久三年（一八六三）七月三日の日記の最後に「手前は気分あしく休」とあり、その翌日薬湯に入ったことが記されている。酷暑の日が続き夏まけしたのであろう。残念ながらどんな薬湯であったか記されていない。枇杷《びわ》の葉を用いたものだったのか。枇杷葉湯は暑気あたりに効能があるともいわれた。

薬湯を自らたてて入ったぐらいの仁三郎である、温泉湯治の効用を否定するはずはない。なんと仁三郎は熱海の湯を樽に入れて船で運ばせ、自宅で温泉湯治をしていたのであった。そして驚いたことに、仁三郎は熱海の湯を五〇回もたてかえして湯治をしていた。文久四年（一八六四）五月七日の日記に「豆州熱海河原の湯、昨夜まで都合五十日余入湯仕舞になる。もっとも昨夜より家内の者のこらず入り」とある。日記では取り寄せた熱海の湯に入ることを「湯附」といっている。これは湯につかることをいったのだろう。以上のような事情から仁三郎はわざわざ湯治の旅へ出かけなかったのではなかろうか。

最後になったが、文久から慶応四年（一八六八）までの間、日記に湯治にかかわる記録がないのは、このころ御一新への胎動であったのか、世情は不安定化し、治安は乱れていたことにも遠因があろう。その風潮は村々へも及び、仁三郎の村も混雑していたことは繰り返しふれてきたことであった。とりわけ浅葉本分家への冷遇の風当たりは強かった。このような状況のなかで仁三郎の近親者らの湯治への旅は遠のいていたと推察する。

地元に温泉場があった

幕末の三浦半島に「諏訪の湯」（湯沢温泉）という湯場（温泉場）があった。といっても源泉の温度はそのまま湯といえるほど高くなく、適温にするのには加熱しなければならなかった。したがって正確には鉱泉（冷泉）を温めた温泉場といった方がよいのかも知れない。

この湯場は現在の阿部倉《あべくら》温泉の前身となるもので上平作村（現、横須賀市平作）にあった。江戸時代の地誌ともいえる『新編相模国風土記稿』の上平作村の項には「湯ノ沢南方にあり、ここに径三尺、深二尺一許の洿池《おち》あり、池中硫黄の気あり、相伝ふ温泉の跡なりと、此辺権現の名あり、古へ湯花権現の在地跡なりと云」とある。

もう四十年も前になろうか。阿部倉温泉の湯元（源泉）を探訪したことがあった。湯の沢を渡る大楠山登山道の小さな橋がある地より二、三〇〇メートル上流の川端にコンクリート枠の湧水を溜める小さな水槽があった。なかをのぞくと底の方に水溜りがあり、硫黄のような臭いがした。ここは古い源泉地であったようだ。その脇には二体の石仏を安置する。一体は薬師如来像のようにみえるが、もう一体は風土記稿でいう湯の花権現の像なのであろうか。現在の阿部倉温泉の源泉地はこれより約五〇メートルの上流にあった。

のちに詳しく紹介するが、「湯澤《ゆのさわ》温泉実験記」という弘化二年（一八四五）の記録が下平作村の名主を務めていた世安家に残されている。これによると、正徳年間（一七一一〜一六）にこの鉱泉地に湯場を開くため願い出た者がいて許可されたが、大地震のため湯口が崩れ開湯は中断されたことがあった。

それから約百三十年を経て、弘化二年（一八四五）に下平作村阿部倉の世安勘右衛門が再び湯沢温泉と称した湯場を開いたのであった。

当時の湯場の設備はどのようなものであったのかを知る資料は残されていない。阿部倉温泉に伝えられる話では、大正八年（一九一九）までの湯場は湯の沢に沿った地にあって、建物は二階建て、三〇坪ほどの杉皮屋根の家があり、風呂は五右衛門風呂で、鉱泉は桶で運び汲み入れていたといわれる。幕末にあっても五右衛門風呂であったと思われるが、建物はもっと小さな小屋程度のものであったと思われる。

家庭風呂が贅沢であった幕末のころにあって、この湯場は村人にとっては有り難いものであったに違いない。しかし勘右衛門は村湯としてだけでなく、もっと広く多くの人びとに利用してもらおうと意図していたことは間違いない。その物証として弘化二年に設置された「諏訪の湯道従是《これより》三丁」と刻まれた自然石の道標が、大楠山の登山道が里道と交叉する阿部倉町内会館前の路傍に今でもたたずんでいる。そして、この年に勘右衛門は竜崎戒珠に湯泉記の執筆を依頼した。

湯澤温泉実験記

薬湯や温泉好きであったと思われる仁三郎の日記には下平作村にあった諏訪の湯（湯沢温泉）のことに関しての記事は全くない。仁三郎はその存在さえ知らなかったのであろうか。また、湯場があることは知っていたが、それは仁三郎の関心の外にあるものだったのだろうか。仁三郎は湯場に近い上平作村の瘡守《かさもり》稲荷には度々参詣していたので諏訪の湯の噂ぐらいは認知していたと思われる。

そのあたりの事情を「湯澤温泉実験記」という温泉記から探ってみたい。この温泉記については全文を『三浦半島の文化第十四号』（三浦半島の文化を考える会）で紹介したので、その概略をまずのべておこう。

この温泉記は湯場の開発者世安勘右衛門の依頼を受けて、幕末の三浦半島の文人であった竜崎戒《かい》珠《じゅ》が執筆したものである。依頼をされた戒珠は宣伝めいたことも多少なりとも書かねばならないことから、執筆には少々抵抗を感じていたに違いない。文章の冒頭に「窃《ひそ》かに識す…」とある。

温泉記の内容は三つの湯場の由来譚と温泉の効能が主となり、附記として、信州諏訪の七不思議と当地阿部倉の七不思議の伝承が記されている。七不思議とは自然現象などに関する不思議なことが、土地ごとに七種ずつ集められて「何々の七不思議」と呼ばれる伝承である。

二つの七不思議の話を附記したのには二つの意図があったものと推察する。一つ目は温泉場である信州の諏訪と諏訪神社を村の鎮守とする下平作村阿部倉との縁《えにし》を強調するため、二つ目は史実よりも伝承が主体となる温泉記の性格をより強めるためであったと思うがどうだろうか。いずれにしても、阿部倉の七不思議は戒珠がまとめ上げたものであるに違いない。

竜崎戒珠がひそかに書きしるした実験記は木版刷りして広く流布されることなく、原文だけが依頼主であった世安勘右衛門のもとに保存されていた。世安勘右衛門は執筆には消極的であった戒珠の意を汲んで温泉記を世に出さなかった可能性は高い。

とすると、湯沢温泉（諏訪の湯）は幕末にあっては三浦半島唯一の温泉であったには違いないが、一部の人びとにだけ知られた隠れ里の湯場であったのであろう。

実験記によると、湯沢温泉の効能は脚気《かっけ》、腹痛、積痞《せきひ》、疥癬《かいせん》、淋病、疝気、便毒、中風《ちゅうふう》、頭痛、眩暈《めまい》、骨痛、撲損、腰冷、眼病などとある。そして、「大躰の軽き症は一巡りも入結べば全快可有之、病症により幾まいりも御入湯被成候へば身体大丈夫に相成候事必々無疑者也」とあり、最低一めぐり（七日間）の入湯をすすめている。

日帰り入浴や一、二泊の湯治はご法度であるとすると、湯場には自炊して寝泊りできる小屋掛けぐらいの設備はあったものと思われる。だが問題はこの湯場は天然の水でも温水ではなく冷泉である。随時湯をわかさなければならない。あるいは、湯焚きの仕事も利用者が自らおこなう湯場であったのかも知れない。

いずれにしても、山里に囲まれて隠れるようにして一部の人びとに利用されていた湯沢温泉は三浦半島にあっても広く知られた湯場ではなかったようだ。

しかし、大楠山に抱かれた秘湯の環境は豊かで、湯のなかで小鳥のなき声や沢の水音を聞くこともできたし、夏にはホタル合戦を観戦することができた。そんな秘湯のおもむきのある湯場であることからか、幕末からこのかたひと時の休養を求めて訪れる人は絶えず、現在でも阿部倉温泉の名でこの湯場は営業を続けている。

二　欠落《かけおち》という旅

一人旅と欠落人

旅には二通りあることはすでにふれた。二人以上の旅と一人旅である。その点は古今を通じて変わらないようだが、江戸時代の旅は比較的一人旅は多くはなかったように思われる。日記から幕末の旅をみてもそう思う。

しかし、一人旅が全くみられなかったわけではない。別項では村に訪れた旅人についてもふれるが、日記でも浜浅葉家に一人旅の遊行者が訪れている。

もっとも、現在と違って旅にさまざまな苦労や不安がともなった時代には一人旅が少なかったことは理解できる。しかし世のなかが比較的安定し、街道が整備された江戸時代中期以降は徐々に一人旅は多くなっていったとされる。

旅とは食べ物の「タベ」、つまり「賜《し》べ」「ください」ということから転訛して「タビ」になったという語源説もあるようだ。たしかに、旅とは自宅を出て他の地へ行くことをいい、旅館や飲食店、コンビニなどのない時代にあっては、一人旅に出たら、食物は他人様から恵んでもらうほかなかった。こんな点からすると、一人旅の元祖は乞食《こじき》であったといってもよいのだろうか。

コンビニはなかったものの、一膳飯屋や居酒屋、旅籠などがあり、貨幣経済が津々浦々まで浸透していた幕末は、金銭さえ携えていれば一人旅は容易にできる時代であったといえよう。

そこで一人旅で想起されるのは、幕末の社会に顕著にみられた欠落である。江戸時代には失踪や逃散、または相思の男女が相伴ってひそかに逃亡することを欠落と書いた。なかでも若者の欠落は幕末の社会問題の一つであったともいえる。そこで、幕末の欠落については前著である『幕末の農民日記にみる世相と暮らし』の中でもすでに取り上げたので、詳細はそれに譲り、ここでは、一人旅との側面から欠落を再考してみたい。

幕末の欠落の実態は一様でなくさまざまな様相をみせていた。まず目立ったのは若い年季奉公人の欠落であった。当時の村社会には経済的な格差があり、土地所有の多い地主的富農層は小作地を保有し、数名の奉公人を抱え、一方、小作農などの零細農家は苦しい家計維持のため若い奉公人を放出した。つまり、当時の奉公人は年貢や借金の債務の肩代りに質奉公として出される者が多かった。

そんな事情もあってか、奉公先から欠落する若者も多かった。しかし、これらの欠落人は十分な金銭を携えておらず、他国へまで逃散する者は稀で、その多くは三浦半島内で数日間に発見され連れ戻されるケースが多かった。

また、貨幣経済社会であった幕末には、酒や女遊び、賭《か》けごとなどから身もちをくずし、借金苦に陥り出奔する者もあった。このような事情で欠落した者は再び村へ戻ることはままならず、発見される確率の低い江戸へ逃げ込み、日雇い人などになって暮らした。

色恋にからむ駈落は意外と少なく、浜浅葉日記の上では二件で、そのうちの一件は心中（情死）にまで至っている。

そして、最後にあげる欠落は経済的には恵まれた上層農家の若者の事例である。具体的にあげれば一件は仁三郎の妻の弟である豊二郎の欠落であり、もう一件は仁三郎の甥である保蔵の、いずれも近親者の出奔であった。

二人は共に良家の二男坊であった。欠落した動機や理由は必ずしも明確ではないが、家庭的事情が原因とも推察できる。長子相続が一般的であった時代にあっては二男以下の立場は不利であったからである。

以上のさまざまな欠落では、家族ぐるみの逃散はごく少なく、男女をともなう駈落をのぞけば、その多くは単独で、いわば一人旅であったといえる。

ところで、旅という行動には旅に出たいという気持（心）が不可欠であろう。逃散の旅をともなう欠落も旅の範疇にくみ入れるとすると、その旅心は他の旅と比較するとより深刻で切迫的であったといえるが、日常のまとわりつく雑事やさまざまな縁から脱け出たいというものであったことは他の旅と共通することであろう。

とりわけ、一人旅にはそれぞれの「旅に出たい」という旅心が強く作用したのではなかろうか。

人には食欲と同じように「旅欲」という欲望が潜在しているのかも知れない。

欠落人探索の旅

欠落には逃散の旅とは別にもう一つ探索の旅が付随した。その旅にふれる前に、幕末には欠落があるとその周辺ではどのような処置がとられたかをのべねばなるまい。

まず欠落が確認されると、村の役人は親類、五人組の者と共に地方役所（代官所）へ届け出た。届けを受けた役所は捜索することなどはなく、その捜索を親類や五人組に命じた。そして、一期三十日ずつ六期の百八十日を過ぎても欠落人を探し出せない時は、改めて無期限の永尋《えいたずね》を命じた。それでも行方不明の状態が続くと、村役人から帳外願を出させ、宗門人別帳から欠落人を除外した。帳外となれば村や五人組は欠落した本人とは一切かかわりがないことになり、連帯責任は解かれた。だから村で欠落人が出ると、村役人をはじめ、親類や五人組の者は大変迷惑した。

なお、五人組とは江戸幕府が設けた最末端の行政単位でもあり、また農民の隣保組織であった。その目的は年貢完納や治安維持の連帯責任や相互扶助、さらに吉利支丹《きりしたん》禁制にあったとされる。

さて、ここでは良家の若者であった豊二郎と、仁三郎の甥である保蔵の探索の旅を日記からみてみよう。安政三年（一八五六）六月九日、仁三郎の妻の弟である豊二郎は江戸へ勘定のため出かけたまま出奔した。仁三郎は豊二郎がかなりの金銭を携えていることを予想してか、逃亡先を箱根方面と見当をつけた。当時の箱根の湯治場は箱根七湯ともいわれ、湯本、塔の沢、堂ヶ島、宮の下、底倉、木賀《きが》の六湯と駒ヶ丘山麓の芦之湯の湯治場をいった。

箱根七湯への仁三郎の探索の旅は六月十二日からであった。七ツ時(午後四時ごろ)豊二郎の実家がある堀内村（三ヶ浦）を出発し船で鎌倉の材木座まで行き、それより四ツ谷（藤沢市羽鳥一丁目）まで行った。到着した時、すでに夜に入っていたので馴染の伊勢屋に投宿した。四ツ谷は大山道の分岐点で仁三郎の大山詣での休憩地でもあった。宿代は二人で五〇文であった。なお、仁三郎には雇人の留吉がお供した。

二日目となる六月十二日、仁三郎は早朝に四ツ谷を出立、馬入川（渡賃三五文）、酒匂《さかわ》川（渡賃九〇文）を渡り小田原宿の大

図6－2　塔の沢の湯場（復元）

丸で昼食（代金一九〇文）、三枚橋の長谷屋で小休（茶代五〇文）して七ツ時に芦之湯の紀の国屋に着き一泊した。もちろん豊二郎の姿をみることはなかった。芦之湯は七湯のなかでも最も標高の高い湯治場で、硫黄の気が強い効能のある湯として知られていた。仁三郎は一泊するならばここと決めていたのであろう。

三日目の六月十三日は芦之湯を出立、木賀の亀屋、底倉の蔦屋《つたや》、宮の下の奈良屋、堂ヶ島の近江屋、塔之沢の一の湯、湯本の福住とめぐったが豊二郎の音信さえ得ることはできなかった。この日は小田原宿まで行き、旅籠の小清水に投宿、旅籠代は二人で五〇〇文であった。

四日目は小田原を出立、四ツ谷の伊勢屋で昼食（二五二文）、七ツ時ごろ三ヶ浦へ寄って、探索の結果を報告し夕方に帰宅した。

四日間の夏の箱根七湯めぐりの探索は空振りにおわったが、計らずも仁三郎にとっては初体験と思われる七湯めぐりが実現した。すでに記したことだが、日記の上では仁三郎は箱根七湯の湯治の記録はない。もっともこの旅でも温泉につかったのは一度だけであった。

自身の貴重な体験であったことからか、七湯めぐりの経費が行程と共に日記に記録され、当時の湯治の旅経費を知る上で参考になる。例えば芦之湯の紀之国屋の宿賃は虫食で不明だが、小田原宿の小清水の旅籠賃が一人二五〇文とあるので、恐らく同じぐらいではなかったか。昼食代は一人一〇〇〜一二〇文ぐらい、茶屋でのお茶代は一人一〇文か二〇文などと、旅の経費がわかる。締めて、箱根七湯への探索の旅の経費は一人一二三〇文であった。

これらの探索の経費は慣習では直接探索にあたる親類や五人組の者は自前であったようだ。しかし、仁三郎は一人の日雇人を供にしたので、その分は貰ったのであろう。

欠落から約一ヶ月後の七月十日、三ヶ浦より使いがきて豊二郎が帰ってきた旨が仁三郎に告げられ、一件落着した。豊二郎は持金が底をつき帰ってきたものと思われるが、逃亡先は日記に書かれていない。

それから一年も経たない安政四年（一八五七）三月に、こともあろうに、今度は仁三郎の甥である二十一歳の保蔵が出奔した。仁三郎はそれを知らせにきた保蔵の兄嘉十郎に鎌倉方面を探すように指示し、即刻自身は助七を雇い横須賀渡場から金沢、保土ヶ谷と東海道筋を探し、助七を江戸へ行かせた。結局、保蔵は約半月後の四月七日に伊豆の下田で発見され連れ戻された。

人探しの旅は報《むくい》のない場合が多かったようだ。

三　巡礼という旅の原点

身近な巡礼―百庚申《こうしん》様めぐり―

巡礼というと、信仰によって聖地・霊場を巡礼するキリスト教徒のパレスチナ巡礼、また回教徒の巡礼、はたまたわが国の西国三十三観音巡礼、四国八十八所めぐりなどが知られている。これらの巡礼は「あるく旅」であった時代にはさまざまな危険や困難がともなう行為であった。したがって、西国、四国の巡礼などの長旅は一般庶民にとっては一生一度実現できれば恵まれた方であった。

一方、日帰りできるような身近な巡礼が幕末の村社会にはあったことが、日記から確認できる。それは庚申様めぐりというささやかな巡礼である。

庚申様とは六十日ごとにめぐってくる庚申（かのえさる）に当たる日におこなわれる信仰で、この夜は身を慎んで、講の仲間と共に過ごした。そうでないと、人間の体内にいる三尸《さんし》という虫が体内からぬけ出し、天帝にその人の罪過を告げ早死にさせるとされた。また、庚申の当たり年や災厄をまぬがれた年には講の仲間と費用を出しあって庚申供養塔（庚申様）を建立した。今でも三浦半島の古道の辻などに江戸時代の庚申塔を見かける。

日記からも庚申の日に講中の人たちが宿となった家に集い、庚申待がおこなわれていたことがわかる。天保十四年（一八四三）七月十九日の日記に「庚申待に夕方本家へ行」とあり、また、文久二年（一八六二）九月十九日の日記には「本家より茶飯、おにしめ、外にくずに到来、昨夜庚申待当番のよしにて」とある。

庚申待の宿の当番になると、部屋に庚申様（青《せい》面金剛《めんこんごう》像）の掛軸をかけ、その前に庚申膳を供えたものと思われる。夜になると講中の者が宿に参集し、庚申様に参り、その前で世間話をしながら夜を過ごしたのであろう。そのため、夜食が用意されたようだ。そのご馳走はそう豪華なものでなく茶飯とにしめであったようだ。茶飯は茶の煎汁で炊いた飯で、塩と醤油を少々入れて炊き込んだものだった。にしめは、「おひら」ともいい人参、

図6-3　庚申塔（長井村）

しいたけ、ごぼうなどの野菜を煮しめたものであった。

嘉永五年（一八五二）五月十五日の日記には「昨夜庚申様にて、おちせ本家へ行、今朝早くに帰る」とあることからも、庚申待は夜を徹しておこなわれ、日の出を待っておひらきになったのであろう。

六十日ごとにめぐってくる庚申の日には庚申待だけでなく、村々の村境や辻などに祀られる庚申塔をめぐってそれに参ったことが日記から判明する。つまり、庚申塔参りの巡礼がなされていた。それを実証する日記文が安政七年（一八六〇）九月三十日のものと慶応三年（一八六七）三月六日のものである。

「庚申様参り、それより御宮へ参り、村中参り、武村一騎塚へ行、黒石を通り、長井村経応寺へ参り、それより帰る。御庚申様地蔵様に百二十三躰参り、夕方に帰宅」

慶応三年（一八六七）三月六日の日記には「峻海和尚様御出、昼飯出し、それより同道にて庚申様参りに行、林村より長井村荒井観音様まで行、凡そ庚申様一五七、八躰御参り致し候」とある。

仁三郎の庚申様めぐりは自村だけに限らず隣村の武村や長井村までにわたるものであった。それは一〇〇体以上ものより多くの庚申塔に参ることが信心を深めるとの考えがあったからであろう。一〇〇体以上もの庚申塔に参るのも大変なことであったに違いない。このような苦行が信仰心を深めることになるという思考は他の巡礼と共通することでもあろう。

恐らく仁三郎の庚申様めぐりでは村内の庚申様に参っただけでは一〇〇体以上にならず、隣村の武村や林村、さらに長井村の庚申様に参ったのであろう。例えば武村の一騎塚という地には現在でも三浦半島最大と思われる大きな庚申塔を含む七基の塔が他の不動明王像などと祀られ、横須賀市指定の史跡の一つとなっているが、仁三郎も度々ここを訪れたと思われる。

仁三郎は一騎塚より林村の黒石に出たと思われる。黒石は長井村との村境となる地であることから、庚申塔、馬頭観音塔、題目塔、弁天像などの石仏や石塔が集中する所であった。また、村境となる切通しあたりは、旅人の休息地点でもあった。日記にも「黒石甘酒屋」が出てくるが、近くに茶屋を営む家もあったようだ。仁三郎もここでひと休みすることもあったのであろう。

安政七年（一八六〇）五月二十七日の庚申の日の日記に「御庚申様参り、長井、林、武まで、それより赤坂を通り一七七粒の大豆納め」とあり、仁三郎は大豆を所持し、一基一基の庚申塔に大豆一粒ずつを献じ、それによって参拝した庚申塔の数を計ったようだ。

また、文久四年（一八六四）一月一八日の庚申の日の日記には「手前は宅間の寺より出立、それより百庚申様へ参り、お猿畑へ参り」とあり、鎌倉で百庚申参りをしたこともあったことがわかる。

ところで、より多くの庚申塔をめぐる百庚申参りは庚申信仰の勤行《ごんぎょう》のなかで庚申の真言である「オコウシンデ、コウシンデ、マイタリ、マイタリ、ソワカ」を一〇〇回唱えることに依拠すると思われるが、また、お百度参りの呪法に通じるものかも知れない。

ともあれ、仁三郎は百庚申様めぐりの信仰的ウォーキングによって、ひと時の解放感を得たのではなかろうか。また、百庚申様めぐりは出会った村人や他村の人びとと語りあうことのできる機会であったと思われる。

百庚申様めぐりから百庚申塔へ

仁三郎の村である大田和村のなかほど、三浦一族の大田和義久の城館跡と伝えられる大田和城址からほど近い所に専養《せんよう》院という無住の小さな寺があった。また、この寺の近くには浅葉家の本家があった。

この寺に江戸時代の末ごろ、願海という念仏行者が住まったことがあり、その縁からか境内に願海の念仏供養塔が今でもある。願海はこの寺には長くとどまらず、ここからさらに奥まった谷戸にこもって修行した。

若い時代の仁三郎はこの願海と接触して感化を受けたと思われ、それについては別のところで詳述した。

図6-4　百庚申塔（大田和村）

そのようなこともあってか、専養院には浅葉家にかかわる二つの事物が残されている。その一つは浅葉家が寄進した釣鐘《つりがね》で、もう一つは百庚申塔である。なかでも百庚申塔は仁三郎だけでなく、本家と共に浅葉家一統が庚申様を信仰していたことを示すモニュメントともいえる。

塔に刻まれる「庚申塔之紀」によると、この一群の百庚申塔は明治五年（一八七二）の春に十四代目浅葉仁右衛門が建立したもので、「父真晃は累年百庚申塔の建立を志したが遂に果さず没したので、その志を嗣いで太上帝王利益万却のためこれを建立した」とある。

ところで、専養院の境内にある百庚申塔群は一二基の塔からなる。これらの塔のなかには数多くの「庚申塔」の文字が彫られているものが六基ある。一基に一九の文字があるもの、一基に一七の文字があるもの、一基に一五の文字があるもの、一基に一一の文字があるもの、その他八文字のもの三基、一基に一文字のもの六基、合計すると「庚申塔」の文字は一〇五となる。この事実が百庚申塔と呼ばれる由縁である。

このような百庚申塔を設けた直接的な理由は、浅葉一族の者が老齢化によって脚腰が弱くなっても、卑近な場所で、しかも一ヶ所で百庚申様参りができることを願い求めたためだったのではなかろうか。

実は、この百庚申塔群の建立には仁三郎も密接にかかわったことは明治五年の日記からもいえそうである。その日記文を抜き書きしてみよう。

・明治五年二月三日、本家猪太郎庚申塔のことにつき参り
・明治五年二月五日、本家猪太郎庚申塔のことで二度参り
・明治五年二月八日、材木座石屋年玉に参り
・明治五年三月二十一日、本家より与吉、辰五郎、房二郎百庚申塔の石を取に参り
・明治五年三月二十八日、夕方本家へ周蔵遣し、焼豆腐到来、もっとも庚申塔到来につき棟上の内
・明治五年四月一日、本家より与吉使に参り、庚申塔の盛物到来

右の断片的な記録からも、本家は仁三郎や養子の保蔵と連絡をとりながら庚申塔群の建立をすすめたことがわかる。また、塔の石材は偏平な変成岩であることから根府川石のようにみえるが、鎌倉の材木座の石屋がかかわったと思われる。庚申塔の書体は楷書のもの、行書のもの、隷書のものと三様あり、彫り方も若干違うように思われるが、その理由は残念ながら右の記録からはわからない。そして立夏の三月二十八日には塔が据えられ、ささやかな棟上式がおこなわれた。

現在でも、草葉にかくれながらも百庚申塔群は専養院の片隅に祀られている。この塔に連記される庚申塔の文字の多さから、また、村々の路傍にたたずむ庚申塔の夥しさから、なぜ、これほどまでに当時の人びとは庚申様を信仰したのであろうかと思案させられる。

仏教などのように特定の教義や教祖などのない庚申信仰では、庚申様はところにより、人によっ

てさまざまな神とされ、いくつものご利益をもつとされた。

半島めぐりの観音参り

庚申塔をめぐる日帰りの巡礼よりも、もう少し日数をかけて三浦半島をめぐる巡礼があった。それは三浦観音札所めぐりであった。仁三郎も幾度かこの巡礼をおこなったことが日記からもわかる。

この三浦観音霊場が開札された時期は必ずしも明確ではないが、長井村の名主であった鈴木徳左衛門らの有志が中心となって、元禄年間のころ開いたものと思われる。それは鈴木家の過去帳に「俗名鈴木徳左衛門、三浦開札」とあることや、宝永二年（一七〇五）の「三浦三十三所順礼歌」の冊子が発見され、それには鈴木徳左衛門の銘と「道のり合わせて三三里半、宝永二年、願主六拾九歳」とあったことによる。

江戸時代も元禄のころになると、農業生産力も高まり、大平の世が永く続くようになったとされる。そんなこともあってか、このころ、地方では諸国観音札所巡礼のミニチュア版である小規模な札所が全国で一四〇ヶ所も開設されたといわれている。遠国まで出向かずとも、身近な地で三十三観音の功徳にあずかることができるようになったのである。

三浦三十三観音の札所開設も、そのブームのなかの一つであったと思われるが、その根底には諸国巡礼の旅に出たくとも、それが許されない人びとの旅への絶ちきれない憧憬があったからなので

表6-2　三浦三十三観音の札所

番号	村名	江戸時代の札所	現在の札所	所在・道しるべ
一	三崎	城谷山　音岸寺	同	三浦市三崎五丁目・東岡からバス西浜下車
二	三崎	照臨山　能救寺	見桃寺	三浦市白石一九—二、市内巡環バス二町谷下車
三	原	蓮乗院	同	三浦市原一三ノ一四、バス停油つぼ入り口下車徒歩五分
四	向崎	金剛山　大椿寺	同	三浦市向崎一一ノ一、通り矢行きバスで向ケ崎下車
五	毘沙門	龍光山　海応寺	同	三浦市南下浦町毘沙門大乗一九三六、バス停大乗下車
六	松輪	観音寺	同	三浦市南下浦町松輪大畑三三〇—二、バス停松輪海岸下車
七	金田	岩浦山　福寿寺	同	三浦市南下浦町金田二〇六二、バス停岩浦下車
八	金田	金田山　清伝寺	同	三浦市南下浦金田九六三、バス停フィッシングセンター前下車
九	菊名	聞名山　法昌寺	同	三浦市南下浦菊名一五九、バス停白山神社下車
十	上宮田	三樹院	同	三浦市南下浦上宮田六〇一、バス停白山神社下車
十一	野比	亀鶴山　称名寺	同	横須賀市野比九二三、京急野比ＹＲＰ駅より徒歩十五分
十二	久里浜	観音寺	伝福寺	横須賀市久里浜八—二三—一、京急久里浜駅より徒歩二十分
十三	西浦賀	延命山　東福寺	同	横須賀市西浦賀二—三七、京急浦賀駅より徒歩十五分
十四	鴨居	佛崎山　観音寺	焼失（小祀のみ）	横須賀市鴨居三—一五—一、バス停鴨居下車
十五	西浦賀	吉井山　東福寺	同	横須賀市吉井、京急北久里浜より徒歩二十分
十六	久村	経塚山　千手院	等覚寺	横須賀市久村四七九、京急久里浜駅より徒歩二十分
十七	佐原	普門山　慈眼寺	同	横須賀市佐原茅山三五、等覚寺と同じ
十八	岩戸	巌戸山　満願寺	同	横須賀市岩戸一—四—九、バス停岩戸下車
十九	深谷	円通寺	清雲寺	横須賀市大矢部五—九—二〇、バス停衣笠城址下車十分
二十	逸見	東山光　浄土寺	浄林寺	横須賀市馬堀、京急馬堀海岸駅より十五分
廿一	船越	金鳳山　景徳寺	同	横須賀市船越町一—六一、京急田浦駅より十分
廿二	浦郷	坂中山　観音寺	同	横須賀市追浜町一—七九、バス停榎戸下車
廿三	桜山	蓮沼山　観蔵院	同	逗子市桜山五—六—一、バス停桜山四丁目下車
廿四	三ケ浦	海宝寺	同	三浦郡葉山町堀内四二、バス停鐙摺下車
廿五	一色	佛心山　光徳寺	玉蔵院	三浦郡葉山町一色二一五七、バス停旧役場前下車
廿六	上山口	松葉山　観正院	同	三浦郡葉山町上山口二一六五、バス停新沢下車
廿七	久留和	円乗院	同	横須賀市秋谷四三八七、バス停久留和海岸下車
廿八	佐島	海照山　専福寺	同	横須賀市佐島四九九、バス停佐島入口下車二十分
廿九	長坂	金寿山　無量寺	同	横須賀市長坂一二〇四、バス停佐島入口下車十分
三十	林	松慶院	正住寺	横須賀市林五—一—五、バス停林四ツ角下車
三一	長井	鈴木山　長慶院	同	横須賀市長井町五二九六、バス停荒崎下車
三二	網代	網代山　海蔵寺	同	三浦市三崎町小網代一五〇八、バス停小網代下車五分
三三	諸磯	心光寺	同	三浦市三崎町諸磯二三四、バス停油つぼ入口下車十五分

はあるまいか。一方、開設の目的の一つには、札所となった観音堂には檀家をもたない祈祷寺が多いことから、堂の修繕費や維持費の捻出はあったともいわれる。

　ともあれ、三浦観音札所の開札は十二年ごとの午《うま》年の春に開帳され、時には中開帳として子《ね》年に開帳することもあった。

　三浦半島内に点在する札所をめぐると、その道のりは約二三里（約九二キロ）となったことはすでに記した。人間の歩くスピードは足の達者な者で一日一〇里ぐらいが限度といわれる。それからすると、一日一〇ヶ所をめぐることは至難なことで、せいぜい五、六ヶ所がいいところであろう。しかし、それは日帰りか、それとも宿泊しながら巡礼するかで違ってくる。

　開帳の年に当たる安政五年（一八五八）四月、日記によるとまず仁三郎は仕事の都合をみて近く

図6-5　31番長慶寺（荒井の観音堂）

の観音札所に手拭を納めて参詣した。林村の髪結へ行くついでに林の松慶院《しょうけい》（三十番）に参り、三ヶ浦の小峰家への用向の際、長坂村の無量寺（二十九番）、久留和の円乗院（二十七番）、一色《いしき》村の光徳寺（二十五番）、三ヶ浦の海宝寺（二十四番）の札所へ手拭を奉納しながら参った。そして、一日だけ観音札所めぐりの日を設定し、林村の髪結に行って髪を整えて浦賀方面へ出かけ、西浦賀の東福寺、走水の観音寺、大矢部村の円通寺などの札所を参詣したが、大雨となり途中で巡礼をやめて帰宅した。

三浦観音札所の開帳の時期は四月から五月にかけてのころで、田植前であったが、農事も忙しさが徐々に増すころでもあった。そのため、仁三郎の如く、暇をみて、日帰りで札所参りをする者も多かったのであろう。

実はこの年の観音参りには妻のちせも三ヶ浦のちせの実母と姉と同道で出かけている。その折、仁三郎は餞別として母に金三分、姉に二朱を含む金一両一分を妻にもたせ、さらに奉納手拭二反をつかわし、小さな巡礼の旅の門出を見送った。

残念ながら、日記には詳しく旅の様子は記されていないが、二泊三日の巡礼の旅であったようだ。恐らく、水入らずの女衆三人の札所めぐりは二〇ヶ所ほどであったと思われる。それは出発に当たって奉納手拭を二反所持していたことからである。手拭地一反で一〇本の手拭が取れるとされる。

以上の安政五年（一八五八）の浜浅葉家の三浦観音札所めぐりを日記からみると、夫婦別々の観音めぐりで、二人で手分して三十三の札所めぐりを成就したようだ。とりわけ、家を出る機会の少ない女衆が三浦の観音札所めぐりに出かけていることに注目しておきたい。

ところで、三浦三十三観音の巡礼は、坂東や西国などの観音巡礼を縮小化したものであったといえる。江戸時代の人びとは一〇〇以上もの庚申塔参りを縮小化して、一ヶ所で百庚申塔参りをすませるよう百庚申塔を造るなど、巡礼の縮小化や日常化に創意したようだ。それは、巡礼にはそれなりの労苦がともなったからなのではあるまいか。

四　石塔にみる諸国巡礼の旅

少ない四国遍路の供養塔

横須賀市の西海岸に住む筆者の散歩コースの一つに、芦名の浄楽寺《じょうらくじ》前を通って秋谷《あきや》へ通じる旧道（三浦往還）を歩き秋谷海岸の砂浜を散策するものがある。

その旧道の脇に六十六部供養塔や庚申塔と並んで一際重量感のある石塔が立っている。その塔の中央には「奉納湯殿、羽黒、月山、大権現供養」とあり、その左に「西国八十八所」、右に「西国坂東秩父百番」とあり、左下に「願主細谷庄右衛門」と銘記されている。

三浦半島内にはさまざまな巡礼供養塔が残されているが、四国八十八ヶ所が含まれ、出羽三山、四国、坂東、秩父の百観音の巡礼地を一括した供養塔は珍しい。とりわけ、四国遍路だけにかかわる供養塔はお目にかかったことはない。

四国遍路の供養塔が希少なのはそれなりの理由があってのことであろう。その理由の一つに、四国遍路は巡礼のなかでもハードルが高かったことが考えられる。

四国八十八ヶ所の札所は弘法大師が千年を超える昔に開設したと伝えられ、その遍路の道のりは全長約三〇〇里とされる。歩きの旅では一日に一〇里が限度とされるので、休みなく歩き通しても八十八ヶ所を一ヶ月で廻り

図６－６　諸国巡礼供養塔（秋谷の鎌倉道）

きることは困難であろう。伊勢参りの延長で四国遍路をもというわけにはいかなかったのではあるまいか。

四国八十八ヶ所の巡礼は西国三十三観音巡礼と比較しても交通や宿泊施設の立ち遅れがみられ、海辺の行路の嶮岨など自然条件は一段ときびしく、宿泊も民家に頼るのが大半で、野宿する場合もあったとされる。つまり、四国遍路には観光的要素はほとんどなく、宗教性がまさる巡礼であった。

図6－7　遍路姿（復元）

庄右衛門の四国遍路への発心はどのようなものであったかは知る術はないが、よほどの決心があったに違いない。弘法大師を慕う信仰一途の人であったのであろうか。恐らく、遍路の旅は単独であったのではあるまいか。それは供養塔の発願主が庄右衛門一人であったことからそう思われる。ハードルの高い四国遍路を成就した庄右衛門にとって、他の観音巡礼は比較的に容易に旅立ができたものであったのであろうか。庄右衛門は百観音参りも成しとげ、その巡礼の苦楽や功徳を広く後の世の人びとに伝えるために、自宅に近い往還の辻に、六十六部の供養塔や庚申塔と共に、諸国巡礼の供養塔を天保六年（一八三五）のころ建立したのであろう。なお、庄右衛門家は田畑も多くもつ村では経済的にも余裕のある上層農家であった。

修験者が先導した出羽三山巡礼

前記の秋谷の巡礼供養塔の如く、出羽三山が他の巡礼と共に組み込まれた塔は他にもある。横須賀市子安《こやす》の天保三年（一八三二）の塔もその類で、この塔には同行者一一人（子安四、久留和《くるわ》七）の名前が台座に刻まれている。

また、横須賀市内川の天神社境内の文化十二年（一八一五）の供養塔は出羽三山だけのもので、この塔には江戸深川の大先達輝祥院の銘があることに注目しておこう。これと同種の供養塔に横須賀市馬堀町《まぼり》の馬頭観音堂の境内にある天明四年（一七八四）の出羽三山供養塔がある。この塔は馬堀、走水《はしりみず》、鴨居《かもい》の出羽三山講の人たちによって建立されたもので、走水村には五郎兵衛という先達者がいたことがわかっている。

このようなことから、出羽三山の巡礼には修験者が関与し、講などを結社して旅の先導をしたことは間違いないと思われる。

ところで、出羽三山とは山形県のほぼ中央につらなる羽黒山、月山《がっさん》、湯殿山をいい、中世以来、関東、信越、東北の信仰界に大きな勢力をもって、羽黒修験の道場として栄えた山岳信仰の山であった。

修験道については別のところでふれたので略すが、江戸時代になると、修験者の地域社会への定住化が顕著となり、村の鎮守の別当や寺の住職となる修験者もいて、加持祈祷などの修法をほどこしながら、村人の宗教生活のなかに深く浸透していったとされる。

事実、日記のなかでも、しばしばこのような修験者（行者）が登場し、雨乞いや種々の祈願をおこなっている。

江戸時代、羽黒修験とされる修験者（山伏）は約四〇〇〇人ともいわれ、日本全国に居住し宗教生活にかかわっていたといわれる。これらの宗教者が大先達となって出羽三山への巡礼がおこなわれたものと思われる。

三浦半島から出羽三山へ行くにはまず江戸へ出て、奥羽街道へ入り、桑折宿《こおり》（福島県桑折町）より分かれて蔵王連峰の南側を通り出羽路（羽州街道）に入り楢下宿《ならげ》（上山市）を経て三山に至った。出羽三山への参詣者の多くは楢下宿に宿泊し、最盛期の嘉永年間（一八四八～五四）には約九〇軒の旅籠が軒を連ねていたという。

西国・坂東への観音巡礼

供養塔のなかには「奉納西国、坂東、秩父百番観世音菩薩」などとする塔もある。横須賀市小矢《こや》部《べ》の大松寺《だいしょうじ》の境内には天保四年（一八四三）、三富勘右衛門の銘のある塔がある。また、横須賀市池田五丁目には天保九年（一八三八）に大津村の文人龍崎戒珠が建てた立派な巡拝供養塔が、庚申塔群に囲まれて今でも残されている。

横須賀市子安には享保元年（一八〇一）の西国・坂東・秩父の観音供養塔があり、これには仁右衛門・五郎兵衛・次郎兵衛・市右衛門ら四人の名が台座にきざまれている。これと同じような供養塔が横須賀市長坂にあり、寛政十年（一七九八）の年号と、八人の名が記される。

さらに、横須賀市津久井《つくい》の新込の地蔵堂には明和二年（一七六五）の「順礼供養塔西国八番」とある塔がある。西国三十三観音札所の八番は奈良の長谷寺の十一面観音である。伊勢参りの途次にでも参詣したのであろうか。

以上の如く、路傍などにみられる石塔からも、十八世紀後半から十九世紀初頭にか

図６－８　観音巡礼の旅姿（復元）

けてのころ、活発とまではいえないが、他国への観音巡礼が三浦半島の村々からもぽつぽつとみられたことは間違いない。

それは、江戸中期以降になると経済・交通の条件が改善し、伊勢参拝をすませた一部の人びとが熊野路に入り、一番の札所（青岸渡寺）から巡礼する人が多くなっていったからだとされる。

西国三十三観音の札所は奈良時代にわが国で最初に開かれたもので、札所は現在の奈良県、大阪府、和歌山県、京都府、滋賀県、兵庫県、岐阜県に分布し、その巡礼は数百里にまたがり、誰でもが簡単に計画できるものではなく、困難度の高い札所であった。したがって、江戸時代以前までは、それほどの発展はなかったようだ。

しかし、鎌倉時代には坂東三十三観音札所が開設され、室町時代には秩父三十四ヶ所の観音札所が設けられて、百ヶ所の観音巡礼が盛んになると、東国地方で坂東、秩父の巡礼をおえた人のなかで、さらに足を伸ばして西国巡礼をして、百ヶ所巡礼を果そうという者が多くなったといわれる。

東国の人からすれば、西国巡礼よりも一段と坂東や秩父の巡礼は難易度の低いものであったことは申すまでもない。なお、坂東三十三観音の札所は神奈川県に九、東京都一、埼玉県四、群馬県二、栃木県四、茨城県六、千葉県七ヶ所に分布した。

女衆の秩父観音巡礼

三浦半島の南部に位置する松輪《まつわ》村（三浦市南下浦松輪）は江戸時代には戸数一六〇戸ほどの半農半漁村であった。今でも松輪地区には台地上に畑が広がり、昔の風景を一部にみせている。

この松輪の「劔崎《つるぎざき》」のバス停から灯台のある劔崎方面へ向かう道端に、庚申塔にまじって五基の観音像が浮彫された観音供養塔がある。一基は「西国坂東秩父供養」とある寛政三年（一七九一）の施主松輪村妙種尼との銘があるもので、もう一基は「秩父順礼供養塔」とある文化七年（一八一〇）の塔である。

後者の塔の台座に鈴木ほか九人の名が刻まれている。そのなかに、市兵衛母、長右衛門母、金十郎内と三人の女衆の名が認められ、女性も秩父三十四観音巡礼に参加していたことが判明する。

また、塔群のなかには延享四年（一七四七）、宝暦十二年（一七六二）、天明元年（一七八一）の供養塔があり、このなかに「秩父講中」とあるものがあることから、この村には秩父観音講があったことがわかる。

これらの観音供養塔が物語るように、松輪村は観音信仰に熱心な人びとが多かったように思える。風土記稿によると、松輪村には寺は福泉寺《ふくせんじ》（臨済宗）一ヶ寺だけだが、ほかに観音堂があった。一つは三浦観音札所ともなっている大畑の観音堂と、もう一つは正観音菩薩を祀る高雪菴（福泉寺持）であった。供養塔でみた妙種尼という尼さんは、どちらかの観音堂に住む庵主さんだったのだろうか。また、福泉寺のご本尊が正観音であることも、この村の観音信仰がきわだっていた要因の一つだったかも知れない。そして、女衆の秩父観音巡礼もこのような村であったからこそなのかも知れない。

現在と違って旅に困難がともなった時代、長旅となる秩父観音巡礼の実現は女衆にとっては高嶺の花で、一家の主婦の立場にある間はまず無理だったであろう。息子が嫁を貰い、主婦の座を嫁に譲ってようやく長旅に出かける条件が整ったに違いない。

もう三十年前になるが、松輪や毘沙門《びしゃもん》地区の民俗調査で、半農半漁家の大黒柱は主婦であることを知った。子育て、家事に加えて農事の負担は主婦に重くのしかかった。その労働過重ななかでも、主婦は現金収入となる磯どりに精をつくした。そんなこともあって、松輪の主婦は小金をため込み、巡礼の経費ぐらいは独自に工面することができたのではなかろうか。

ところで、秩父三十四ヶ所の観音札所は埼玉県秩父市内にあり、現在では東京（池袋）から西武池袋線の特急レッドアロー号に乗ると一時間ぐらいで終点の西武秩父駅に到達するが、江戸時代には江戸からだと、木曽街道を熊谷まで行き、そこから分かれて三峰口へ道沿いに秩父に行ったものと思われる。

三浦半島の村々からの秩父観音巡礼では、江戸での見物や三峰神社の参拝などを考慮すると、十日から十五日間ぐらいの旅ではなかっただろうか。

六十六部供養塔と回国行者たち

観音巡礼供養塔と共に六十六部供養塔も路傍や寺の入口などにみることがある。横須賀市久里浜の長安寺（浄土宗）の境内には「大乗妙典六十六部日本廻国供養塔」とある文化五年（一八〇八）の塔がある。この塔の前面には「当村行者　宇右衛門」とあり、施主六右衛門ら四人が記されるものである。ここには文化八年（一八一一）のもう一基の塔があり、これには「当所行者六右衛門」とある。

また、「日本六十六部供養塔」（津久井）、「六十六部供養塔」（秋谷）とあるものもあるが、いずれも六十六部供養塔と呼ばれる石塔である。

六十六部とは日本全国六十六ヶ国の神社寺院に法華経（大乗法典）一部ずつを奉納しようという巡礼のことである。江戸時代に盛んになったとされるこの巡礼は観音巡礼などと違って、参拝する社寺は定まってはおらず、順序も決まっておらず、種々の巡礼のなかでは拘束力のゆるやかなものであった。また、回国する行者も僧籍のある者や修験者（山伏）などの宗教者だけに限らず、一般人も参入し、江戸時代には浮浪人や乞食や盗賊などの良からぬ者もまじったようで、そんなことから「六十六部に宿貸すな、娘とられて恥かくな」という俗謡もうたわれたようだ。

三浦半島の村々からも回国行者となって諸国を遊行する者がいたことは前記の長安寺の六十六部供養塔が如実に示している。また、この塔によると回国行者を試みた者は一般人であったことがわかる。そのなかでも、六右衛門は同じ村の宇右衛門が回国巡礼を成しとげ、それを記念して建立した供養塔（文化五年）には施主としてその名を刻んでいるが、それから三年後には自身が行者とする六十六部供養塔を建立している。恐らく、六右衛門は宇右衛門が成した回国巡礼に触発されて自身も回国行者になり、共に回国巡礼を成就させたのではなかろうか。

一般人のほか、僧籍のある者も修行として回国巡礼したことは申すまでもない。それを物語る六十六部供養塔が逗子市の神武寺の境内に残されている。この塔は天明五年（一七八五）に桜山村中里の矢部家出身の圓求法師が建てたもので、塔には「桜山中里圓求大徳、願わくばこの功徳を以て普く一切に及ぼし、我等衆生と共に皆仏道を成せん」と刻まれている。

圓求は地元の神武寺で修行した僧で、寛政六年（一七九四）、六十九歳の折、桜山村の地蔵院の境内に穴を掘り、自らそこに入って静かに往生絶命したと伝えられている。現在、桜山五丁目の民家に囲まれた空地に入定《にゅうじょう》さまとして卵塔の圓求法師の墓碑が残されている。

一般人であれ、宗教人であれ、住みなれた生まれ在所を離れて回国巡礼の旅につくことは命がけであったに違いない。旅中の食べること、寝る場所、そして病気になった時のことを考えると、江戸時代における回国の旅の日々は生死を分ける一日一日であったことが想像できる。このような苦難に満ちた旅を棲み家とする回国巡礼者の行為は一つの修行、信仰とみなされ、回国巡礼者や巡礼を成就させた者は一般人でも行者と呼ばれた者もいたようだ。

なお、六十六部供養塔には「願主浄円」とか「願主門三郎」などと銘のあるものもある。六十六部の回国行者は旅先で倒れて命を落す者も少なくなかったといわれるので、これらの塔はそのような回国行者を供養して建立されたものなのだろうか。

五　郷土の文人と観音巡礼

加藤山寿《さんじゅ》の遍歴と著作

江戸時代後期のころ、三浦半島で活躍した二人の文人がいた。一人は西浦賀の加藤山寿で、もう一人は大津村池田の龍崎戒珠《かいじゅ》である。

加藤山寿は西浦賀の鎮守、叶《かのう》神社の近くで水揚問屋を営んでいた商家淡路屋の主人であった。文化二（一八〇五）年に家督を子息に譲り、近くの高坂《こうさか》に隠居して余生を過ごし、著作活動もおこなった。

山寿の著作には『西国観音記』、『漂客雑記』、『東奥一覧』、『東海絵図』、『源画易解』などがあるとされるが、これらの著作は実際には残されていないようだ。唯一、現在に伝えられる著作は、山寿の代表作ともいえる『三浦古尋録《こじんろく》』という三浦半島の地誌である。

山寿の著作の題名をうかがう限りにあって、著者は広く諸国の情報を得ていたように思われる。例えば『漂客雑記』はその題名からすると、浦賀の港に訪れたさまざまな他国の人から、その人物や珍しい情報を書きとめたものではなかったか。また、『東奥一覧』や『東海絵図』は、諸国の客からの情報に誘発されて旅に出たことから生まれた著作と考えるがどうだろうか。

また、『西国観音記』は当時刊行されていた『西国三十三所観音霊場記図会』や『西国巡礼細見記』などを要約して読みやすくしたものであったことも考えられるが、山寿自身が体感した観音巡礼記であった可能性は高い。ともあれ、山寿は地方の文人であり、また旅の熟練者といえないまでも、旅出を疎まない人だったのではなかろうか。

山寿の代表的著作は『三浦古尋録』であることはすでに記した。この書は山寿が隠居して七年後の文化九年（一八一二）ごろに完成されたとされる。この書は書名のとおり山寿が古きを尋ね、三浦半島の村々を歩いて著した地誌となるものである。ただ、山寿が著した古尋録を増補した人物がいて、現在伝わる古尋録には山寿のものと戒珠が増補した二系列のものが伝わっている。

江戸時代の地誌というと、天保十二年（一八四一）に刊行された『新編相模風土記稿』がある。この書は各村から地誌御調書上帳という資料を提出させ、それを幕府が編集したもので、いわば官撰地誌というものであった。

山寿の古尋録はその内容の量や質にあっては風土記稿に及ばないが、風土記稿に一歩先行した刊行であった。また、内容においても、村々の伝説や民俗行事などについてよく記され、風土記稿と違って、山寿自身が村々を尋ね歩き、その見聞を下敷にして簡素にまとめた貴重な郷土誌である。

ところで、山寿はどのような動機から古尋録という著作を成したのであろうか。実は当書の序文のなかに、「実如㆓燈台之下暗㆒不顧㆓四方君子之笑覧㆒」という行がある。申すまでもなく、「灯台下《もと》暗し」とは灯台の直下はあかりが暗いように、手近の事情はかえってわかりにくいものであるとのたとえである。

諸国遍歴を経験した山寿は、遠国から故郷をふり返ることによって、故郷である三浦半島へのまなざしに変化を自覚し、より深く地域の歴史や文化を理解することは肝要と考え、古尋録を刊行したのではあるまいか。

著作にあたっては山寿は一度ならず三浦半島をめぐり歩いたものと推察する。その機会の一つに三浦観音札所めぐりがあったと考える。その物証はないが、その札所となる寺や観音堂はすべて著作のなかに記されていることを確認した。恐らく、その折の見聞が大いに地誌の執筆に役立ったのではなかろうか。山寿は知識や知見を書物からだけではなく、自分の足で見聞を深めた文人であったように思われる。

巡礼と吟詠の文人―龍崎戒珠《かいじゅ》―

三浦半島でもう一人の幕末に著作を刊行した文人が龍崎戒珠である。戒珠は宝暦十三年（一七六三）に父が大津村の名主を務めていた龍崎九郎左衛門家に生まれた。戒珠の刊本には『菅相伝』、『新編三浦往来』、『三浦札所観音巡拝詩集』、『三浦諸佛札所詠歌集』、『三浦諸佛寺院回詣記』などがあるが、そのほか『湯澤温泉実験記』や寺社の縁起の作者としても知られている。また、百観音巡礼の折の「詩稿集」も残している。

すでに別項で紹介したが、戒珠は出身地の大津に観音巡拝供養塔を残している。この塔は天保九年（一八三八）、戒珠が七十九歳の時、西国、坂東、秩父百観音巡行供養、総州相馬郡新四国八十八、三浦札所観

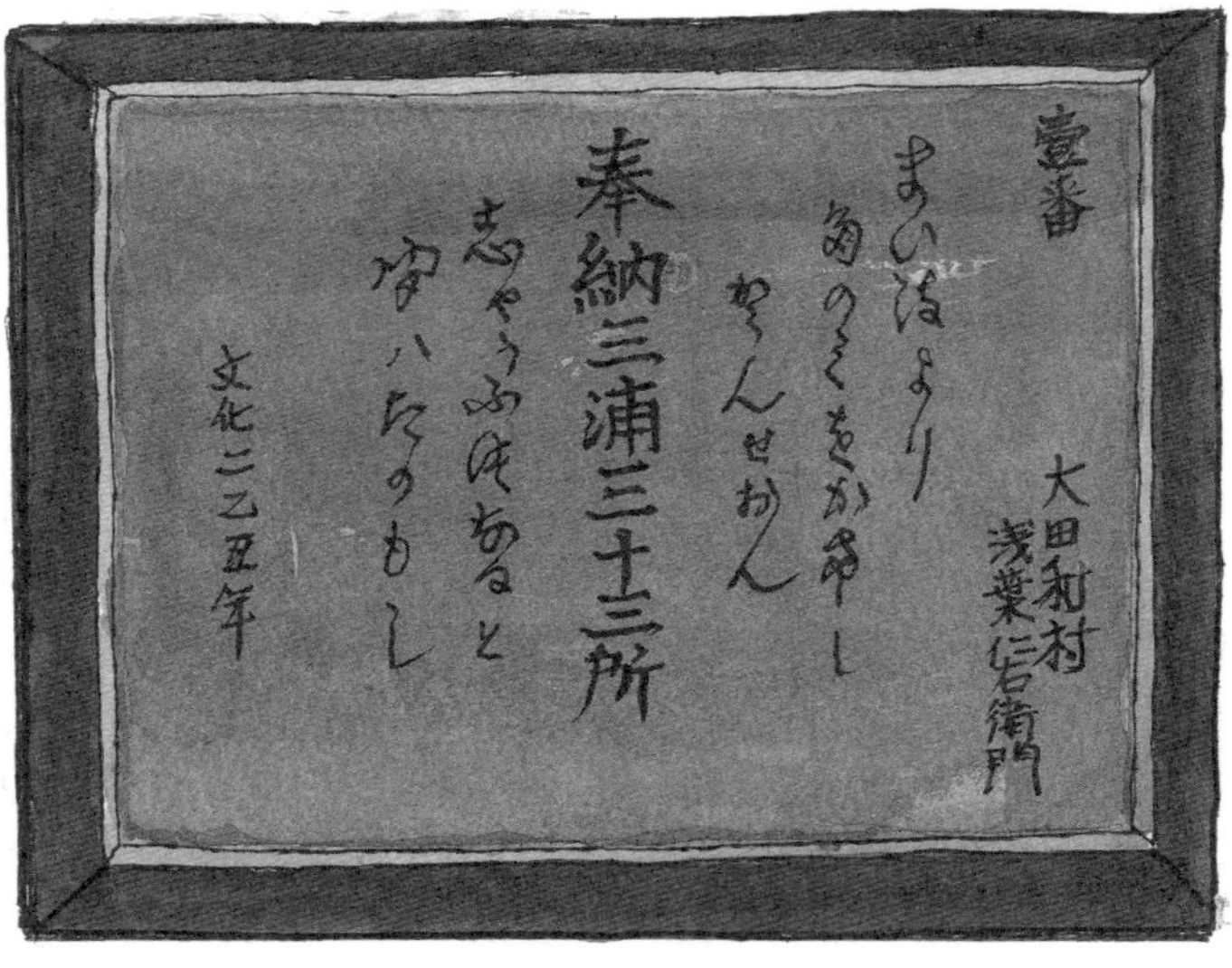

図6-9　御詠歌奉納額

音三度供養に建てたもので、もちろん前記の著作と一衣帯水をなすものである。

戒珠は文政十二年（一八二九）に、西国三十三観音巡礼の旅で作成した漢詩集『西驛巡行詩集』をまとめている。西国三十三観音巡礼は戒珠六十七歳の高齢であった。九十日間に及ぶ旅は命がけのものであったと思われる。

戒珠の西国観音巡礼の経路はおおよそ次のようなものであった。まず、東海道を通って京都へ。一番札所の青岸渡寺は熊野（和歌山県）になるので、その途中となる高野山へ参詣してのち熊野詣でをした。信仰の聖地をめぐるこのコースは高齢の戒珠にとって身を削るようなハードなものであったに違いない。それにもかかわらず戒珠は強い精神力で難路を乗り切った。その後、一番の青岸渡寺（和歌山）、二番の金剛宝寺（和歌山）に参り、大坂、奈良の札所をめぐり、九番の奈良の興福寺へ。その後、宇治、大津、京都の札所をめぐり二十七番の播磨（兵庫）書写山上の円

図6-10　「三浦諸佛寺院回詣記」の小冊子

教寺に至った。ここで西国観音参りを中断し、船で四国の丸亀へ渡り、讃岐の金比羅宮参りと善通寺へ。再び播磨に戻り、京都北部の天の橋立、二十八番の成相寺から若狭の小浜、琵琶湖の竹生島（三十番宝厳寺）、近江の三十一番長命寺、美濃の谷汲山華厳寺に達し目出度く満願となった。三十三番の満願霊場となるこの寺に到達した折、戒珠は背負ってきた笈摺《おいずる》をおろし、しばし感慨にふけったに違いない。

満願の寺、華厳寺は東国へ帰るのには好都合の場所にあった。恐らく戒珠は巡礼の疲れを十分に癒してから美濃（岐阜）から中山道に入り、木曽十一宿を経て下諏訪から甲州街道を通り帰宅したものと思われる。

以上の戒珠の西国観音巡礼の足跡を追うと、観音札所へだけでなく、高野山や熊野詣で、讃岐の金比羅様など当時の観光スポットへ精力的に訪れていたことがわかる。しかも、文人としての由縁にもなろう、戒珠は訪れる先々で詩作を嗜んでいた。その漢詩集が『西驛巡行詩集』である。

戒珠の巡行の旅と詩作は西国巡行におわらず、その二年後の天保二年（一八三一）には『札所円通閣回詣詩集』、そして天保八年（一八三七）には『三浦札所観音巡詣詩集』、さらに天保十二年（一八四一）には『三浦諸佛札所詠歌集』（『三浦諸佛寺院回詣記』）と続いた。

その御詠歌集をまとめた戒珠が、一生のうち三度も三浦観音の札所巡礼をしたことは供養塔に刻まれることでもある。三浦地方では昔から、一度は父のため、二度は母のため、三度は自身のためと三浦観音を三度巡拝すれば観音様の加護を受けることができるといわれたようだ。

そして、戒珠は三浦三十三観音の御詠歌集だけでなく、自ら阿弥陀仏札所（四十八院）、地蔵菩薩札所（二十八院）、薬師如来札所（十二院）、不動明王札所（十六院）、毘沙門天札所（七ヶ院）、聖徳太子札所（六ヶ院）を設定し、都合一〇五ヶ寺をめぐり詣り、一〇五首の御詠歌を作詩した。時に天保十二年（一八四一）、行年七十九歳であった。これが『三浦諸佛寺院回詣記』である。この著作は昭和四十年（一九六五）に横須賀史学会が複製し、その一冊が手元にある。この書はハンディーな新書判ぐらいのもので、戒珠はこの書を領布して、身近な寺社への巡礼を普及させようと意図していたものと思われる。

ともあれ、諸国巡行の旅と吟詠を実行した戒珠は山寿と同様に郷土への愛着をより強め、最晩年になっても、旅で鍛えた足と感性で三浦半島の寺々をめぐり、吟詠を楽しんだのであろう。

第七章　道中記にみる旅

一　馬を求めて会津への旅

農民と牛馬

江戸時代の旅は巡礼や寺社詣でに名を借りた、物見遊山の旅ばかりではなかった。それなりの目的をもった仕事や用事による旅もあったことは申すまでもない。

ここでは日記資料からしばし離れ、江戸時代に代々桜山《さくらやま》村（逗子市）の名主を務めていた石渡家に伝わる文書のなかの「拝借馬願書雑用控帳」（文化九年／一八一二）の資料から、二人の名主が馬を求めて会津へ旅をしたことを取り上げ、その様子を垣間みることとする。

その前に、旅の用事をもたらせた当時の社会背景についてどうしてもふれておかねばならないだろう。

以前、江戸時代の三浦半島には農耕馬や役牛がどのぐらいいたか、そのおおよそを調べたことがあった。恐らく幕末には馬は約一〇〇〇頭、役牛は九五〇頭ぐらい飼養されていたものと推定した。詳しくは拙著『牛馬のいた風景』を参照されたい。

当時の農民たちはこれらの牛馬は博労《ばくろう》（馬喰、伯楽）といった牛馬を売買、周旋する業者から購入した。牛馬一頭の値段はどれぐらいしたのか、時代や地方によって違いはあろうが、日記からみると、幕末の三浦半島では農耕馬の値段にはやや高低があり五～一〇両ぐらい、役牛はそれよりやや下値であったと推察する。

当時、五両あれば半年は暮らすことができたといわれ、一般農民にとっては牛馬を購入することは容易なことではなかったようだ。

当時の一両は何円に相当するか、正確な換算はむずかしいとされるが、一両は現在の一〇万円ぐらいに相当するという説もある。

なお、農民にとっての牛馬は、交通、運搬の機能だけを利用するものではなく、耕作（犂耕《りこう》）や堆肥の自給に役立てるものであった。牛馬の糞（厩肥《うまやごえ》）は有効な肥料源であった。そのため、農業生産を向上させるためには牛馬をもつことも一つの方策で、幕府や藩も牛馬の普及には積極的であった。

そんな事情があって、江戸時代の三浦半島の村々にはそれぞれ約一〇〇〇頭の牛馬が飼養されていたのである。三浦半島の牛馬の分布も調べてみたことがある。大まかな分布は半島の南部と北部では馬が多く飼養され、中央部では馬より牛が多く飼養されていた。例えば現在の逗子市内と三浦市内では馬が多かった。その分布の特色は、自然的、社会的な要因によっての現象とも考えられる。

悪徳博労の横行

浜浅葉家にも牛馬が一頭ずついたことは日記からもうかがえる。また、時折、須軽谷村の馬医を呼んで馬つくろいをしたことが日記に記録されている。馬つくろいとは病気の予防に馬に灸をすえたり、馬蹄をつくろうことをいった。

嘉永四年（一八五一）六月十九日の日記に、武村の政右衛門の弟が郷右衛門と共に牛一頭を引き連れ牛を交換した記事がある。仁三郎は牛取替金四両二分を支払い、新しい牛と替えた。この取引について来た郷右衛門は仲介人で、いわゆる博労といわれる人であったのであろう。

牛馬の売買や仲介をおこなう博労は原則的には領主の許可を得た鑑札を与えられていたようだが、なかには、その手下《てした》となって許可なく牛馬の売買や仲介をする農民が多くいたといわれる。そんな博労もいたことからか、博労の一般的な世評はよい方ではなかったようだ。

まず、博労は馬産地などの牛馬市へ出向くなど移動することが多いので世間ずれした人物が多かったようだ。一般農民より口がうまく、よそ目には油断ならない人とみられたのであろう。

桜山村の石渡家文書のなかに、桜山村の博労藤助が取引に不正はないが酒におぼれ、野荒しなどをして身持ちが悪くなって、村役人の村預りとなった記録がある。もし地元の博労がその地元で人の目を掠《かす》めて高利を貪《むさぼ》り、不当の売買などしていたら、恐らく商売は持続できなくなるであろう。したがって不正の取引をするような博労は他郡や他国から入り込んできた者であったに違いない。

世間なれのしない純真な農民のなかには、悪徳博労の口車にのり、不当に高い値で牛馬を購入してしまうこともあったのであろう。そんな農民の利益を貪る悪徳博労より農民たちを守ろうと、二人の人物が立ち上がったのであった。その二人とは桜山村の名主孫右衛門と、堀内《ほりうち》村の名主市右衛門であった。

会津馬の直《じき》取引の願い

文化八年（一八一一）より文政四年（一八二一）の十年間、三浦半島の村々の多くは幕府より相模湾沿岸の警備を命じられた会津藩領となっていた。

海防の任にあたった会津藩は支配村々に異国船条目を下すなどして海防体制を徐々にととのえていた。その一つに海防のための人馬徴発を組織化することもすすめていた。

桜山村と堀内村は支配村のなかでも馬の多い村であった。文化五年（一八〇八）には桜山村に四五頭の馬がいた。桜山村が馬が多い村であったのには次のような事情があった。当時、相模湾西部で漁獲された一部の魚は、船によって田川越河口まで船送りされ、そこからの陸路は馬で榎戸《えのきど》（横須賀市浦郷）まで付送りされ、さらにそこから船で江戸の日本橋へ運ぶルートだった。桜山村の名主孫右衛門はその陸送の差配をもしていた。

当然ながら村内には馬をもって駄賃付送りを副業とする農民が増加していったものと思われる。

以上のような状況をふまえて、両村の名主は悪徳博労から農民の利益を守るために会津藩からの馬の直接仕入れと売買の許可を藩の代官所に願い出たのであった。

その具体案は願い書によると次のようなものであった。

㈠馬代金は買方より請取り、会津藩の御陣屋に上納する

㈡これまで渡世してきた会津藩の博労へは当方より理由を話し理解してもらう。もちろん、値段には不相当がないようにする

㈢馬の値段については、すべて御上の差図をもって売買にあたる

㈣ゆくゆくは三浦郡中の適当な地を牧場とし、そこで種つけをして馬を生産するようにする

㈤右のような条件で試みとして二〇頭の馬を拝借する

端的にいえば、右の願いは両名主が会津馬の臨時の博労となって、適正な価格で三浦半島の村々へ馬を流通させるということであった。

この案は会津藩にとっても利益となることから直に許可され、会津馬二〇頭が無利子で一応貸与されることとなった。両名主は喜んだであろうが、不安もあった。その一つは馬を引きつれる道中の心配であった。そこで両名主は拝借馬は名儀上会津藩御用の馬としてもらいたいと藩に願い出た。「藩御用」の小旗をかざせば道中の危険は防げるものと考えたのである。

会津からの駒引きの旅

三浦半島の野山に白い卯の花が咲き出したころ、準備もととのい、いよいよ両名主は会津へ出発することとなった。ところが思わぬ事態が発生した。こともあろうに、この案の中心人物であった桜山村の名主孫右衛門が急病になってしまった。そこで、その代役に一色《いしき》村（葉山町）の名主次郎右衛門を頼み、藩の了解を得てようやく出発にこぎつけた。時に文化九年の四月七日であった。

往路の道中の記録はないが、四月十二日の夕刻に会津に到着したことは記されているので、往路は六日間の二人旅であったことがわかる。

会津までの道筋はまず東海道筋で江戸表へ出、そこから奥州街道筋を通った。千住、草加、越ヶ谷、粕壁、杉戸、幸手、栗橋、中田、古河へと歩き、ここまでで江戸から一六里であった。さらに野木、間々野、小山、新田、小金井、石橋、雀宮、宇都宮まで一七宿を経

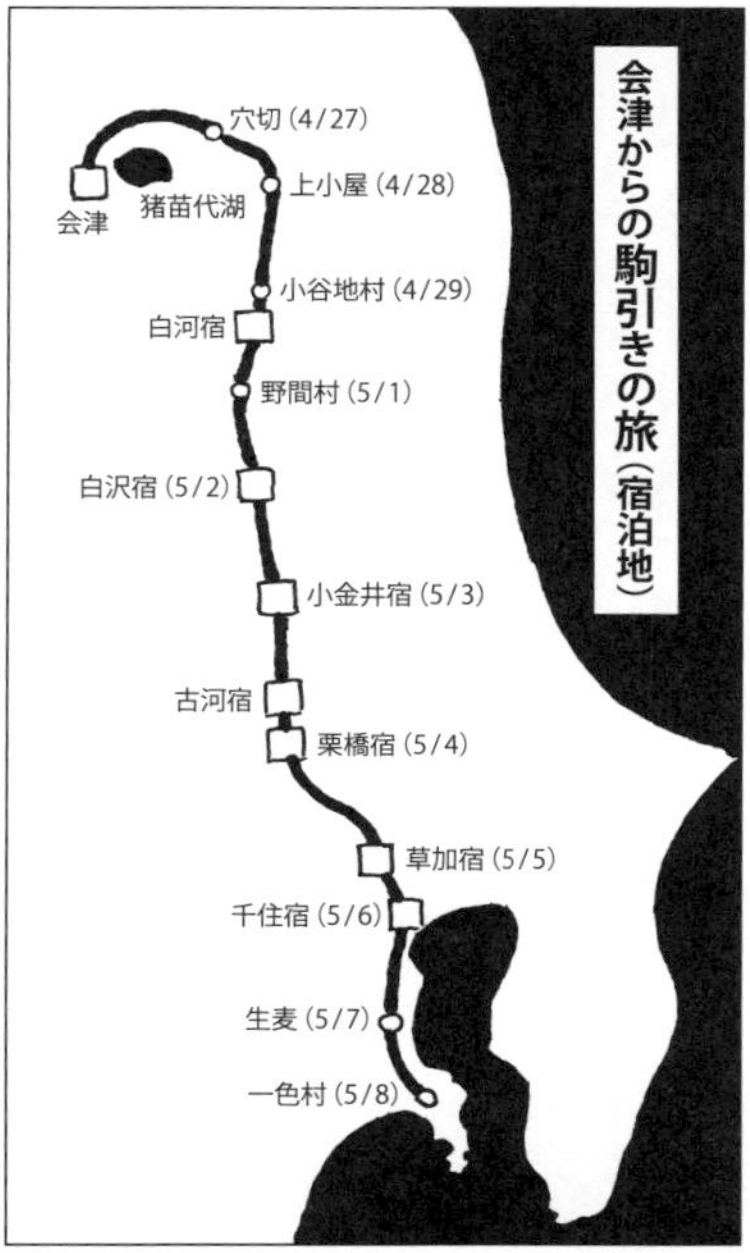

図７－１　会津からの駒引きの旅（地図）

表7-1　会津からの馬引きの旅の雑費

文化9年「拝借馬願書雑用控帳」より

		4月12～26	27日	28日	29日	5月1日	2日	3日	4日	5日	6日	7日	8日
宿泊代	旅籠代	若松七日町 五貫六二文	穴切泊 四二〇文(3)	上小屋泊 五二〇文(4)	大谷地村泊 五〇〇文(4)	野間村泊 六〇〇文(4)	白沢宿泊 六〇〇文	小金井泊 七五〇文(4)	栗橋宿泊 七一四文(4)	草加宿泊 八〇〇文(4)	千住宿泊 六〇〇文(4)	生麦宿 一貫一二〇文	一色泊 三〇〇文(2)
	馬宿代	六六〇文	九〇六文(12)	九六〇文(12)	一貫二〇〇文(12)	一貫二〇〇文(12)	一貫二〇〇文	一貫二〇〇文(12)	一貫五〇〇文(12)	二貫文(12)	二貫二〇〇文(12)	四貫三二〇文(12)	
休憩代(昼)					小屋宿 三〇〇文(4)	芦野宿 二五〇文	喜連川 三一四文	雀宮 五六〇文	間々田 五五〇文	春日部 五六四文		戸塚宿 五〇〇文	鴨居 三〇〇文
人足代		馬引人 一両一貫(二)文		人足一人 二〇〇文		一人 一五〇文	四人 二〇〇文		四人 五〇〇文		三人 三貫文		
履物代	わらじ代					一〇足 八〇文	四足 六四文		四足 六四文	六足 一〇〇文		八足 一三二文	六足 一〇〇文
	馬沓代	一貫四九二文(二〇〇足)				一〇足 九〇文	二〇足 一六〇文	四〇足 四〇〇文		四〇足 四一六文		四〇足 四〇〇文	
馬糧代	大豆		六升 二二八文		一斗 四三〇文	一斗二升 六〇〇文	一斗一升 四〇〇文		一斗一升 七五〇文	一斗一升 六六四文	八升 五五〇文	一斗八升 一貫一二〇文	一斗一升 六六四文
	糠		三斗五升 二〇四文	三斗 二四〇文	四斗二升 五二六文	二斗4升 四〇〇文	二斗四升 四〇〇文	一斗二升 二二八文	二斗七升 六一八文	三斗一升 六四四文	二斗六升 四三二文	四斗八升 六〇〇文	二斗四升 三〇〇文
	麦			一斗八升 三九〇文				一斗二升 四二文					
その他		麻草代二分 莚縄代一四匁		唐沢より上小屋まで人足一人雇う	小屋宿橋賃六〇文		阿久津川洪水で人足四人雇 白沢川洪水で船頭へ酒代二〇〇文	はずな入用麻四〇〇文	栗橋川口人足雇う(一人一二四文) 船頭へ酒代一二四文		千住より生麦まで九里夜引 人足三人、提灯(二)四〇〇文 ろうそく二〇〇文	六日七ツより八日朝まで生麦泊	

た。実は奥州街道は宇都宮までは日光街道とかさなった。だから厳密な意味では奥州街道とは宇都宮以北の白沢、氏家、喜連川、佐久間、大田原、鍋掛、越堀、芦野、白坂、白河までの一〇宿を含む、青森までの六九宿を数える道をいうともされる。

関所のあった白河を過ぎると、両名主は奥の細道に入ったことを殊更実感したのではなかろうか。奥州街道は五街道の一つであるが、東海道、中山道、日光街道、などと比較すると人馬の通行の少ない街道であったとされる。

会津に到着した両名主は四月十二日の夜から二十七日まで会津に滞在した。この間、会津藩御駒役所へ度々出頭しては拝借馬の交渉にあたったのであろう。その結果、一二頭の馬を拝借することができた。そして、二人の馬引人も雇うことができ、四月二十七日より一二頭の馬と四人は帰路の旅についた。

なお、両名主が三浦郡を出発し、会津までの道中の雑用経費、会津に滞在中の経費は四両二分二朱と八四四文であった。

馬にも宿賃が

さて、一二頭の馬を引きつれた帰路の経費はどうであったのか、観音崎に置かれていた会津藩の陣屋（郡役所）へ差し出した報告文書によると、道中諸入用は締めて七両一分と四〇六文であった。

その内容を「雑用控帳」の記録からみてみよう。まず四人の旅籠代である。宿泊地によって違うが、旅籠代は一二五〜二〇〇文ぐらいであった。特に記せば、旅籠賃は白河以北はやや安く、江戸に近づくにつれ高値となった傾向があった。東海道筋の小田原や箱根では二食つきで一人の旅籠代は約二五〇文であったようだが、奥州街道の宿場の旅籠賃は東海道筋より少々安値であったのだろうか。

宿代は人だけでなく馬にも課せられた。馬宿代は一頭八〇〜一〇〇文ぐらいが白河以北の奥の細道沿いの相場であったようだが、これも江戸に近づくにつれ高くなり、千住宿では一頭につき一八〇文、生麦宿に至っては三六〇文と記録にあるが、これは生麦には四月六日の朝から八日までの二日分の宿賃であろう。馬は人間と違って起立したまま睡眠することが多いということから、馬宿は土間の小屋で間に合ったものと想像するが、それからすると馬の宿代は意外と高いものであった。もっとも馬草代や糞尿の処理代も含まれていたのであろう。ともあれ、人馬の宿泊代は道中経費の約五割を占めた。

また、馬糧代も全体の約二割を占めた。馬は草を多く食べるが、長旅では草だけでは駄目であったようで、濃厚飼料の大豆や糠《ぬか》、大

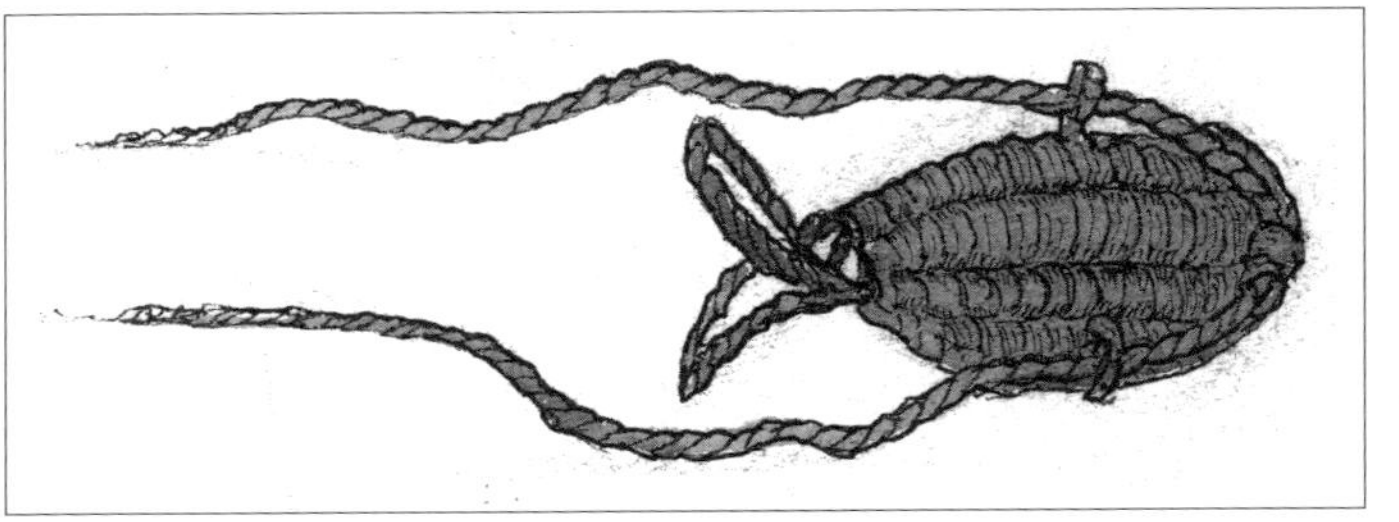

図7-2　馬沓

麦が与えられた。その他、蹄の痛みを防ぐため藁製の馬沓をはかせねばならなかった。その馬沓は二里ぐらいですり切れた。そんなこともあって、一二頭の駒引きの旅の経費では馬にかかる費用が全体の約七割も占めた。

馬は牛よりも飼育に手間のかかる家畜で、人間と同じく三度の食事で、時折水も飲ませねばならず、汗をかけば馬体を洗ってやらねばならず、その世話はひと仕事となったといわれる。そんなことから、道中の馬の世話をするためにわざわざ二人の馬に手馴れた会津の馬引人を雇っていたことは間違いない。

江戸市中通過は夜間に

ところで、道中の様子はどのようなものであったか知りたいところであるが、雑用控帳は経費の記録が主となるので、道中の状況をうかがうものはごく少ない。

その一つに、五月二日、白沢川と阿久津川の洪水に出会ったことがあった。そのため、臨時に人足四人を雇い、一人二五〇文の人足代と酒代を支出した。また、白沢川では渡し船の船頭の酒代（二〇〇文）を支出した。幸いなことに五月四日に渡った栗橋川は無事であった。この川も暴れ川として知られ、度々付近に洪水をもたらす川であった。大小河川の多い日本列島の旅では洪水に遭遇することが多々あったことがわかる。これは江戸時代の旅の障害の一つであった。

もう一つの道中の話題は千住宿から生麦までの旅では夜間であったことである。

雑用控の記録から推察すると、夕方に千住宿に着いた一行は、夜半まで宿で休み、その後出発し生麦までの九里の夜道を歩き、六日の朝の明七ツ（午前四時ごろ）生麦村に到着したものと思われる。さすがに、当時の夜道は危険が多かったのか、三人の道案内人（夜率人）を一人一貫文で雇った。

図7-3　千住大橋（復元）

そこで、なぜ道案内人まで雇って千住と生麦間を夜間の移動としたのかが問われる。その答は幕末の江戸地図（江戸を上空から眺めた鳥瞰図）をみれば得ることができよう。

千住宿から千住大橋を渡り小塚原宿から上野あたりまでは森や田畑がみられるが、神田川を渡ると町家や長屋が軒を連ねる大江戸八百八町へと入り、やがて大店が並ぶ江戸一番の大通り日本橋を経て新橋、田町、品川宿へ通じた。人通りの多い江戸のメインストリートを日中に一二頭もの馬を引きつれて通過することは、規制があったかどうかにかかわらず避けねばならぬことであったのではあるまいか。思わぬことから大都市江戸の繁栄ぶりをみることとなった。ただ、夜間にも人通りの絶えない現在の東京の繁華街と違って、江戸市中は夜間となれば人通りも少なくなったに違いない。

無私な名主らの旅

十一日間にわたる会津からの一二頭の馬を引きつれた旅は無事におわった。両名主は初体験のこの旅に心身共に疲れ果てたことであろう。それだけに両名主はこの体験から学び得たものが多かったのではなかろうか。

その一つに、馬の世話をしながらの長距離の移動は経費もかかり、いかに大変なことかを実感したのではなかろうか。それは会津への往路は六日間の旅であったのに対し、馬を引きつれた帰路の旅では十一日も要したことが示しているといえよう。つまりは、両名主は博労の苦労の一端をはからずも体験したのである。その体験は帰郷後も継続していたようだ。

一二頭の馬を抱えた両名主はその馬の世話と売捌きに苦慮したようだ。それを如実に告げる願書が残されている。両名主は文化九年（一八一二）七月に会津藩の代官に次のようなことを願い出た。

一つ目は拝借馬の売渡しは私共両者の一手元でおこない、博労などを通さず相対で捌こうとしたが捗らず、雑費がかさむばかりである。そこで律義な博労に高値で売捌きしない条件でまかせて馬をすみやかに売捌きしたいということであった。

二つ目は現金売却ではなかなか買手がつかないので、現金払いの請取の難渋者へは五ヶ年賦で売却したいので、それをみとめてもらいたいというものであった。

恐らく、以上の願いは聞き入れられたものと思われる。というのは、当時の村々では階層分化がすすみ、村内の農民間の格差があり、馬を買い求めることのできる農民と買い求めたくとも資金が調達できない農民が存在し、後者の農民が圧倒的に多かったからである。それらの階層の農民に馬を売ることはただならぬことであったことが想像できる。

図7-4　駒引き（江戸生活図鑑より）

一方、農民にしてみれば、馬をもつことは資金や馬糧などの経費もかかるが、農業生産の拡大につながることであることは認識していた。とりわけ厩肥は堆肥の増産に不可欠のものであった。また農間に馬を用いた賃稼ぎもできた。特に、海防の任務をもった会津藩領となると、御用人馬の需要は高まった。

そんな状況下で、馬を所有したい、だが金がないという農民の間に入り込んで馬を売りつけるのには善良な博労の手をかり、できる限り価格を安くし、しかも年賦で売り捌くしかないとの理解は会津藩の地方役人も共有するものであったに違いない。

その対策が功を奏したのか、その年の九月には目出度く馬は完売することができた。両名主はほっと胸をなでおろしたことであろう。その売り先は堀内村内へ五頭、一色村内へ三頭、桜山村内へ二頭、秋谷村内へ一頭、高円坊《こうえんぼう》村内へ一頭で、やはりこの事業にかかわった名主の村へが多かった。また、売り値は、鹿毛、青毛、黒毛、栗毛によって、年齢によって異なったが、平均すると約四両となり、極安であったといえる。以上の結果からも、短期間に一二頭もの馬を村々へ売り捌くことが如何に大変なことであったかがわかる。

約半年間の短い期間に、志のあった名主が一手に引き受けて実行された一つの事業は大失敗に至らずに結果を迎えた。もっともこの事業は当初から私利私欲を目的とするものではなく、たとえ失敗したとしても大義を失することはなかったのではなかろうか。

では両名主が抱いた志や大義とはどのようなものであったのか問われる。それはひとくちにいえば村の利益のため、村人の幸せのためということであろう。

江戸時代の幕府や藩の民政はきめ細かなものではなかったようだ。もっとも、この時代は村請けといって、年貢の徴集から民政まで村のまつりごとは名主などの村役人に丸投げされていた。したがって、村の民生を向上させることは名主の大義というより責務であったといってもよいのであろう。とすると、両名主の志や大義は名主としては普遍的なものであったというべきなのであろうか。

名主は村の農民のなかから選ばれた有力者で藩の公職を請け負った者であり、江戸時代後期になると次第に藩の官僚といった色彩をおびるようになったといわれる。事実、幕末になるとそのような意識をもつ名主も多くなったようで、その現象の一つといえる名主と村民の対立や村方騒動が三浦半島の村々でもみられるようになる。

そんな暗い風潮がみられた世にあって、無私な両名主が身を投じて実行した当事業は、その成果はともあれ、闇夜に輝く一点の星のように思われるが如何だろうか。

旅をともなったこの事業の遂行は苦労した両名主ら自身にとっては世間をより広くみる目を養う機会になったに違いない。

二　伊勢参りという集団旅行の実態

講の積立と仲間づくり

江戸時代、一生に一度の伊勢参りという集団旅行に二〇人に一人は参加したといわれる。それを実証するように、三浦半島の村々の村方文書のなかに伊勢参宮の道中記が残されていたり、伊勢講の伝承が今に伝えられている。

なかでも、伊勢講の存在は爆発的人気ともいわれた伊勢参宮を支える社会構造の一本の柱となっていたと思われ、またそれは伊勢参りの集団化をもたらせたものであったに違いない。

講とは村や里を基盤に組織された民間集団で、相互融資を目的とする頼母子《たのもし》講（無尽《むじん》講）、地縁的信仰組織である念仏講、庚申講、甲子《きね》講、稲荷講などがあった。伊勢講は大山講、富士講、御嶽講などと共に寺社詣でが目的の講であった。

伊勢講は江戸時代のみならず、昭和初期のころまで存続していた地域もあり、その実態は伊勢参りと共に多少伝承されている。

三浦市の大乗《おおのり》地区では、昔、株親といわれる家が七軒あり、伊勢講の講親はこのなかから出るものとされていて、伊勢参りにも一人が付き添って行くことになっていたという。

講親は大乗のように世襲されることもあったようだが、経験をつんだ者が何年かごとの任期で務める場合もあり、また講員が年番制で順番に務めることもあったようだ。寄合いの場所も講員がもちまわりで自分の家を提供することもあったのだろう。伊勢講は村落組織ではなく有志集団であるので、村により地域によりさまざまな形態があったのであろう。

ただどこの伊勢講でも共通することは伊勢参りの旅費を何年か積立ててその仲間で伊勢参りに行ったことである。横須賀市野比の例では十年間ぐらい積立をし、成人したら伊勢へ行くことになっていて、二〇～三〇人で行ったという。横須賀から汽車で箱根湯本で泊り、箱根八里を歩き、三島神社を参拝し、静岡からは名古屋までは汽車で、伊勢では二泊してお神楽をあげ、京都、奈良、大阪、金毘羅様を廻って二、三ヶ月かかった旅だったという。もちろんこれは明治時代の伊勢参りの話である。

横須賀市長井に伝わる話では伊勢講の掛金は二〇銭（日掛）で五年もたつと一〇～一五人ぐらいの仲間で伊勢参りに行った。伊勢参りの人は紋付羽織袴で出発したという。長井では伊勢講は大正五、六年（一九一六、七）ごろまであったという。

これらの伝承からも伊勢講は一度に伊勢参りの経費が調達できない農民たちが、その経費を積立てて仲間づくりをし、一生に一度の伊勢参りを実現するための講であったことは間違いない。

ところが、残念ながら江戸時代の講の詳細を知る文書資料は三浦半島の村々には残されていないようだ。そこで神奈川県史で引用されている天保九年（一八三八）の「代々神沢講」の資料で江戸時代の伊勢講の実態をみることにしよう。この講は藤沢市、茅ヶ崎市一帯にわたる組織の大きな伊勢講で、三人の名主クラスの人物が講親（講元）となり、地域に九人の世話人を置き講員一四〇人を組織する講であった。

この講の講金は一年に三分で、それを正、五、九の三ヶ月に一分ずつ出すもので、講金には年に五分の利息がついた。それを六年間積立てると四両二分となり、利息を加えると五両となった。五両というと、農民にとっては大金であった。

実は、浜浅葉日記に長坂村の与五兵に、伊勢参りの準備金として金六両を無利子で貸した記事もあるので、安政のころの伊勢参宮の経費の標準は六両ぐらいであったとも考えられる。

参宮ブームを支えた御師の活躍

一生に一度と五年、六年と旅費を積立てて農民らを伊勢参りに旅立たせた原動力は何であったのだろうか。もちろん、国の祖神とされる伊勢神宮であり、天照大神《あまてらすおおみかみ》に対する信仰が日本人の深層に根ざしているからだとする見解もあろう。だが、それだけなのであろうか。

たしかに、三浦半島にも天照大神を祭神とする天照大神宮（逗子市小坪）や神明社（横須賀市秋谷、逗子市桜山）などがあり、お伊勢山などと呼び、伊勢神宮を遙拝する地がある村もあったようだ。また、正月、五月、九月の日待《ひまち》（お籠《こも》りをする神祭）に天照大神の掛軸を掲げる地域もあった。また、横須賀市小矢部《こやべ》にはお伊勢宮という小さな神社があって、一月三十日には湯立神楽《ゆだてかぐら》などをやっていたが、大正二年（一九一三）に衣笠神社に合祀されたという。

脈々と流れる伊勢信仰が、火山が爆発する如く江戸時代に参拝の人気を呼んだのはなぜか、依然として疑問が残る。

そこで、伊勢参宮の爆発的人気は伊勢御師の活躍に支えられたのではないかとの先学者の説がある。御師とは元々は神職であったが、江戸時代のころになると神職の性格を弱め、神社と庶民を結びつける独立した仲介業神主と化していったとされる。つまり、御師は神宮とは直接に組織的関係を絶ち、伊勢講と御師の関係を組織化して伊勢参りの旅をコーディネートする旅行業者のような性格を強めていったのである。

伊勢の御師の数は江戸中期には六〇〇～七〇〇家ぐらい存在していたとされ、各御師はカスミという檀那場を定めて毎年一度は御師の手代が檀家を廻り、神札（大麻）を配布した。

三浦半島の西岸の村々は山田町の御師幸田源内太夫家の檀那場であったようで、その手代東川惣兵衛らが村々を廻っていたことが浜浅葉日記からもわかる。安政四年（一八五七）一月六日の日記には「伊勢東川惣兵衛上下三人にておいで、お酒出し、即刻お帰りに被成《なられ》候、本家へ行候、万金丹預り置即刻本家へ遣し」とある。またこの年の五月の日記にも、惣兵衛ら三人が勧化《かんげ》に訪れ、仁三郎は金二朱の寄附金をして、伊勢の音物《いんぶつ》（進物）の御祓《おはらい》、風呂敷、扇子、万金丹《まんきんたん》を受け取っている。

有力な御師ともなれば、檀家を一〇万軒もつともいわれたので、檀家廻りでお初穂や勧化で得る利益は莫大なものになったことが推測できる。その証であろう、御師の家（坊）は館《やかた》といっていいほど荘厳で立派なものであったという。そして坊の奥まったところには神々しい神楽殿が設けられていた。

そして、この眼を見張るばかりの御師の坊に伊勢参りの檀家の人たちは宿泊したのである。三浦半島西岸の村々を檀那場とした幸田源内太夫の坊も立派なものであったことは、別項で詳しくのべる伊勢参宮覚帳の記録にも記されている。秋谷村の一行が御師の坊に到着すると、玄関を入って右手の十畳間、八畳間、八畳間、八畳間をぶちぬいた大広間に通されたとある。恐らく一行は坊の広大さに度肝を抜かれたに違いない。

また、坊での接待も半端ではなかった。詳しいことは別項にゆずるが、今でいえば、超高級ホテルに宿泊したのと同じであろう。したがって坊の宿泊料も超高額であった。前記の覚帳によると、坊に到着すると、坊置《ぼうおき》として一人金一両二朱（二泊）を支出している。旅籠《はたご》の宿代は高くて二〇〇文ぐらいであるから、坊の場合はその一五～二〇倍もしたことになる。

もっとも、この坊の宿代には神楽料や祈祷料、御祓御供料なども含まれていた。覚帳によると、秋谷村の一行は二日目の朝、坊の神楽殿で神官まがいの装束をした御師の先導によって神楽を奉納し、祈祷やお祓いを受けた。坊の神楽殿は神宮本社の分社であり、そこで祈祷すれば願主の意はとりつげるとしたのである。

坊に宿泊した伊勢参りの人々は、大名になったかのような下へも置かない接待に満足したことは申すまでもない。この評判が評判を呼び、一生一度の伊勢参りのブームを招いたことは十分に考慮できることであろう。御師の活躍なくして、隆盛をきわめた伊勢参りの発達はなかったといっても過言ではないであろう。

お伊勢様（御師）の来訪

御師の坊に泊って歓待された宿泊者は御供料や神楽料、祈祷料などの名目で高額な宿泊料を支払ったことはすでに記した。それらのものは神宮へ上納されることはなく、すべて御師の収入となったようだ。そんな事情を知らない多くの人びとは、坊での神楽殿での神事を、ありがたい、ありがたいと思い、祈祷をしてくれる御師を「お伊勢さん」とも呼び尊敬することが伊勢神宮の神徳にあずかると信じたようだ。

実は、それを如実に示すある出来事が浜浅葉日記のなかにあった。慶応三年（一八六七）八月のことであった。八月十一日の日記に本家の嘉十郎が「伊勢様勧化のこと」を相談にきた。どうも三浦半島西部の村々を檀那場にしていた御師の幸田源内太夫が、じきじきに寄附金集めに廻村したようで、その対応をどうするか嘉十郎が相談にきたのである。

通常ならば檀那場廻りは御師の二、三人の手代がおこなっていたが、今度は御師自らの来訪である。お伊勢様と呼ぶ御師のこと、粗末な接待はできない。御師の来訪にそなえて浅葉本分家の両家は、それなりに下準備をしたのであろう。

八月十五日は中秋の名月（十五夜様）の日であった。浜浅葉家では早朝に十五夜様の棚に、餅、里芋、栗、柿、いちぢく、稲の穂、お神酒を供えた。その夕方、本家より使いがきて、明日御師源内太夫らが本家へ立寄るとのことが告げられ、仁三郎は夕飯をそそこに本家へ手伝いに馳せ参じた。夜分に刀掛、大広ふた（あし付）、高坏《つき》（食物を盛る台）、黒木貝の膳、飯つぎを取りに一旦帰宅したが、それらの品々をもってまた本家に行きその夜は泊った。本家、分家の人手を総動員して夜半過まで接待の準備がおこなわれたようだ。

翌八月十六日の五ツ半（午前八時半ごろ）乗物（駕籠）で源内太夫や手代の惣兵衛ら四人が、いずれも肩衣《かたぎぬ》をつけて、供二人を従えてやってきた。肩衣とは武家の者が礼服となる素襖《すおう》（直垂《ひたたれ》）の代用として用いた服で、背の

図7－5　羽織袴姿（左）と肩衣姿（江戸生活図鑑より）

中央と両の衽《おくみ》に家紋をつけ、小袖の上に着るものであった。

武士と見紛うような御師の一行は前日に泊った上宮田村の村役人や人足など一七人もの見送りの人びとを従えていた。仰々しい一行の通行は、いやが上にも御師の社会的地位を誇示するのに効果があったのであろう。

御師の訪問を受けた本家の嘉十郎と仁三郎は羽織袴で迎え入れ、本家で御神楽がおこなわれた。恐らく、本家の庭には近くの村人たちが来て、神楽を見守ったことであろう。

神楽のあと直会《なおらい》がおこなわれた。この酒宴は、伊勢参りの折の御師の坊でのご馳走を意識してか豪勢なものであった。その献立をみると、まさしく御師らの歓迎の宴といってもよいものであった。日記にはその献立が記録されているので、参考のため以下に転載しておこう。

源内太夫様方の献立覚

（口取）

大皿—松魚（鰹《かつお》）刺身、大根、瓜

丼—酢だこ、しょうが

口取鉢—みかけ豆腐、隠元紅きん豆、百合、するめ、柿、茶茎茄子《なす》、魚つけ焼

（本膳）

皿—鰹、白瓜、しょうが

坪―たこ、茄子、くず煮
小皿―白瓜、茄子からし漬
吸物―あじ、ゆず入
吸物―いなだ、味噌汁
(二の膳)
皿―海老《えび》、鰹塩焼、蓮根白煮
茶碗―いなだ切身、むしお昆布、ゆず
平―椎茸《しいたけ》、長芋、海老、蓮根、茶茎茄子、飯
汁―あじ、豆腐

鯛やあわびはないまでも、伊勢海老や脂がのった下り鰹、いなだなどの相模の海の幸を食材にした饗宴の献立は、浅葉一家としては精一杯のものであったと思われる。

なお、浜浅葉家からは金二両二分の寄附金が源内太夫に渡された。本家からはそれ以上の寄附金があったに違いない。

勧化を得た御師らは七ツ時（午後四時半ごろ）次の宿泊目的地の秋谷村へ出発した。これには羽織袴の正装をした本家（名主）の嘉十郎、仁三郎ら七人の者が秋谷村まで同行した。

御師の勧化のための来訪があった慶応三年（一八六七）の十二月には大政奉還があり徳川政権は

終息した。また、この年には東海道筋では「ええじゃないか」の大衆乱舞が流行した。この集団行動は伊勢神宮や諸社のお札が降るなかを「ええじゃないか」のはやしをつけて、太鼓や小鼓、笛などを鳴らして集団で町や村を踊り歩くものであった。

このような世相のなかでの御師の勧化は幕府の許可したものであったのか、また、遷宮にかかわる勧化であったのかどうかわからないが、大田和村の名主であった本家の嘉十郎と仁三郎らは勧化に応じ、御師ら一行を優遇したことは間違いない。

その歓待の事実は伊勢参りの人びとが御師の館での饗応に対する感謝の意からであったのだろうか。また、それは伊勢神宮への信仰心がもたらせることだったのだろうか。

秋谷村の若命《わかめい》家兄弟の道中記

伊勢参宮の記録として、『相州三浦郡秋谷村（若命家）文書』には、(A)寛政六年（一七九四）の「道法り附、留り付覚帳」と、(B)享和三年（一八〇三）の「伊勢参宮諸国神社払諸色覚帳」の二点の記録が収録されている。

(A)、(B)の覚帳はいずれも秋谷村の名主を務めていた若命家の者が筆をとったもので、(A)覚帳は若命源左衛門（豊後守）が記録したもの、(B)覚帳は若命右源次が記したもので、執筆者は異なるものである。

若命家は江戸時代後期には代々名主を世襲していたようだが、名主役を退き隠居すると秋谷村の鎮守である神明社の神主となる慣例があり、源左衛門も名主を息子にゆずると豊後を名乗り神主となり、嘉永五年（一七九三）に六十八歳でこの世を去っている。なお、神明社はもともと伊勢宮の祭神である天照大神を祀った神社であったとの伝承が伝えられている。そのような事情もあり、若命家にとっては伊勢参宮は必須の伝統であったことと考えられる。

その若命家の源左衛門が寛政六年（一七九四）に伊勢参宮を実現したとすると、源左衛門は八歳の時に伊勢参りをしたことになってしまう。恐らくこの折に参宮した源左衛門は先代の源左衛門であろう。豊後は幼名を豊吉といい、後に源左衛門を世襲したことがわかっている。

それからすると、享和三年（一八〇三）の(B)覚帳を記録した若命右源次（豊次郎）は(A)覚帳を残した源左衛門の弟であったと思われる。つまり、(A)、(B)の二つの道中記はそれぞれ若命兄弟の筆になるものであったといってもよい。

(A)、(B)の二つの道中記は執筆者も旅行の日時や旅程も違うことから差違があるのは当然のことであるが、共通点もある。その一つ目は両者とも旅行の日記（道中記）には違いないが、その内容は休息地、宿泊地、道程、参拝地などの記録が主なもので、それぞれの見聞記としての内容は簡粗で、メモのような記事があればよい方である。このようなこともあってか、両記録は道中記とせず、覚帳としたのであろう。

二つ目の共通点は旅の記録が途中でおわっていることである。(A)覚帳では十二月十三日より伊勢参りを果し、さらに奈良、吉野、大坂、四国の金毘羅をめぐり京都を経て帰路につき、一月二十九日は沼津宿に宿をとったところでおわっている。つまり、自宅を出立してから伊勢参宮を果して伊勢を出発をするまでの十八日間とその後、関西方面の旅を経て沼津宿に至るまでの二十八日間、計四十六日間の記録である。

Ⓑ覚帳の記録は一月六日より閏一月八日の大坂出立までの三十二日間の記録である。恐らくⒶ覚帳の完全記録ならば五十日に達するものであったに違いない。つまり、およそ五十日間に及ぶ長旅であったことだ。Ⓑ覚帳はこれよりやや短いようだが、四十日を超す長旅であったことは共通する。以上で、秋谷村の若命兄弟が残した二つの道中記のおおよその内容をご理解いただけたと思うが、その差異についてはこれらの覚帳を参考にして、伊勢参りの実態を探るなかで、その都度取り上げていきたい。

なお、筆者も自身の旅行記の執筆を試みたことがあるが、旅の疲れのなかで記録をとることだけでも、結構エネルギーがいるのを実感した。ましてや旅行中の見聞記などを執筆するのは至難のことである。記録にしても、現在では機器を利用して映像、音声の記録ができるが、江戸時代にはそのような物はなく、携帯用の墨つぼに筆を入れる筒のついた矢立《やたて》で紙にメモするほかなかった。

源左衛門と右源次が、それぞれ道中記（覚帳）を書きしるしたのは、自身のためというより、後輩の伊勢参りのための参考記録の目的が強かったのではなかろうか。それがあってか、Ⓐ覚帳では通過した宿場に「吉《よし》」「わろし」などとメモされている。恐らく、これは宿泊や休憩に適合した所の意味ではなかろうか。また、実際に宿泊した宿についても「吉」などとあるのは、その宿の評価であろう。

境送《さかおく》りの風習

江戸時代は前時代と比較すると世の中も落ちつき、旅の施設などもととのい、安心して旅ができる条件がととのったともされる。しかし、歩くか、せいぜい駕籠、馬、船などしか利用できなかった時代である。一般の人びとにとってはやはり旅は憂いもの辛いもので、危険や不安がともなうものであったに違いない。したがって、一ヶ月、二ヶ月と長期にわたる遠方への旅立はそのまま生き別れになるかも知れないと、出立の祝いや境送りなどの風習があった。

浜浅葉日記には執筆者である仁三郎の伊勢参りにかかわる記事はないが、村人が伊勢参りに出発する際の若干の記事がある。

嘉永五年（一七九三）一月六日、まだ年始の客が訪れる松の内であった。日記には「早朝芝下より甚右衛門殿へ餞別持行、参宮へ出立、手前へも礼に不残参り、芦名迄送り遣し、それより本家へ行」とあり、この日、村の伊勢参りの人たちが出発するということで、早朝に親戚の芝下（屋号）へ金二朱と薬二包、甚右衛門には二〇〇文と薬二包、村の年寄を務める清兵衛には三〇〇文の餞別を届け、その他、六左衛門、孫右衛門、郷左衛門、三吉へはそれぞれ二〇〇文の餞別を届けた。そして、これらの伊勢参りの人びとは浜浅葉家へも出発の挨拶にきたようだ。

残念ながら、伊勢参り一行の人数は不明だが、仁三郎は一行を芦名村まで見送りに行ったようだ。恐らく、この日、家族、隣近所、組内や里内、村中の人びとは村境まで送り、杯をかわし別れを惜しんだのであろう。さらに別れを惜しんだ人びとは芦名村まで見送ったのであろう。

また、日記には「赤飯一重芝下より到来、一重甚右衛門より到来」とあり、伊勢参りの当事者の家で赤飯を炊き出立祝いをおこない近親者などに赤飯を届けたようだ。

そして、親しい人びとは旅立つ者へ餞別を贈った。仁三郎のはなむけた金銭の額では二〇〇文が一般的であったようだが、『相州三浦郡須軽谷村《すがるや》（鈴木家）文書』に収録される「天保四年の伊勢参宮目出度覚帳」によると、村の名主であった鈴木氏は一六人の親しい人たちから餞別をもらっているが、一二人の者は二〇〇文であった。金額はともあれ、その数の多さから当時の血縁、地縁などでつながり合った社会がみえてくるようである。

出立の際の境送りも地域のつながり合いが希薄となった今日からすれば考えられないことであろう。

日記や文書資料では境送りの様子を知れるものは少なく⒝覚帳のなかで、「送り、浜若者中船二艘にて円乗院下まで」とあるのが唯一の記録である。秋谷村にはこの時代に二艘の鰹船（ヤンノーとも呼ばれた二、三〇人乗りの和船）があったことは他の資料でわかる。恐らくこの船に大漁旗などを飾り、賑々しく、浜方の若衆が祝い唄をうたいながら、浜辺で村人たちが見送るなか、村の浜辺から参宮者を乗せて隣の浦まで威勢よく出船したのであろう。

また、長井村に伝わる話では伊勢参りの出発にはそろって鎮守である熊野神社でお祓いを受け、ご弊を一本ずつ貰い、それを衿《えり》に差し、村の馬持が提供した飾りをつけた馬に乗り、大勢の村人たちの見送るなか、殿様気分で村を出、日影《ひかげ》茶屋（葉山町堀内）まで送ってもらったという。その折、村の境とされた川間《かわま》橋を過ぎると、青や黄の紙で包んだ銭を馬上から投げたという。

このような伊勢参りの境送りで想起するのは戦時中の出征兵士の見送りである。銭こそまかれなかったが、出陣式が鎮守の境内でおこなわれ、日の丸を手にした里や村人の見送りは村境までおこなわれた。戦時中には、まだ地域のつながり合いの意識は健在であった。

なお、浜浅葉日記（嘉永五年一月）にみた大田和村の伊勢参りの人びとは、旅行期間は六十日を超えるものであった。その年の閏二月十一日の日記に、餞別を貰った者がそれぞれ参宮参りの土産に、御祓（大麻）、手拭、風呂敷などの品々をもって訪れたことが記録されている。恐らく一行は、伊勢参りのあと大坂、京都などをめぐったことは間違いない。

旅のよそおい

江戸時代の農民たちの伊勢参りは冬季の農閑期である十二月から一月、二月にかけておこなわれたようだ。冬季では日本海側とは違って伊勢や東海道筋は雪は少なく、晴天の日が多い。したがって、旅の障害となる出水による川留に出会うことも少なくなったと思われる。(B)覚帳によると、冬の酒匂川（相模国）は水量が少なく土橋が五、六ヶ所にかかり、そこを渡ったとある。もちろん、阿部川、大井川などでも川留となった記録は両覚帳にはない。

一方、冬は日の出は遅く、日没は早いので日中の旅程《りょてい》稼ぎに不利があったとも考えられるが、覚帳の旅程によると、一日七、八里のこともあるが、一〇里、一一里、多い時は一三里ぐらいは歩いている。平均すると、一日に一〇里は歩行しているので、日の短い冬もそう影響なかったようだ。恐らく太陽が昇れば歩き出し、太陽が落ちれば宿に入ったのであろう。もっとも、農民は太陽と共に動くのが日常のくらしであった。

ところで、冬の伊勢参りの旅姿はどのようなものであったのだろうか。明治の伊勢参りでは羽織袴で出発したともいわれるが、それは出発する時だけであったのか。また、大正時代には黒のビロードの袖なしの外套をはお

図7-6　旅姿（右は明治時代の境送り）

って出かけたとの話もある。汽車を利用した時代とは違い、江戸時代は歩く旅であったので、防寒と動きやすさを兼ね備えた身なりであったことは間違いない。下半身は股引《ももひき》に脚半、足袋に草鞋《わらじ》、上半身は袷《あわせ》（綿入れ）に引廻し（合羽）ぐらいまとったのではなかろうか。

荷物は肩に柳行李を振り分けて掛けたり、風呂敷に包んで背負ったりしたのであろう。『旅行用心集』には道中所持すべき物として着替えの他、矢立、提灯《ちょうちん》、糸針、鏡(懐中)、手ぬぐい、笠、薬、麻綱などをあげている。

伊勢までの寺社めぐり

盛大な見送りで出発した伊勢参りの一行は鎌倉の長谷寺の観音に参ったあと藤沢宿に最初の宿をとるのが一般的だったようだ。もっとも大山詣でや富士登拝の折も、藤沢宿は一泊目の宿となった。三浦半島の人たちの旅のもう一つの起点は藤沢宿だったようだ。

藤沢宿からは二つのコースがあった。一つ目はそのまま東海道筋の小田原、箱根、三嶋へと行くコースであった。(B)覚帳の場合がこのコースで、伊勢まで一二日かかる道程である。二つ目のコースは大山詣でが入るもので、矢倉沢往還を進み松田（観音）や大雄山最乗寺（道了さん）に参拝し小田原宿で東海道に入る。(A)覚帳の場合がこのコースに当る。

箱根では箱根権現社に参り、箱根関所を越して三嶋宿へ。三嶋神社へ参拝、御城下の沼津宿、原

表7-2　伊勢参りの行程

（寛政6年〈1794〉の若命源左衛門の覚帳から）

12月13日	•	秋谷村出立
	•	長谷村（休）　長谷観音大仏（参）
	◎	藤沢宿ひたち屋（泊）150文
12月14日	•	伊勢原（休）　子安明神（参）
	•	大山不動（参）
	◎	みのけ（泊）132文
12月15日	•	松田観音（参）
（9里）	•	関本（昼）24文　さじじょう寺（参）
	◎	小田原宿（泊）124文
12月16日	•	畑宿（休）
	•	箱根権現社（参）
	•	御関所越
	•	峠茶屋
	•	三島宿、三嶋明神（参）
	◎	沼津小池屋（泊）124文
12月17日	•	原宿
	＝	富士川舟渡し 36文
	•	岩ぶき宿（昼）
	•	由比宿
	◎	興津宿（泊）清見寺（参）
12月18日	•	府中宿（昼）
	•	岡部宿
	•	島田宿
	＝	大井川 72文
	◎	金谷宿 124文
12月19日	•	日坂
	•	掛川
（9里半）	•	森宿（秋葉道）
	◎	三原（泊）
12月20日	•	いぬい（昼）
（6里）	•	秋葉山ふもと
	◎	さい川（泊）
12月21日	•	石村
	•	熊村
（9里）	•	大ひら村
	◎	えびす屋（泊）
12月22日	•	秋葉山　秋葉権現、差とう観音（参）
	•	凰来寺　権現、薬師（参）
	•	かと屋
（8里）	•	しんしろ町
	•	大木村（昼）茶屋二軒
	•	御油宿
	◎	あかさか宿（泊）
12月23日	•	岡崎　お城、大橋
	•	知立
	◎	鳴海宿（泊）
12月24日	•	宮宿
	•	熱田神宮（参）下宮、内宮（大社）
（9里）	•	名古屋　尾張城
	•	津島　津島天王社（参）
	◎	佐屋宿（泊）えびす屋
12月25日		佐屋宿より川舟で
	•	桑名城（松平下総守）
	•	四日市
（10里）	•	追分
	◎	神戸宿（泊）
12月26日	•	白子宿
	•	上野宿
（8里）	•	津
	•	雲津
	•	松坂
	•	めいじょういわや
	•	おはた
	◎	二見（泊）二泊
12月27日	•	今一色
12月28日	•	山田町、太夫の坊へ（四ツ時）
12月29日〜1月元日		伊勢外宮、内宮など（参）
1月2日		太夫の坊を出立

宿を経て吉原宿へ達する。この間、鰻焼売りの店が多いと覚帳にある。食欲をさそう香気に我慢できず、鰻の蒲焼を肴に名物の白酒の杯をかたむける者もいたのであろう。富士川の渡しは、一人一九文の時もあれば三六文の場合もある。川の流れの状況に応じて渡し賃は違ったようだ。川を渡り、蒲原《かんばら》、由比を経て興津宿に。興津では清見寺に参るのがおきまりだったようだ。

江尻宿は久能山への分岐点であったのか、Ⓑ覚帳には「久能へは参らず（三里）」とある。久能山（標高三〇八メートル）の中腹の東照宮へ寄る場合もあったことがわかる。府中宿では名物のあべ川餅を賞味している。そして阿部川の渡しとなった。Ⓑ覚帳には渡し賃は四五文で酒手代が四文とある。

安部川を越えて、とろろ汁で有名な丸子《まりこ》宿、岡部、藤枝を通って島田宿を出れば、東海道の難所といわれた大井川である。水量の多い大井川ならでわか川越の料金は高く、Ⓑ覚帳によると一人二二八文、酒手代一五文とある。大井川を越えて金谷宿に宿泊することが多かったようだ。金谷宿を出立し、小夜の中山を登る。覚帳には「あめの餅、わらび餅名物」とあり峠の茶屋で食べたのであろう。坂を下りながら「夜泣石」を見物したようで、その由来書を六文で購入している。日坂《ひさか》、掛川を通り秋葉路に入る。もちろん火伏せの神として三浦半島の村々にも勧請分社されているその本社である秋葉権現社に参るためであった。そのため、このまわり道では二泊三日を要した。Ⓑ覚帳によると、秋谷村の講中一三人は秋葉権現に金一分二〇〇文を奉納し、大札一三枚を受け取り御神酒をいただいたことが記されている。なお、秋谷村には秋葉講があった。また、この迂回では鳳来寺へも行き薬師や東照宮へも参拝している。そして、新城《しんしろ》から御油宿に出てふたたび東海道へもどった。

御油《ごゆ》宿の手前には豊川稲荷への道があるが、ここには参詣せず、赤坂、岡崎へ出、池鯉鮒《ちりゅう》宿を通って桶狭間の古戦場あたりを通過し鳴海宿を越え宮宿へ。熱田神宮へ参拝し、その壮大さを感じたのか、覚書には「内宮は大社なり、御朱印高一万石と申す」とある。ここから尾張の城のある名古屋までは二里であった。

名古屋から五里を歩き津島の津島牛頭天王《ごずてんのう》社へ参詣。覚帳には「門前八丁、御師二十五、六軒、石灯ろう一〇〇」とある。疫病除けの呪符を発行するこの神社は疫病神祓いの信仰で知られ、御師の活躍によって中部地方から関東にかけて信者が多いとされるが、三浦半島の村々にはその講はない。

佐屋宿から川船で三里、桑名宿に出た。覚帳には「御城松平下総守、高十万石」とあり桑名は城下町でもあった。桑名を出て、四日市宿を過ぎるとまもなく伊勢道との追分となる。伊勢道に入り、神戸、白子、上野、津、雲津、城のある松坂を通り、櫛田川、宮川を渡り、御師の家（坊）のある山田に到着した。

さて、伊勢参宮の覚帳をもとに、伊勢までの長旅の道程を概略してきたが、そのなかで気づいたことを一つだけ示しておこう。それは、お伊勢参りとはいっても、伊勢神宮だけに参拝する旅ではなく、他の寺社にも参る寺社めぐりの旅であったということである。もっとも、当時の有名社寺は観光スポットでもあったので、観光地めぐりの旅であったということもできよう。

といっても、当時の人びとの伊勢神宮によせる信仰心は見せかけだけのものであったと主張するものではない。伊勢参りの人びとは伊勢神宮を全国の氏神や神社の総元締めとしてありがたがっていたに違いないと思う。とりわけ、五穀豊穣の神として、外宮の豊受大神は庶民から親しまれていたともされる。

案内人つきの外宮、内宮参り

御師の家（坊）は館といってもよいほどであった。『江戸の旅文化』（神崎宣武著、岩波新書）には御師の坊復元図がある。平面図をみると、十畳の間が一〇、八畳の間が一五、六畳間が七、百畳敷と思われる大広間が一とその広大さが実感できる。そして庭園や荘厳な神楽殿もそなえていた。

図7-7　内宮（「伊勢参宮按内記」）

このような坊に諸国からの伊勢参りの人びとは二、三泊して内宮や外宮に参拝した。(A)覚帳によると、源左衛門らは山田町の御師源内太夫の坊に三泊した。(B)覚帳の場合は四一人の団体であったからか二泊の滞在であった。

まず、(A)覚帳の記録から伊勢での伊勢参りの人びとの様子を垣間みてみよう。暮れの十二月二十八日、四ツ時（午前十時ごろ）御師の坊に入った源左衛門らは違い棚つきの床の間のある座敷に通され、御師源内太夫や手代らの挨拶を受け、昼飯のもてなしをされたようだ。覚帳には「よき肴、味噌汁、小付めし、酒づき、取肴、ぶりの刺身」とある。さらにこの日の夕飯は二の膳のつく、より豪華なものであった。

二日目の二十九日は外宮へ参拝した。外宮（豊受大神宮）は内宮とやや離れた山田原の高倉山のふもとにあった。三日目の一月元日は内宮の本社前から摂社を廻り、岩戸、高間ヶ原古御宮、朝熊山《あさまやま》などをめぐり、

図7-8　朝熊山（「伊勢参宮細見大全」）

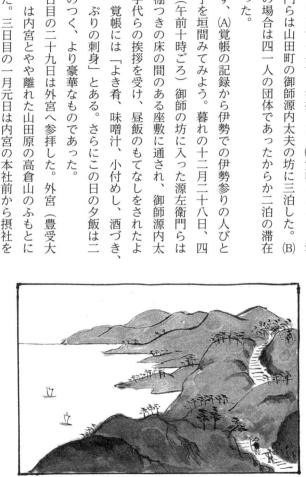

山田の繁華街まで足をのばした。覚帳には「ふる市場、よき宿なり、おやまあり、しばや二軒、かるわさ一軒あり」とある。遊郭、芝居小屋、軽業の小屋などが目についたのであろう。

そして三日目の一月二日、ご祝儀の箱御祓などをいただき、立酒《たちざけ》（出立ちの際に飲む酒）と肴の饗応を受け坊をあとにした。

次に(B)覚帳ではどのような様子であったのか、その記録からみてみよう。右源次ら四一人の一行は一月十九日に源内太夫の坊に着き、大広間に通され、挨拶をかわしたあと、落着の餅、吸物、取肴、酒の饗応を受けた。九ツ半（正午の十二時半ごろ）から坊の三人の案内人がついて外宮の一の宮、本社、四十末社、天の岩戸に参詣した。案内人がついたのは団体客であったことにもあろうがもう一つの理由があったようだ。実は覚帳には「坊より案内三人賽銭箱持」とあり、案内の手代らは賽銭《さいせん》箱を手にしていたのである。御師らの商魂のたくましさには脱帽である。

二日目の二十日はやはり坊の手代二人が案内して内宮に参拝した。八十末社、朝熊山、虚空蔵にも参拝した。その門前で万金丹を買ったり、酒（八文）やそば（一八文）を飲食している。また、二見ヶ浦へも行き、海で垢離《こり》（水浴び）をとり身を清浄にして岩穴へ参った。二見茶屋では案内人に酒と吸物を振舞っている。そして二十一日に坊を出立した。その日の朝飯は立酒つきの二の膳のあるご馳走であった。

以上の覚帳にみる坊での饗応や参宮の実態から、いくつかの事実が確認できる。一つ目は、坊での食事はすべてハレの食事であったことである。その証ともいえよう、それぞれの献立が記録されている。これについて別項で詳しくのべたい。御師の坊での並々ならぬ饗応はあまたの伊勢参宮道中記からも指摘されていることでもある。

二つ目は参宮にかかわることだが、御師の坊に到着した一行は、まず外宮へ参拝していることである。これは秋谷村からの参宮者に限ったことではなく、内宮より先に外宮へ参拝するのは江戸時代からの慣習だったようだ。

それはなぜかが問われるが、農民たちは皇室の祖神たる天照大神を祀る内宮よりも、五穀豊穣の祈願が通じる豊受大神《とようけのおおかみ》を祀る外宮の方により身近さを感じていたのであろうか。『江戸の旅文化』では御師の坊も外宮前に多く、そこからも庶民の外宮へのなじみの深さがうかがえると指摘している。皇室の祖神たる天照大神を祀る神社としての伊勢神宮が重視されるようになったのは明治以降のことだったのだろうか。

伊勢から幾内・金毘羅へ

伊勢参宮をすませたあと、幾内、西国へ旅する人も多かったようだ。つまり、伊勢は目的地であると共に、次の旅への出発点でもあった。

(A)覚帳の記録もその例外ではなく、幾内、西国の金毘羅さんまで足をのばしていた。その道のりを覚帳で追ってみよう。

正月二日、伊勢を出立、六里ほど歩き、六軒茶屋の井筒屋に泊り
正月三日、一三里ほど歩き、なばり村のよろづや兵助へ泊り
正月四日、記事が脱落
正月五日、奈良東大寺大仏、春日大社参拝、奈良町京屋に宿泊
正月六日、長谷寺へ参拝、日のね四軒茶屋に泊り
正月七日、吉野、女人堂、橋本、高野山高宝院坊入
正月八日、橋本へもどり、三日市小間物屋八左衛門へ泊り
正月九日、三日市より堺まで五里、それより大坂まで三里、道頓堀恵比須橋北詰大和屋弥三郎船宿泊
正月十日、十一日、船に乗、淡島、よし嶋で休み
正月十二、十三日、丸亀舟宿大黒屋清太夫に二泊、

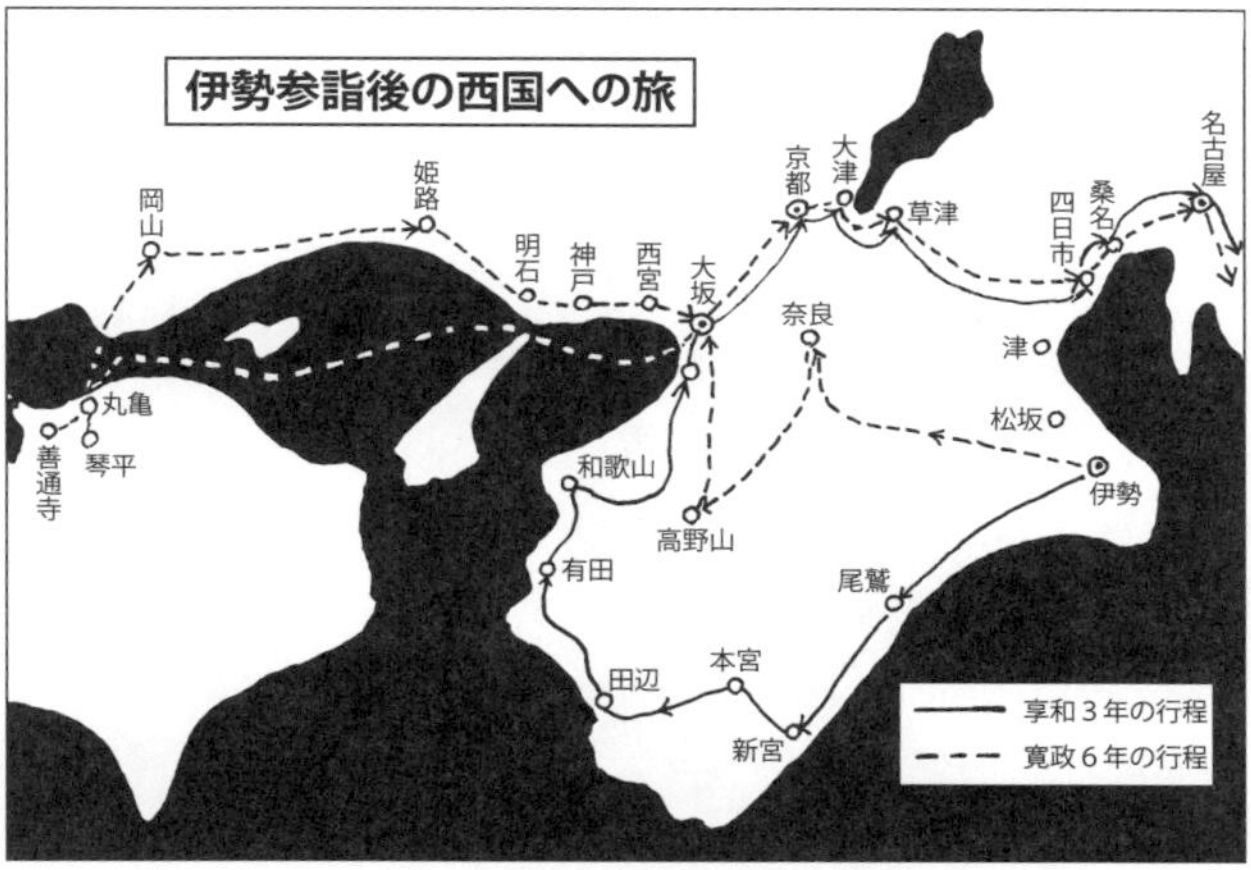

図７－９　伊勢参詣後の西国への旅（地図）

琴平山、金毘羅本社参詣、善通寺
正月十四日、丸亀から備前国下村まで船つぎ、ゆが大権現参り。あま木宿の坂本屋源八へ泊る
正月十五日、岩瀬、岡山で備前様の城、藤井宿で昼食、かたかみ宿の木銭宿に泊る
正月十六日、西うね村、いかる宿わくや新右衛門泊
正月十七日、姫路、高砂、野口を通り新町で泊り
正月十八日、大久保、明石、舞子の浜、兵庫のわた屋小兵衛泊り
正月十九日、西宮、御大神宮へ参拝、大坂は本橋北詰あこや安之助へ泊る。竹田見物（人形芝居）
正月二十日、大坂朝五ツ時（八時ごろ）船で出立、伏見（一〇里）、京都六角堂《ろっかくどう》前餅屋惣左衛門泊り
正月二十一日、内裏様《だいりさま》（御所）へ参詣、冥加金一三六文、御守三〇〇文、吉田宮へ参り、知恩院、三十三間堂、東御坊（東本願寺）に参り餅屋の宿へ
正月二十二日、愛宕山の愛宕神社、北野天神、六角堂に参り、餅屋の宿へ。餅屋には三泊
正月二十三日、京都出立、大津宿から三井寺へ参る。船で草津へ。それより石部宿へ、甲賀屋に泊る
正月二十四日、水口、土山、鈴鹿峠を越して関、亀山、せうの宿永台三左衛門泊り
正月二十五日、四日市、桑名（船宿で昼食）、桑名より宮宿まで船、泉屋三右衛門泊り

正月二十六日、宮より赤坂まで、赤坂宿、白須賀宿桐屋惣太郎泊り
正月二十七日、新居、御関所、浜松、天竜川を渡る（三四文）、見付
正月二十八日、袋井、掛川、日坂、日坂の紀の国屋に泊る
正月二十九日、江尻まで一三里、江尻宿の石川屋助右衛門泊り
正月三十日、大井川を渡り、さらに阿部川、富士川を渡り、沼津宿で宿泊

覚帳の記録は沼津宿でおわっているが、もう一泊して無事帰宅したものと思われる。

以上の伊勢参り延長の旅では古都奈良の寺社参り、高野山、讃岐の金毘羅参り、そして京に三泊しての京都めぐりが主となるものであった。その旅のなかでも大坂から金毘羅参りの丸亀までの船旅は島めぐりや船中宿もあって、他の旅では味わうことはできないものであったに違いない。しかし、冬の海上の寒風は厳しいものであったと推察する。また、大坂から京都へも淀川の船旅であった。

伊勢から熊野詣で、西国観音札所へ

(B)覚帳によると、右源次ら四一人の一行は伊勢参宮のあと、九人だけが熊野、高野山、幾内をめぐる延長の旅へ出立した。

正月二十一日、仲間と別れ宿坊を出立、宮川の通い船で田丸へ。ともえ屋宇兵衛で宿泊
正月二十二日、原宿、大かせ、楠村、野尻へ。旅籠升屋平右衛門泊り
正月二十三日、滝原大神宮参詣、紀州長島、三浦、中野了蔵泊り
正月二十四日、むませ、この本、尾鷲、八鬼山、峠の三宝荒神に参る。三鬼村から曽根村へ。
　木銭宿和泉屋儀兵衛泊
正月二十五日、曽根より木ノ本、有馬、新宮へ。屋根屋善蔵泊り
正月二十六日、熊野大権現参詣、浜の宮へ参る。西国札所那智山一番観音（青岸渡寺）、坊の
　案内で日本一と申す高さ百丈落ると申す大滝。法蔵院（坊）に泊る
正月二十七日、雨ふり。小口村、うけ川、本宮へ、本宮の木銭宿坂口屋万治郎泊り
正月二十八日、雨ふり、本宮熊野大権現参詣、二ノ宮、三ノ宮、四ノ宮、十二社参り、湯に入
　る湯の川
正月二十九日、田辺、御城あり、町家多し、南部、木銭宿田中屋茂兵衛泊り
正月三十日、いなみ、植野村、小松原道成寺へ参り、安珍、清姫の由来書買う（割九文）、原
　谷淡屋安兵衛泊り
閏正月朔日、西国観音札所二番紀三井寺《みいでら》観音参詣、和歌浦まで船（二〇文）、和歌山城、東照
　大権現参り、掛造の坂元屋平五郎泊り
閏正月二日、加太淡嶋《かたあわしま》大明神参詣（和歌山より三里）、紀ノ川（渡し五文）、坂本、江戸屋佐五

兵衛泊り、ねころ不動へ参る

閏正月三日、西国札所三番粉河寺《こかわでら》観音参拝、しが村（茶屋）、花坂まで高室院の坊より出迎え、暮れ六ツ半（午後六時ごろ）高野山高室院に着き宿泊（金一分）

閏正月四日、高野山奥院参詣、万年草（三文）、珠数（六〇文）、大雪のためもう一泊高室院に泊り

閏正月五日、坊の案内で七堂伽藍、金堂、大塔、持尊院へ参る。滝の端の一人暮らしの木銭宿へ泊る

閏正月六日、西国札所四番槙尾山《まきのお》施福寺観音へ参り、大馬、堺へ。堺で小刀二、鋏三を買う。大阪へ三里くだり、妙国寺の蘇鉄《そてつ》、難波屋の名木の松を見物し、住吉大社に参詣、大坂日本橋北詰西側河内屋又兵衛泊り

閏正月七日、仁徳天皇御陵、西門跡、東門跡など、砂場のそば屋、道頓堀、竹田のから繰人形芝居を五幕見る。大坂泊り

閏正月八日、大阪出立、平野、西国札所五番葛井《ふじい》寺観音参り、四天王寺の焼失跡を見、上の太子、当麻寺へ参り、新居の旅籠に泊る。六番の壺坂山南法華寺まで三里

覚帳の記録は西国観音札所六番の南法華寺へ向かうところでおわるが、旅は奈良、京都の札所へと続いたものと思われる。

Ⓑ覚帳にみる伊勢を基点とした延長の旅ではⒶ覚帳の場合と違って幾内の旅は西国三十三所観音の札所を指標とするものであった。西国三十三所巡礼については別項でものべたが、江戸時代、三浦半島の村々からも少数ながらもこの巡礼に挑んだ人がいたことは、今に残る供養塔から確認することができた。恐らく、西国観音札所巡礼はⒷ覚帳の記録が示すように伊勢参りの延長としてなされた場合が多かったと思われる。

最後にもう一つ指摘しておこう。それはⒶ覚帳、Ⓑ覚帳で共通することだが、延長の旅では旅籠に宿泊するよりも木賃（木銭）宿に泊ることが多かったことである。これについては次項で詳しくのべたい。

木銭宿・旅籠・坊

旅のあじわいは、宿泊地や宿に大きく左右されるのは昔も今も変わらないことであったに違いない。覚帳の往路の記録に、通過したり、休息した宿場に「よし」とか「あし」などとメモされているのは、帰路や後発の旅の宿泊地や宿を考慮してのことであったと思われる。

伊勢参りの宿は覚帳によると、木銭宿（木賃宿）、旅籠、坊の三つに分けることができる。木銭宿は文字どおり木銭（薪代）を払って米を持込み自炊する安宿をいった。旅籠とはもともとは旅行の時、馬の飼料を入れた籠や旅行用の食物、雑品を入れた器のことであったが、やがて、食事を提供する旅人の宿、旅館をいうようになったようだ。坊は寺院に参詣した人を泊めてくれる寺坊をいった。

ところで、覚帳の記録によると、伊勢までの往路の旅の宿は木銭宿をとることは稀で、ほとんどは旅籠に宿泊している。それに対して、伊勢を起点とした幾内や熊野、讃岐の金毘羅参りの旅では木銭宿をとることが多々あったことがわかる。

旅籠の宿料は夕食、朝食が出ることから木銭宿より高かったことは判明するが、旅籠の様子を知る記録はない。

『江戸の旅文化』でも、旅先での旅籠の食事を記述した道中記は少ないとある。そうしたなかで、同書は旅籠の食事を記録した希有な資料である『伊勢参宮献立道中記』（弘化三年）をもとに、旅籠の食事につい

図７-10　旅籠（復元）

表7－3　伊勢参宮諸国神社払諸色覚帳（享和３年）による宿泊地と宿

村の出立から伊勢参宮までの宿					伊勢から熊野・高野山・大坂までの宿				
月/日	種別	宿泊地	宿名	宿料	月/日	種別	宿泊地	宿名	宿料
1/6	旅籠	藤沢	脇本陣和田	124文	1/21	旅籠	田丸	ともえ屋	164文
7	旅籠	畑宿	つた屋	118文	22	旅籠	野尻	升屋	124文
8	旅籠	吉原	武蔵屋		23	旅籠	三浦	中野了蔵	153文
9	旅籠	江尻	おきな屋		24	木銭	そね村	和泉屋	24文(米59文)
10	旅籠	岡部	きっこう屋		25	旅籠	新宮	屋根屋	133文
11	旅籠	金谷	きの国屋	124文	26	坊	熊野権現	法蔵院	2匁5分
12	旅籠	熊村	ふじ屋	116文	27	木銭	本宮	坂口屋	28文(73文)
13	旅籠	新城	大黒屋	130文	28	木銭	ちかつゆ	ひろ屋	24文(67文)
14	旅籠	岡崎	かき屋	148文	29	木銭	みな部	田中屋	32文(89文)
15	旅籠	名古屋	桑名屋	132文	30	木銭	原谷	淡屋	26文(66文)
16	旅籠	桑名	橘屋	132文	閏1/1	木銭	掛造	坂元屋	35文(60文)
17	旅籠	津	かめ屋	124文	2	木銭	坂本	江戸屋	30文(60文)
18	旅籠	小俣	銭屋	132文	3	坊	高野山	高室院	１分
19	坊	伊勢	幸田源内太夫	１両２朱	4	坊	〃	〃	
20	坊	〃	〃		5	木銭	滝のはた	１人暮らし	25文(67文)
					6	旅籠	大坂	日本橋北詰河内屋	172文
					7	〃	〃	〃	〃
					8	旅籠	新居	はた屋	124文

て記述されている。その詳細は同書に譲り、要点だけをいうと、「一汁二菜」か「一汁三菜」のつつましい食事であったといえる。

実は、浜浅葉日記から幕末の食生活を探求したことがある。その結果は『幕末のスローフード』（夢工房）として上梓したが、それによると、日常の食事は「一汁一菜か二菜」、非日常のハレの日の食事は「一汁三菜」であるとみた。つまり、普段は飯、味噌汁、香の物（漬物）ぐらいの食事で、時には野菜などの炊きあわせがつく程度のもので、年中行事の祝祭日には餅や赤飯に皿に盛った煮魚や焼魚が加わったものであったと思われる。

『江戸の旅文化』では伊勢路の松坂宿の旅籠の食事の事例を示しているが、それによると、夕食では皿に焼魚、平椀にかまぼこと青菜、小皿の香の物と、「一汁三菜」であった。東海道や桑名から伊勢路の旅籠では「一汁三菜」が標準だったようだ。

ということは、伊勢参りの往路での旅籠の食事は、農民からすれば非日常のハレの食事であったということである。今晩の宿の温いご馳走を楽しみに伊勢参りの人びとは冬の旅路をいそいだのであろう。もっとも、伊勢参

図７-11　旅籠の食事（復元）

りの旅そのものが日常生活から離れたハレの行動であった。

なお、ここでいう「ハレ（晴）」とは年中行事などがおこなわれる祝祭日をいい、それに対し、日常を「ケ（褻）」といった。江戸時代の生活では感覚的にハレとケの間のけじめがはっきりしていた。

一方、旅籠の食事と違って木銭（賃）宿の食事は日常のものとそう変わりはなく「ケ」の食事であった。秋谷村の若命兄弟が記した二帳の覚書によると、伊勢参りの往路での木銭宿への投宿はなく、伊勢参りあとの幾内や熊野、金毘羅への旅では木銭宿を多く利用したことはすでにのべた。それらの木銭宿の木銭は二四〜三〇文、平均すると二五文ぐらいになろうか。それに米代、副食代が加わるので一人一〇〇文ぐらいの宿泊費となろう。旅籠の宿代より割安であったことは間違いない。

(B)覚帳には紀州の三木崎に近い曽根村の木銭宿和泉屋に宿泊した若干の記録が次のようにある。「木銭二十四文、米一人につき五十九文、しめて八十三文、尼鯛（甘鯛）一枚代一二一文、都合十一人給、九人と甲州者二人、比割一人十一文、南風雨ふる」。曽根村は漁村であったのであろう。新鮮な大きな甘鯛を同宿した甲州からの旅人を仲間に入れて漁師から買い求め、それを調理して一人が分け合って食べたのであろう。海辺の木銭宿の夕《ゆうべ》の風景が思い描ける貴重な記録である。

旅籠でも相部屋が珍しくなかったようだが、木銭宿はすべてが相部屋で旅籠にくらべるとお粗末なものであったようだ。(B)覚帳によると、伊勢参りの延長で西国観音札所めぐりをした若命右源次ら九人の一行は、大雪の高野山を出立して、西国札所四番の槙尾山施福寺（大阪府）へ向かう途次に滝の端の木銭宿に一泊した。その記事に、「一人暮らし、谷合にて宿わるし」とある。後家さんが営む宿は余程うらさびしいものであったのであろう。寒さにふるえながら夜を過ごしたのであろうか。

このような木銭宿に泊ることの多かった伊勢参り後の延長の旅は、お伊勢参りと称される旅とは一線を画すものであったのか。それとも、お伊勢参りの旅は当世にあっても感覚的に異質な旅とされていたといった方がよいのであろうか。

その異質性を認めるとするならば、その事実は伊勢参りの坊での破格の待遇であろう。その事実は覚帳にも記録される坊での食事の献立にみることができる。(A)覚帳によると、夕食の本膳は飯、汁、なます、豆腐、二の膳はぶりの刺身、すずきの塩焼、昆布、香の物、それに大鯛の引落《ひきおとし》の本膳に二の膳がつく豪華なものであった。朝食も二

図7-12　木賃宿（復元）

の膳がつくものであった。(B)覚帳によると、朝食の本膳は飯、汁、こんにゃく(坪椀)、なます(皿)、二の膳は鯛の刺身、引落海老《えび》とある。なお、「引落」とは引物ともいい、供膳《そなえぜん》の一種で装飾膳であった。

旅籠のご馳走を超えた坊の豪奢な膳を前にして旅人たちは箸をつける前に息をのんだことであろう。驚いたのは食事だけではなかった。饗宴のあとは絹の揃いの夜具が用意されていて、旅人たちは夢心地で床に入ったことであろう。

大名気分を味わうような仕掛のあった坊の宿泊料は神楽料やお札料などを含めて、一人二泊で一両二朱ぐらいであったことはすでに記した。旅籠の宿代の一五~二〇倍であったとみる。一生に一度の旅ならではの宿代であった。

お伊勢参りの入用

安政五年(一八五八)一月十日、長井村の二三人の講中の一行が伊勢参りをした折の道中覚帳が横須賀市長井の久保木家に残されている。久保木家の先祖、久保木定七により記録されたものである。

この道中記も秋谷村の若命兄弟が記録したものと同様、日程と宿泊地、昼食をとった所、見物した主な所などが記されるだけの簡素なものだが、比較的に入用については小まめに記録されているように思われるので、この道中覚帳からは伊勢参りの経費を試算してみようと思う。

旅籠の宿料は平均すると約二四五文となり、享和三年（一八〇三）の道中記の平均一二八文よりかなり高い。享和三年では四五文ぐらいだったものが、安政五年では一〇〇文と倍になっていた。昼食代も同様で、大井川の渡し賃にしても、一二八文が五十年後には三一三文となっている。また、伊勢参り後の西国廻りでの宿泊は木銭（木賃）宿を利用することがあったことは享和と安政の時代では共通したが、前者の木銭宿料金は平均すると三〇文ぐらいであったのが、安政では一七〇文ぐらいとやはり高騰していた。

以上にみられた旅籠料金や昼食代などのいちじるしい高騰は伊勢参りのブームによってというより、江戸時代の後期にみられた社会経済の急激な変動によるものと考えた方がよいのであろう。したがって、伊勢参りの入用の額も時代によって違った。

だが、坊の料金だけは例外で、世間の動きに即応するものではなく、「坊置」とか「坊引」と道中記にある坊への支払は一人一両二朱と五十年間にあっても変わりはなかったようだ。なお、高野山での坊への坊置も金一分ときまっていたようだ。

その他に、伊勢の御師へは御供米（一分）、御神馬（一分）、御奥方へ（二朱）、勝手惣祝儀（二朱）、御手代（二朱）、馬士祝儀（三〇〇文）、案内祝儀（二〇〇文）などが支出された。

そこで、往路の諸経費と伊勢での経費を加えて一人当たりの伊勢までの経費を試算してみると、およそ二両二分三朱となった。さらに帰路の経費を加算すると、約四両となる。

すでに、伊勢参りの費用については、旅を前にしての借入金額から、また講金の積立額から最低で五両ぐらいになると想定したが、準備の費用や買物の入用を考慮すれば、想定金額はあながち的はずれでなかったといえよう。

なお、長井村の講中の久保木氏を含む何人かは、伊勢参りの後、奈良、高野山、大坂から讃岐の金毘羅へ、そして姫路、明石、西宮を経て再び大坂へ至り、京都見物を楽しんだ。道中覚書は二月二十三日付の帰路の大津でおわる。その覚書に、「京都迠惣締め金三両と銭十六貫文」とある。この金額は一月十日に旅立って、伊勢参りを果し、西国を廻り京都に至る四二日間の旅の入用なのであろうか。銭一六貫は両に換算(一両が六貫文)するとおよそ二両と四貫文になる。つまり、久保木氏の京都までの旅の経費は、およそ五両と四貫文ということになる。これに京都から自宅までの帰路の経費の予想額七貫文を加えると久保木氏の伊勢参りを含む西国への旅の総経費は八両を超えるものとなる。

ごく粗々《あらあら》にいえば、伊勢参りだけの旅ならば、その入用は最低で五両ぐらい、さらに延長して西国や讃岐などに出向くと、八両ぐらいを要したといえるのであろう。

それにしても、伊勢の坊での一両を超える支出は伊勢参りの入用のなかでは大きなものであったといえる。

表7-4　安政５年の長井村（久保本家）の道中覚帳による入用（往路）

月日	宿代	昼食代	その他	合計
1/10	250文			250文
/11	250文	116文	ういろう500文、小使100文	966文
/12	250文	100文	渡し24文　小使100文	474文
/13	232文	100文	かご400文　馬乗200文　小遣100文	1032文
/14	240文	80文	渡し45文　渡し（大井川）313文、馬乗160文、馬乗260文、袋150文	1248文
/15	200文	100文	からかけ一ツ150文、小遣100文	550文
/16	260文	150文	渡し36文	446文
/17	232文	80文	渡し18文	330文
/18	200文	28文	お守100文、馬乗100文	428文
/19	200文	100文	馬乗100文、本一ツ16文	416文
/20	200文	142文	お守200文	542文
/21	180文	80文	菊一文字の刀250文	510文
/22	１両 １分 500文	100文	煙草入れ二ツ550文　こうり一ツ456文	1両1分2朱
/23			万金丹400文、さい銭２朱、紙一帖100文、ひも28文	2034文

なぜ参宮の碑をみないのか

供養塔などにみる江戸時代の巡礼の旅については別項で取り上げた。その旅を記念して、四国八十八ヶ所巡礼や西国観音札所巡礼、坂東観音巡礼、秩父観音巡礼、出羽三山などの場合は碑や供養塔が建立されていたことを三浦半島の村々でも確認した。

ところが、伊勢参りの碑や伊勢講の講員が全員代参を完了した時などを記念して造立した伊勢講碑などは三浦半島ではあまりみかけない。『日本の石仏事典』によると、佐賀県あたりでは「天照太神宮」とか「南無伊勢皇太神宮」などと刻まれた伊勢講碑が数多く造立されているという。三浦半島でも神社の境内などを隈なく調べれば多少はあるかも知れないが、前記の巡礼供養塔の如く、路傍に建立されている伊勢参りの碑は知らない。それはなぜなのだろうか。江戸時代の庶民の伊勢参宮の実態を振り返りながら考えてみたい。

参宮の碑もあまりみないが、大山詣でを記念した石塔も里ではみかけない。大山詣でについては別の項で詳しくのべたが、年中行事のような大山詣でにはそれを記念する碑がなかったことは納得できる。一生に一度と思われる江戸時代の庶民の旅で、伊勢参りだけに、その成就を記念する塔碑がないのは、結論的にいえばお伊勢参りという旅の特殊性にあったといってもよいのであろう。

その特殊性の一つは、「一生に一度の伊勢参り」はただの願望ではなく、二〇人に一人が伊勢参りを果したといわれるほど現実的な願望で、江戸時代の庶民の伊勢参りは人生のある種の通過儀礼ともなっていたからではなかろうか。

そして、その伊勢参りの旅は御師や講のリーダーが関与したセットされた旅であった。しかもそのセット旅行は当時としてはかなり贅沢なものであった。往路の道中記によると、木銭宿に泊ることなく、それより一段上級の旅籠に泊まっている。「夕物を食うが無事の旅日記」というが如く、参考にした道中記には旅籠での飲食についてこまかな記録はないが、日常では味わえないその地方の珍味を楽しんだに違いない。とりわけ、御師の館（坊）の食事は豪華なものであったようで、さすがにそれだけは道中記にはその献立が記録されていた。つまり、伊勢参宮は一生に一度の豪華なハレの旅であった。そして、寺社詣でや伊勢神宮への参詣はあくまでも旅の方便であったともいえよう。

一方、このような伊勢参りにはそれなりの経費がかかり、この面でも庶民は一生に一度の大きな支出であったに違いない。積立金だけでは不足し、借金をする者が多かったことは日記資料などからうかがえた。

以上のような伊勢参りが成就したからといって、その旅の事実を後世に残すために石塔や碑を建立しようとの心意は常識的には発露することはきわめて稀なことではなかったか。しかし、講員による積立金を輪番制で運用する組織であった伊勢講が、輪番が一巡して解散する折などには残金を基金にして伊勢講の石塔や碑を建立する場合もあったのであろう。

ともあれ、伊勢参りは宗教性より物見遊山性が勝る旅であったといえよう。

伊勢参りの届出と往来手形

村方文書のなかに五人組帳という名簿がある。この名簿には五人組帳前書（御条目）があり、ここには村人（農民）の日常生活に関する規範がこまごまと示されている。その前書の内容は時代により、藩によって多少の違いがあるようだが、六、七〇条に及ぶ長文のものであった。東浦賀村の寛延二年（一七四九）の前書には次のような一条がある。

「他所へ参一夜泊罷在《まかりあり》候程の儀は、名主へ相断《ことわり》可罷出候、若、他国へ出候か又は用候て相越候ハバ其子細《しさい》名主、年寄、五人組へ書付を以可相断」

この一条は他所へ一泊して家を離れる時は名主に断り、他国へ出かける時はその詳細を文書で名主、年寄、五人組へ断りなさいというものであった。

もちろん、この規範にのっとり、伊勢参りの折も名主らに断りがなされたものと思われる。その申し出に応じ、名主は往来手形を発行した。この文書は村人たちの旅行許可と身分証明書を兼ねた関所通行証というべきものであった。

『逗子市史』資料編には伊勢参りの時に出した往来手形の写しがある。

差上申一札之事

一同行　二十五人

右の者共、此度伊勢参宮に罷越《まかりこし》申候間、御関所以御慈悲ヲ無相違御通行被遊下置候様、偏《ひとえ》に奉願上候、以上

享和二壬年戌年正月五日

相模国三浦郡桜山村　名主

箱根御関所御奉行様

右の一札は写しではあるが、桜山村の伊勢参りの一行の人数や、時期はやはり正月であったことがわかる。また、同書には一組の夫婦が寺社参詣に出かけた折の往来手形（写）も収録されている。それは次のようなものである。

往来手形之事

一此重兵衛夫婦心願《しんがん》御座候ニ付、今般諸国神社仏閣参詣に罷越申候、若何国にても相煩《わずらい》候ハバ、療養等御慈悲ヲ被御加可被下候様奉願上候、若相果《あいはて》申候ハバ、其所之御作法ヲ以、御葬可被下《おんほうむりくださるべく》候、此方へ御沙汰《さた》頂戴申度、且亦《かつまた》、行暮《ゆきぐれ》申候節ハ、以御憐愍《れんびん》一夜止宿《ししゅく》被仰付被下度《おおせつけられくだされたく》、是又奉希《ねがい》上候、往来一札、仍《よっ》て如件《くだんのごとし》

享和二壬戌年二月　松平大和守領分

相模国三浦郡桜山村　名主

諸国宿々村々御役人衆中様

重兵衛夫婦への往来手形は前者の伊勢参宮者への一札より紋切型ではなく、名主の人情味がうかがえる一札のように思われる。旅中の病気の折には慈悲の療養を願い、万一の時には葬式まで願っている。そして、日が暮れてしまった時には一夜の宿のなさけを旅の夫婦に代わって願っている。名主が自村の旅中の者にこのようなことまで旅先の村々に依頼することは、いかにも厚ましいように思うが、名主は条目（前書）のなかに次のような一条があることを知ってのことであった。

「往来之輩《やから》若相煩候ハバ早速医師を掛、能々いたわり看病仕置可注進、歩行不叶先之参り候儀難成候ハバ、其者之出所を承届、迎を呼手形取相渡遣シ可申候、若病死候ハバ其者所持之品物相改、名主地首立会致印封置差図可請事」。つまり、往来の輩（旅人）が病気になったら医師にかけて看病し、その者が旅を続けることが無理な時は出所に連絡し迎えを呼び、もし病死した時は所持品を改め、名主や村役人が立合の上で封印の差図を受けなさいとする。

村民の日常生活にかかわる規範のなかに、このような一条があることは、村々では通過したり、訪れたりした旅人が意外と多かったことを物語ることでもあろう。

なお、右の往来手形の写しの当事者である重兵衛夫婦の旅は寺社参りのものであったようだが、何処への旅であったか気にかかる。往来手形の内容からして、参詣を兼ねた観光旅行ではなく、諸国を修行して歩く廻国巡礼の旅ではなかったかと、ふと思った。

実は、別章でも記したが、桜山村には、六十六部行脚のため諸国を修行して歩き、この往来手形を作成した八年前の寛政六年（一七八四）に桜山村の地蔵院の境内で入定した圓求法師という僧がいた。

ともあれ、寺社参りの旅といっても伊勢参りという集団旅行は他の参詣の旅とは違って異質なものであったことは、名主が発給した往来手形の差異でも明確である。

あとがき

前著『幕末の農民日記にみる世相と暮らし』に引き続き、本著も「浜浅葉日記」という幕末の農民であった浅葉仁三郎の日記を基本資料として「旅」を切口に幕末の村びとのくらしの実態を探ろうとしたものです。

実は本著は浜浅葉日記を資料とする書としては四冊目となるものです。一冊目は『幕末のスローフード』と題した幕末の食生活について、二冊目は『幕末のスローライフ』とする贈答、医療、庶民仏教などの観点から村びとのくらしを点描するものでした。そして前著となる三冊目は幕末の村社会の世相や農業の実景を探るものでした。

このように、性懲《しょうこり》もなく著作を重ねてきたのは、浜浅葉日記の奥深さもありますが、一般の歴史書や古文書（公文書）資料だけからはうかがうことのできない幕末の村の生活の実態が日記から垣間みえたからにほかなりません。

そして、当たりまえのことかも知れませんが、現代生活にどっぷり漬かっている現代人の視点からすると、幕末の村のくらしからは伝統的な日本の生活文化の根っ子が透くようにみえたことでした。

例えば、幕末の食文化は伝統的なものが高度に成熟した和食そのものでした。また、医療は中国で生まれ、日本で育った日本独特の漢方医療が村びとたちを救っていた事実も確認できました。さらに庶民仏教は村びとたちのくらしのなかに深く根をおろしていた事実もみました。

本著では「旅」を主題としましたが、その幕末の旅からも日本の旅の原風景が、うっすらとみえたように思われました。その風景とは巡礼の旅姿で、私たちの旅は信仰とかかわって発展してきたのではないかと気づきました。

例えば、本音か建前かどうかにかかわらず、江戸時代に隆盛をきわめたお伊勢参りも、単なる物見遊山ではなく、外宮（豊受大神）や内宮（天照大神）を参拝することをめざしたものであったことは間違いありません。また、仁三郎の度々の江戸への旅でも寺社参りが必ず含まれていました。

ともあれ、幕末の時代の生活文化は欧米化（近代化）していく直前の日本国風のものであったことは大方の認めることでもありましょう。そして、近代化のなかで江戸時代は否定的にとらえられ、その生活文化は無視される傾向があったように思われます。

しかし、高度に近代化した今日、さまざまな矛盾が生活文化のなかにも顕在するようになり、その反省から江戸時代への見方が変化してきているようです。

そんななかで、幕末の村のくらしの本音を語ってくれる浜浅葉日記の存在価値はこれからも高まることはあるにせよ、下ることはないと確信します。「浜浅葉日記よ永久にあれ」。

平成二十七年八月十五日　終戦七十周年の日に

辻井　善彌

参考文献

『幕末の農民生活史』　山本光正　同成社
『百姓たちの江戸時代』　渡辺尚志　ちくまプリマー新書
『幕末のスローライフ』　辻井善彌　夢工房
『幕末の農民日記にみる世相と暮らし』　辻井善彌　丸善プラネット
『江戸の教育力』　高橋　敏　ちくま新書
『儒教とは』　加持伸行　中公新書
『無私の日本人』　磯田道史　文藝春秋
『金魚と日本人』　鈴木克美　三一新書
『人魚』　田辺　悟　法政大学出版局
『歯の風俗史』　長谷川正康　時空出版
『碧い目の見た日本の馬』　坂内誠一　聚海書林
『日本の路』　大島延治郎　至文堂
『全国古街道事典』　東京堂出版
『東海道五十三次』　岸井良衛　中公新書
『考証中山道六十九次』　戸羽山　瀚　秋田書店

『中世を旅する人びと』　阿部謹也　平凡社
『広重武相名所旅絵日記』　楢崎宗重　鹿島出版会
『日本近世の地域社会と海域』　安池尋幸　巌南堂書店
『神奈川県史通史編2』　神奈川県
『新横須賀市史―通史編2―』　横須賀市
『近世おんな旅日記』　柴　桂子　吉川弘文館
『物見遊山と日本人』　神崎宣武　講談社
『おみやげ―贈答と旅の文化―』　神崎宣武　青弓社
『庶民の旅』　宮本常一　社会思想社
『旅と交通の民俗』　北見俊夫　岩崎美術社
『三浦半島の観音みち』　辻井善彌　有峰書店新社
『旅の民俗』　宮本常一　現代教養文庫
『旅のなかの宗教』　真野俊和　ＮＨＫブックス
『伊勢参宮』　宮本常一　社会思想社
『富士講の歴史』　岩科小一郎　名著出版
『江戸生活図鑑』　笹間良彦　柏書房
『庄屋日記にみる江戸の世相と暮らし』　成松佐恵子　ミネルヴァ書房

著者略歴

辻井善彌（つじい・ぜんや）
1931（昭和６年）神奈川県横須賀市生まれ。高校での教鞭の傍、郷土研究や民俗学研究に余暇を費した。民俗学は東京三田の日本常民文化研究所（現在神奈川大学に移管）の同人として出入し研鑚をつむ。その頃日本民具学会の創立にかかわり、現在同学会会員。横須賀市文化財専門審議会委員を20年間（1990～2010）務めた。主な著書に、『磯漁の話』（北斗書房）、『離島と僻遠の漁村を訪ねて』（有峯書房新社）、『ある農漁民の歴史と生活』（三一書房）、『牛馬のいた風景』（夢工房）、『セピア色の三浦半島』（郷土出版社）、『幕末の農民日記にみる世相と暮らし』（丸善プラネット）など。共著では『関東地方の民具』（明玄書房）、『民具研究ハンドブック』（雄山閣）、『里海の自然と生活』（みずのわ出版）など。

幕末を旅する村人
――浜浅葉日記による――

二〇一五年十一月十三日　発　行

著作者　辻　井　善　彌　©2015

発行所　丸善プラネット株式会社
〒一〇一-〇〇五一
東京都千代田区神田神保町二-一七
電話（〇三）三五一二-八五一六
http://planet.maruzen.co.jp/

発売所　丸善出版株式会社
〒一〇一-〇〇五一
東京都千代田区神田神保町二-一七
電話（〇三）三五一二-三二五六
http://pub.maruzen.co.jp/

組版・印刷・製本／富士美術印刷株式会社
ISBN 978-4-86345-261-9 C0039